Wolfgang Schmidbauer

DIE GROSSEN FRAGEN DES ALTERNS

Seelisch im Gleichgewicht bleiben
Dem Leben spielerisch begegnen
Das Glück im Tun finden

ecowing

FSC
www.fsc.org
MIX
Papier | Fördert gute Waldnutzung
FSC® C020353

Gendererklärung
Der besseren Lesbarkeit wegen verwendet der Autor im nachfolgenden Text zumeist die Sprachform des generischen Maskulinums. Personenbezogene Aussagen beziehen sich auf alle Geschlechter.

1. Auflage (vollständig überarbeitete und erweiterte Neuauflage von »Altern ohne Angst«, 2001, Rowohlt)

Medieninhaber, Verleger und Herausgeber:
Red Bull Media House GmbH
Oberst-Lepperdinger-Straße 11–15
5071 Wals bei Salzburg, Österreich

Gesetzt aus der Palatino, Transat Text
Umschlaggestaltung: Büro Jorge Schmidt, München
Umschlagmotiv: © Anna Kucherova / shutterstock
Autorenillustration: Claudia Meitert / carolineseidler.com
Printed by Neografia, Slowakei
ISBN: 978-3-7110-0310-2

Die großen Fragen des Alterns

INHALT

EINLEITUNG

Beim Wandern habe ich eine Abzweigung verpasst, die Markierungen stimmen nicht mehr, ein ungutes Gefühl macht sich breit. Weitermarschieren, wird schon gut gehen? Oder umkehren und herausfinden, wo der Fehler steckt? Um das zu entscheiden, muss ich erst einmal stehen bleiben und mich orientieren. Für solche Momente im Lebensweg ist dieser Text gedacht.

Arbeiten und lieben können ist Sigmund Freuds lakonische Definition der seelischen Gesundheit. In Beruf und Beziehung ist es gut, auf einem Weg zu bleiben, der beide Fähigkeiten erhält, die Freude an der Arbeit und die an der Liebe. Das gilt das ganze Leben lang, gewinnt aber im Alter an Bedeutung. Es wird dann schwieriger, Fehler zu korrigieren. Klüger wäre es gewesen, sie nicht zu machen.

Das psychische Feld, in dem sich Alter und Jugend überschneiden, beginnt bei einem Leistungssportler mit fünfundzwanzig Jahren, bei anderen erheblich später. In diesem Feld können sich neue Ansätze ergeben, neue Entwicklungen beginnen. Die körperliche Basis des Selbstgefühls stellt das Ich in jedem Fall vor die Aufgabe, sich damit abzufinden, dass die Spielräume enger geworden sind. Künftig besteht die Aufgabe darin, standzuhalten und nicht unter ein erreichtes Niveau zu sinken, was ebenso viel Energie beanspruchen wird wie die Steigerung der Leistung in jungen Jahren.

Früher oder später hören wir den Spruch: Das einzige Mittel gegen Altwerden besteht darin, jung zu sterben. Er stellt sich in seiner drastischen Banalität den Rezepten in den Weg, die mit dem Schlagwort *forever young* einem vielleicht noch älteren Mythos huldigen: Es gibt irgendwo einen Ort, wo göttergleiche Gestalten in ewiger Jugend leben. Wer sich gesund ernährt, Sport treibt und rechtzeitig, aber auch regelmäßig den plastischen Chirurgen aufsucht, nähert sich diesen Unsterblichen.

Säugetiere beginnen zu altern, sobald sie erwachsen sind; wir Menschen machen da keine Ausnahme, was den Körper angeht, wohl aber in der Art, wie wir dieses Geschehen erleben. Wir wissen vom Altwerden, und sobald wir erwachsen sind, ist uns auch klar, dass es uns bevorsteht. Auf der anderen Seite ist nur ein Teil unserer Psyche von Reifungsprozessen beeinflussbar; ein nicht weniger wichtiger Teil bleibt ewig jung. Wir können uns ewig jung *denken,* wir haben Anlass dazu, denn auch ein Achtzigjähriger kann sich verlieben oder, alltäglicher, »kindisch« freuen, wenn ihm etwas geglückt ist.

Ein Kind idealisiert das Leben eines »Großen«; Erwachsene aber tun gut daran, diese Idealisierung infrage zu stellen, denn sie begründet einen gefährlichen Prozess, der uns hier in seinen vielen Facetten beschäftigen wird: die manische oder auch optimistische Abwehr, die sich mit dem Bild einer idealisierten, ewigen Stärke und Jugend verbindet und uns blind macht für einen realistischen Umgang mit uns selbst und unseren Mitmenschen. Wenn die manische Abwehr zusammenbricht und wir erkennen müssen, dass wir nicht so stark, sicher und unverwundbar sind, wie wir es uns eingebildet haben, empfinden wir heftige Angst, Leere und Mutlosigkeit, fühlen uns im Bett nicht wohl und fürchten doch, es zu verlassen. Es ist schwierig, aus solchen Zuständen herauszukommen, die sich in der modernen Gesellschaft häufen. Denn die

Depression lähmt auch die Mittel, die das Ich bräuchte, um sie zu bezwingen.

Möglich ist es jedoch, die manische Abwehr zu erkennen und ihr den kritischen Blick auf ihre Verblendung entgegenzusetzen. Das haben Künstler, Komiker und jene Kinder schon immer getan, die als Einzige wagten, den Kaiser nackt zu sehen. Nicht die Prediger des Erhabenen schützen uns vor der Depression, sondern die Kritiker, die Spötter, die Zyniker. Sie warnen uns vor dem Sirenengesang der Verleugnung.

Eine technische Lösung, die den Menschen zum »Prothesengott« (das Wort prägte Freud) macht, kettet ihn in eben dem Versprechen, es aufzuhalten, an das Alter. Wer sich jeden Tag davon bestimmen lässt, möglichst jung zu erscheinen, gar sich jung zu fühlen, zahlt mit der dauernden Sorge, alt zu werden. Er kann nicht in einen Zustand finden, der – statt eine Antwort zu geben – die Frage nach dem Jungbrunnen außer Kraft setzt: die Selbstvergessenheit.

Für sie gibt es viele Namen. Der antike griechische Dichter Homer nannte sie Muse und beschrieb sie als Göttin, die den Sänger zu seinen Versen inspiriert.[1] Weltlicher fasst es Friedrich Schiller: »Der Mensch spielt nur, wo er in voller Bedeutung des Wortes Mensch ist, und er ist nur da ganz Mensch, wo er spielt.«[2] Friedrich Nietzsche schwärmt von der Macht selbstvergessener Ideen beim Wandern im Engadin. In der modernen Psychologie hat sich Mihály Csíkszentmihályi mit seiner Beschreibung entsprechender Erlebnisse als »Flow« einen Namen gemacht. Er siedelt den selbstvergessenen Zustand zwischen Überforderung und Langeweile an – ein Tätigsein, in dem wir ganz bei der Sache sind und störende Reize ebenso wie Erfolgsdruck ausblenden.[3]

Selbstvergessenheit ist zugleich erhaben und alltäglich. Sie wird uns geschenkt, ohne dass wir uns um sie bemühen; erst nachträglich begreifen wir, was wir an ihr hatten. Wir können sie nicht machen, sie entsteht spontan und endet ebenso. Sie lässt sich also nicht technisch herstellen; das verbindet sie, ebenso wie ihre Nähe zum Spiel, mit dem künstlerischen Tun.

Aus dieser Überlegung ergibt sich eine Strategie: Die Vorbereitung auf das Alter ist die Pflege der Möglichkeiten, selbstvergessen zu bleiben. Das widerspricht dem Schlagwort vom Ruhestand ebenso wie dessen ironischem Konterpart, dem Unruhestand. Es geht darum, Zustände zu finden und zu bewahren, die uns sozusagen mit dem Gefühl erfüllen, lebendig zu sein, und dadurch die charakteristisch ängstlich-depressive Tönung auslöschen, mit der sonst das Alter als Dahinschwinden, Devitalisierung, Tonusverlust von Leib und Seele erlebt wird. Ob wir tanzen oder malen, musizieren oder lieben, im Garten arbeiten oder in dem Beruf tätig bleiben, der uns interessiert: Alles, was in der Mitte zwischen Stress und Langeweile liegt, sorgt dafür, dass wir uns weder jung noch alt fühlen, sondern im Einklang mit uns und unserem Tun.

Aus der Sicht der vergleichenden Anatomie ähnelt der Homo sapiens einem voll entwickelten Schimpansenfötus – ein als *Neotenie* beschriebenes Phänomen. Menschenaffen gleichen in den intrauterinen Stadien ihrer Entfaltung erwachsenen Menschen weit mehr als erwachsenen Schimpansen oder Gorillas, vor allem, was das Verhältnis von Gebiss und Gehirn angeht. Man kann diese Tatsache rein symbolisch auffassen oder als ein organisches Fundament des spezifisch Menschlichen betrachten – wie auch immer, sie läuft darauf hinaus, dass Menschen womöglich nie ganz erwachsen werden.

Während andere Säugetiere als Erwachsene nur noch das Nötige tun, spielen Menschen bis ins hohe Alter, was auch bedeutet: Sie sind kreativ, sie lassen sich etwas einfallen, sie finden neue Lösungen. Das betrifft auch das Altern. Denken wir rechtzeitig und gründlich über unsere Ängste vor seinen negativen Aspekten nach, entstehen Gegenkräfte. Sie helfen uns, im Ernstfall vorbereitet zu sein.

Johann Wolfgang von Goethe hat davon gesprochen, Altern sei ein »Geschäft«, das man erlernen müsse wie andere Geschäfte auch. Es geht darum, sich etwas einfallen zu lassen und sich nicht damit abzufinden, dass die Jugend dahinschwindet, dass man immer weniger wird und seinen Stolz am besten dadurch rettet, dass man Sex, Sport und Reisen schon aufgibt, bevor es wirklich nötig ist.

Um die Jahrtausendwende schrieb ich, kurz vor meinem sechzigsten Geburtstag, ein Buch mit dem Titel *Altern ohne Angst*. Zwanzig Jahre später befragten mich zwei Redakteure des *ZEITmagazins*, wie sich meine Gedanken an mir bewährt hätten. Auf das Interview hin kamen Fragen nach dem vergriffenen Text; sie unterstützten die Absicht, mich der Thematik noch einmal anzunehmen – und so ist dieses Buch entstanden. Ich wollte es ursprünglich *Die Kunst des Alterns* nennen, fand dann aber den sachlicheren Titel von den großen Fragen des Alters treffender.

Ein Therapeut altert mit seinen Patientinnen und Patienten. Ältere Menschen gehen nicht gern zu einem Psychoanalytiker, der erheblich jünger ist als sie selbst – und dieser erwidert solche Gefühle. Ein junger Therapeut ist recht wehrlos, wenn ihm ein alter Patient, eine alte Patientin sagt, er könne sich nicht vorstellen, wie das sei, alt zu werden. Seit mir die Kassenpraxis im Jahr 2000 genommen wurde,[4] arbeite ich vermehrt mit Paaren und habe viele Erfahrungen mit der Dynamik langjähriger erotischer Beziehungen gesammelt.

Es gibt in der Auseinandersetzung mit dem Alter keine vorgefertigten Lösungen, sondern nur Unikate. Die Kunst des Alterns orientiert sich an einer Unterscheidung, die der französische Ethnologe Claude Lévi-Strauss eingeführt hat: die zwischen dem Bastler und dem Planer, dem *Bricoleur* im Gegensatz zum *Ingenieur*.[5] In der Praxis müssen auch Ingenieure improvisieren. Sie tun es ungern, während Bastlern das planende Vorgehen der Ingenieurwissenschaft vom Entwurf hin zur Ausführung fremd bleibt.

Bastler-Künstler arbeiten immer mit dem, was gerade da ist, die Dinge haben keine definierte Funktion, sondern werden überraschend eingesetzt. Ein berühmtes Beispiel für diese Kunst ist Pablo Picassos »Stierkopf«. Picasso sagte dazu 1942: »Raten Sie, wie ich diesen Stierkopf gemacht habe! Eines Tages fand ich unter altem Kram einen Fahrradsattel und daneben eine verrostete Lenkstange. Blitzschnell sind in meinen Vorstellungen beide Teile zusammengewachsen ... Ohne jedes Nachdenken ist mir die Idee zu diesem ›Stierkopf‹ gekommen.«

Wo der Ingenieur nicht weiterkommt, weil ihm das Material fehlt, das er zur Vollendung seiner Entwürfe braucht, sucht der Bastler zusammen, was greifbar ist, und entwickelt seine Lösung intuitiv aus den Zusammenhängen, die sich während seiner Suche ergeben.

In diesem Buch werde ich immer wieder auf zwei Themen zurückkommen, die mir für die Lebenskunst im Arbeiten und im Lieben unentbehrlich scheinen. Im Arbeiten ist es die handwerkliche Haltung, die Entwicklung von Freude an der Selbstwirksamkeit im Tun. Im Lieben die Bereitschaft, den Augenblick zu genießen und sich nicht von den Menschen zurückzuziehen, mit denen das möglich sein könnte. Mit diesen Grundsätzen können wir nicht früh genug beginnen und nicht spät genug aufhören, und beide schützen uns vor den Verführungen der manischen Abwehr.

Auf der noch gästereichen Feier zu meinem sechzigsten Geburtstag sagte ich ironisch, über das Alter würde ich mir mit siebzig ernstliche Gedanken machen. Mit siebzig funktionierte das Manöver erneut – mit dem Altwerden kann ich mich mit achtzig wieder intensiver beschäftigen![6] Ich sammelte nach wie vor in meiner Praxis neben der unvermeidlichen Mühsal Flow-Erlebnisse, arbeitete an Büchern, schrieb mit Freude eine Magazinkolumne und hatte die Redaktion gebeten, mein Alter nicht in der biografischen Notiz zu erwähnen.

Jetzt, mit achtzig, erlebe ich mich verändert. Bisher konnte ich mich auf die durchschnittliche Lebenserwartung berufen. Das funktioniert nicht mehr so recht. Ich bin nicht mehr ein älterer Autor und Psychotherapeut, ich bin alt. Hochbetagt, steinalt pflegte man nach dem achtzigsten Geburtstag früher zu sagen; das Greisenalter begann. Da ich schon mit vierzig weiße Haare bekam, lebe ich dem Wortsinn nach ebenso lange als Greis wie als Mensch.

Wenn ich mir selbst zureden möchte, mit neunzig sei auch noch Zeit, sich über das Alter Gedanken zu machen, erscheint mir das sofort als Hybris. Kann ja sein – kann aber auch nicht sein. An meinen Aktivitäten ändert eine Jahreszahl nichts, wohl aber an meinem Lebensgefühl in den Zeiten außerhalb der Selbstvergessenheit.

Dieser achtzigste Geburtstag war coronabedingt der stillste in den letzten Jahren, aber ich habe ihn intensiver empfunden und die Aufmerksamkeit, die mir geschenkt wurde, mit mehr Ruhe genossen.

Dießen, im Frühjahr 2022

WIE ALTERN WIR IM 21. JAHRHUNDERT?

In den nächsten Jahrzehnten wird sich die Bevölkerung der europäischen Länder in einer Weise verändern, wie es sie in der Geschichte noch nie gegeben hat. Immer war das Bild der Bevölkerung eine Pyramide. Es gab viele Kinder und junge Menschen; je höher das Alter wurde, desto weniger Personen überlebten. Diese Pyramide ist im 19. und 20. Jahrhundert höher und schmäler geworden, weil sich die durchschnittliche Lebenserwartung veränderte.

In Zukunft wird aus dieser Pyramide ein Pilz oder ein Baum werden: unten schmäler als oben. Eine geringe Zahl junger Menschen wird von einer zwar nicht mehr wachsenden, aber relativ lange stabil bleibenden Schicht alter Menschen überlagert. Der lange europäische Frieden hat zu der »Bohnenstangen«-Familie geführt. Nicht selten kümmern sich zwei Eltern und vier Großeltern um ein Enkelkind.

Unsere gegenwärtigen Illusionen über das, was uns im Alter »eigentlich« zusteht, sind wohl im 19. Jahrhundert entstanden, zur Zeit des Biedermeiers. Greisin und Greis, einst Symbole für Tod und Verfall (so vielfach im 18. Jahrhundert), wurden zu moralischen Vorbildern, die geehrt und respektiert werden. Doch diese Altersverehrung war, ähnlich wie die Verehrung der Frauen (»sie flechten und weben – himmlische Rosen ins irdische Leben«, dichtete Schiller), an Bedingungen geknüpft, die Katharina Gröning, Professorin für Erziehungswissenschaft an der Universität Bielefeld, so zusammenfasst: »Sie (die Alten) wurden, einhergehend mit einer gewissen Verehrung, aus dem öffentlichen Raum in die Idylle der Gartenlaubenfamilie versetzt. Dort konnten sie von den Jungen verehrt und verklärt werden. Voraussetzung der Altersverehrung war allerdings auch, dass die Alten ihre Ressourcen und Güter nicht selbst verbrauchten, dass Vergnügungen und Zerstreuungen ihnen wenig bedeuteten, dass sie vor allem das Wohl ihrer Familie und Nachkommen im Auge hatten und dass sie ihren Besitz vererbten.«[7]

Im 19. Jahrhundert entstanden Drucke, auf denen das menschliche Alter als geordnete Abfolge von Stadien dargestellt ist. Analog zur statistischen Alterspyramide beginnt eine erste Phase vom Säugling bis zum Klein- und Schulkind. Daran schließt sich die Periode der Jugend; der Höhepunkt ist mit der Eheschließung erreicht: Auf dem Gipfel der Pyramide steht das Brautpaar. Danach folgt der Abstieg über Elternschaft, rüstiges Alter und Greisenalter. Immer sind die Personen in Familien eingebunden, die Familie ist der Ort, zu dem Kinder ebenso wie Alte gehören, alles andere ist Ersatz, zweite Wahl, Zeichen für ein Versagen der Familie.

In der Konsumgesellschaft wird es anders gesehen, da heißt es: »Man ist so alt, wie man sich fühlt!« Damit verschwindet das Alter aus dem kollektiven Raum. In den Massenmedien ist niemand alt, es sei denn, wir wundern uns, wie jung Stars aussehen, von deren kalendarischem Alter wir wissen. Das öffentliche Projekt läuft auf Leidensfreiheit hinaus. Es wird verdrängt, dass zum Leben auch Krankheit, Tod und Verfall gehören. Wir haben keine Kultur des Abschieds, nur eine Kultur der Ankunft und der Innovation.

Als die französische Schriftstellerin und Philosophin Simone de Beauvoir versuchte, die Verdrängungsschichten zu durchdringen, mit denen gerade auch die Intellektuellen das Alter ausgrenzen, erntete sie naive Einwände, wie: »Aber du bist doch noch gar nicht alt!« Wie die Individualisierungsprozesse allgemein ist auch die Freisetzung unseres Umganges mit dem Alter ambivalent zu sehen. Sie bietet Chancen und schafft Bedrückungen für jene, die diese Chancen nicht wahrnehmen können und dadurch in einer Weise beschämt, entwertet oder ausgeschlossen werden.

Unser gegenwärtiger Umgang mit dem Alter verlangt, uns *nicht* alt zu fühlen und dem Klischee vom Altern *nicht* zu entsprechen, das die Jungen uns auferlegen. Die Alten sind gehalten, sich von den »wirklich Alten« abzugrenzen, vielleicht ähnlich, wie Touristen begeistert von Orten erzählen, die nicht von ihresgleichen heimgesucht seien.

1989 sprach der Gießener Soziologe Reimer Gronemeyer von einem »drohenden Krieg der Jungen gegen die Alten« und malte ein Szenario aus, in dem im Jahr 2030 ein Berufstätiger einen Rentner durchschleppen muss wie der Schiffbrüchige im orientalischen Märchen den bösen Meergreis.[8] Dann werde auch fast jede zweite Wahlstimme von den Senioren kommen; die Alten würden zu viel kosten und hätten zu viel Macht, sie seien nicht mehr finanzierbar, zumal sie der nächsten Generation die ökologischen Reparaturarbeiten aufgeladen hätten, entstanden aus ihrem bedenkenlosen Umgang mit den Ressourcen.

Die düsteren Prognosen haben sich nicht bewahrheitet. In Umfragen stimmt zwar eine knappe Mehrheit der Aussage zu, die Veränderungen in der Bevölkerungsstruktur seien besorgniserregend,[9] aber im Alltag ist laut Umfragen die überwältigende Mehrheit der Alten (90 bis 95 Prozent) mit ihrem Leben zufrieden. Sie wären das nicht, wenn sich die Mehrheit der Bedenkenträger angesichts einer »überalterten« Gesellschaft auch tatsächlich abweisend gegen ältere Mitbürger verhalten würde. Die hohe Lebenszufriedenheit gilt nicht nur für die »jungen Alten« zwischen fünfundsechzig und fünfundsiebzig, sondern auch für über Achtzigjährige, von denen noch viele gesund und aktiv sind.

Die Realität alter Menschen passt im 21. Jahrhundert nicht mehr ganz zu dem, was die Alten heute als Kinder beobachtet und womit sie unbewusst gerechnet haben. Welcher Enkel hätte sich beispielsweise in den Sechzigerjahren vorstellen können, dass ein halbes Jahrhundert später die Schweizer Migros eine Internetplattform unterstützt, auf der eine *Großmütterrevolution* gefeiert wird und Omas viel mehr machen sollen, als Enkel zu hüten?

In den USA entstehen Seniorenstädte, in denen Alte in klimatisch begünstigten Gegenden Plätze in einer Eigentumswohnanlage mieten können. Manche dieser Siedlungen liegen in Mexiko, wo Arbeitskräfte billiger sind. Wie in anderen Bereichen zeigt sich auch in diesem die Spaltung der Konsumgesellschaft: Die gut situierten Alten leben aktiv und sportlich im ewigen Sommer, während unter den Armen das *granny dumping* grassiert: Die Polizei hat mit verwirrten Alten zu tun, die von ihren Kindern ohne Papiere ausgesetzt worden sind und sich weder an ihren Namen noch den Ort erinnern, wo diese zu finden sind. Die Nachkommen entledigen sich ihrer Pflichten gerade so, wie es Städtebewohner im Mittelalter angeblich mit Geisteskranken taten: Sie setzten diese auf ein Schiff und ließen es flussabwärts treiben; wer immer die Verirrten fand, musste sich aus Christenpflicht ihrer annehmen.

Ein weiteres Paradox ist, dass sich das Alter nicht nur nach oben ausbreitet, sondern auch nach unten. Schon Fünfundvierzigjährige können für einen neuen Arbeitsplatz »zu alt« sein und begehren dagegen auf. Nur etwa jeder zehnte Berufstätige arbeitet wirklich bis zur »Altersgrenze«. Die restlichen 90 Prozent scheiden früher aus. Es ist paradox: Während die

Rente mit achtundsechzig, selbst siebzig gefordert wird, sank seit den Sechzigern das durchschnittliche Berufsaustrittsalter von damals zweiundsechzig Jahren auf gegenwärtig achtundfünfzig. Inzwischen sind psychische Erkrankungen, vor allem Depressionen, die häufigsten Ursachen für den vorzeitigen Eintritt in die Rente.

Die therapeutische Arbeit mit den Betroffenen ergibt politische Defizite. Es genügt nicht, das Rentenalter heraufzusetzen, es müssten sich auch die Personalabteilungen verstärkt um die berufliche Entwicklung und Motivation der Fünfzigjährigen kümmern. Ohne politisches Gegensteuern investieren Arbeitgeber in junge Arbeitskräfte und haben kein Interesse an der Arbeitszufriedenheit älterer Mitarbeiter.

WIE BEGEGNE ICH DEM ALTER?

Es hängt von unserem eigenen Alter ab, wie wir dem Thema begegnen, dass wir ganz unvermeidlich älter werden. Erst nach den ersten Zeichen des Alters machen wir uns Sorgen über diesen Prozess. Der Wunsch erwacht, nicht alt zu werden. Dieser Wunsch ist unerfüllbar, er ist kindlich, aber er ist keineswegs töricht. Er ist vielen nachdenklichen Menschen nahe.

Als ich Kind war, kannte ich die Angst vor dem Alter nicht, im Gegenteil: Ein Jahr älter war eigentlich auch ein Jahr besser und stärker. Ein Jahr nach meiner Einschulung musste ich mich nicht mehr vor den Zweitklässlern fürchten, die auf den Erstklässler herabblickten. Ich war jetzt selbst Zweitklässler und konnte die Erstklässler verachten, die von nichts eine Ahnung hatten.

»Ich kann mir nicht vorstellen, älter als dreißig zu werden«, sagte ich, siebzehn Jahre alt, in einer Sommernacht am Seeufer von Feldafing zu dem Mädchen, in das ich verliebt war. Ins Provokative gewendet, meinte der Spruch der Studentenrevolte nichts anderes: »Trau keinem über 30« – trau dich nicht, dreißig zu werden! Dem Jahr 2000 träumte ich als (1941 geborenes) Kind ahnungsvoll entgegen – dann bist du alt! Ob du so alt wirst?

Längst muss ich mir nicht mehr vorstellen, wie es ist, dreißig zu sein; als ich es wurde, war ich zu beschäftigt, um mich an meine adoleszente Fantasie zu erinnern, wie undenkbar es ist, erwachsen zu sein. Als Jugendlicher begehrte ich die Teilhabe an der Welt der Erwachsenen leidenschaftlich, konnte mir nicht vorstellen, sie zu erreichen, und hatte wohl auch schon geheime Zweifel, ob der Verlust der Kindheit die Mühe wert ist. Viele Jahre Arbeit als Psychoanalytiker haben mich überzeugt, dass Menschen im Grunde nicht gern erwachsen werden; sie leisten das, weil die Alternativen noch unangenehmer sind.

Inzwischen kann ich mir in aller Ruhe vorstellen, neunzig zu werden, ich kann den Gedanken stehen lassen, vorher zu sterben. Ich kenne meine statistische Lebensdauer und weiß, dass sich meine imaginäre Lebenserwartung dramatisch verkürzt hat, als meine Mutter starb. Glücklicherweise verdrängte ich den Tag, an dem ich sie sozusagen überholt habe. Sie war längst nicht so alt geworden wie meine Großmutter, deren Alter bisher den Zeitpunkt definiert hatte, an dem die Parze meinen Faden durchtrennt.

Heute kommt es mir seltsam vor, dass ich mich an diesen beiden Frauen orientiere, als ob es keine anderen Großeltern gäbe. Das hängt wohl damit zusammen, dass mein Vater noch nicht ganz dreißig war, als er 1944 an der Ostfront fiel; so verloren die Männer ihre Kraft, meine Lebensspanne zu ordnen, seit ich selbst die dreißig überschritten hatte und älter geworden war als mein Vater. Die väterlichen Großeltern starben, als ich mit meinem Abitur beschäftigt war; mein Großvater mütterlicherseits kurz danach. Die Mutter meiner Mutter, meine Passauer Großmutter, aber lebte noch, als ich die dreißig hinter mir hatte und eine neue Perspektive auf meine Lebenszeit suchte.

Sie lernte noch ihre Urenkel kennen, und ihre Beerdigung war die erste, an der ich überhaupt teilnahm. Meine Mutter hatte solche Ereignisse von uns ferngehalten, ich vermute heute, weil sie selbst vom jähen Tod meines Vaters so verletzt war, dass sie ihren Söhnen die Begegnung mit diesem Ereignis so lange ersparen wollte, wie sie es konnte.

Heute berührt mich der Tod der geliebten Deindorfer Großeltern stärker als damals, als ich so sehr mit dem Gymnasium und meinen Freundschaften beschäftigt war, dass ich nichts dabei fand, dass meine Mutter uns nicht in den Abschied von ihnen einbezog. Ich verstehe auch, warum der Tod der letzten Angehörigen dieser Generation, die alle noch im 19. Jahrhundert geboren waren, mich so viel mehr beschäftigte als die bisherigen Todesfälle.

Ich war nicht nur reifer geworden und hatte mehr Lebenserfahrung, sondern die Passauer Großmutter, die 1886 geboren worden war und 1978 starb, war zum Symbol für die Lebenserwartung meiner Mutter geworden, die wiederum mein eigenes Leben spiegelte. Meine Mutter war 1913 geboren; sie würde mindestens bis zum Jahr 2006 leben.

Als sie dann achtzehn Jahre vor diesem Termin an einem Knochentumor starb, erlebte ich, wie ich mich schutzlos fühlte: nicht nur dass ich jetzt als Nächster dran war; meine eigene Erwartung schrumpfte auf das Maß, das sie vorgegeben hatte, auf vierundsiebzig Jahre. Ich hatte dieses abergläubisch besetzte Datum überwunden und meine Mutter überholt, als der nächste Schlag kam: Mein zwei Jahre älterer Bruder starb buchstäblich über Nacht. Bis dahin hatte er noch Sport gemacht.

Mein Bruder war nach dem Tod unserer Mutter in ihr Haus gezogen; es war buchstäblich bis unter das Dach angefüllt mit Erinnerungen. Unsere prägende Kindheitserfahrung in der unmittelbaren Nachkriegszeit war, dass es *nichts gab* und man auch nichts wegwarf, weil es ja *jederzeit wieder nichts geben konnte*. So war ein gefüllter Dachboden Ausdruck eines Lebensgefühls; ich war gerührt, als ich dort, nachdem mein Bruder gestorben war, alle Bücher meiner Mutter fand, die er gehortet hatte.

Nie zuvor musste ich mich in dieser Intensität damit auseinandersetzen, dass ein alter Mensch in unserer Kultur das ordnende Zentrum einer Fülle von Dingen ist, Spuren seines Lebens und des Lebens seiner Vorfahren. Lässt die Kraft nach, verlieren – wie die Eisenspäne im Magnetfeld – die vom Zentrum entfernten Dinge als Erste ihre Ordnung. Als mein Bruder starb, war nur noch ein kleiner Teil des Hauses bewohnt und sozusagen belebt; an abgelegeneren Orten verrieten Staubschichten, dass schon lange niemand mehr versucht hatte, Bewahrenswertes zu behüten und den Rest zu entsorgen.

Glücklicherweise nahm sich meine Tochter, die das Haus erbte, der Entrümpelung an. Ich war nach meinen Begegnungen mit diesen zum Chaos gewordenen Lebensspuren so erschöpft, dass sich eine Zahnwurzel entzündete und ich nach einigem schmerzhaften Hin und Her einen Backenzahn verlor. Der Verlust eines Zahnes ist für den Analytiker ein Symbol der Kastration, wie Blendung, Amputation und Enthauptung. Vergleichsweise bin ich also noch sehr gut davongekommen.

Es überforderte mich ebenso, die alten Dinge loszulassen wie eine Auswahl zu treffen und diese vor Sperrmüll oder Flohmarkt zu retten, was bedeutet hätte, meinen eigenen Haushalt noch mehr zu belasten. Ich war doch gerade dabei, selbst zu sortieren und wegzuwerfen, ohne damit so recht weiterzukommen. Ich kämpfte gegen die Schatten des Gedankens, wie meine Erben einmal mit den vielen gesammelten Dingen umgehen würden, die nur ich genau zu schätzen weiß, deren Geschichte und Bedeutung nur ich kenne.

Eine befriedigende Lösung dieser Spannung habe ich nicht gefunden. Ich kann Sammler wie Lothar-Günther Buchheim verstehen, die nicht rasten und ruhen, bis sie ein eigenes Museum haben, aber ich habe mein Sammeln nie so ernst genommen. So vertraue ich auf die Entscheidungen meiner Kinder.

Die Vertreibung von Bildern des Todes

»Sterben – schlafen – / Nichts weiter! Und zu wissen, daß ein Schlaf / Das Herzweh und die tausend Stöße endet, / Die unsers Fleisches Erbteil – 's ist ein Ziel, / Aufs innigste zu wünschen.«[10] Der Volksmund nennt den Tod einen Bruder des Schlafes. Der Schlaf ängstigt uns nicht, im Gegenteil: Ihn zu finden, ist ein Zeichen, dass die ärgsten Ängste vorbei sind. Wenn wir vergeblich nach ihm suchen, verstärkt das in der Regel unsere Angst. Wie sollen wir mit dem Tag fertigwerden, wenn wir nicht schlafen können!

Es ist eine fesselnde und wenig erforschte Frage, warum der Gedanke, zu »entschlafen«, so wenig Beruhigendes hat. In Hamlets Monolog über das Sein oder Nichtsein gerät der todessüchtige Prinz ins Stocken, als er über die Träume nachdenkt, die den Todesschlaf belasten:

Nur daß die Furcht vor etwas nach dem Tod
Das unentdeckte Land, von des Bezirk
Kein Wandrer wiederkehrt, den Willen irrt,
Daß wir die Übel, die wir haben, lieber
Ertragen als zu unbekannten fliehn.

So vertreiben wir Bilder des Todes aus unserem Bewusstsein und finden Menschen merkwürdig, die eine Passion für Friedhöfe haben, sich als Vampire verkleiden und auf Gräbern schwarze Messen feiern.

Warum vertrauen wir darauf, dass wir nicht sterben, wenn wir einschlafen? Natürlich wissen wir, dass der Schlaf etwas anderes ist als der Tod. Wir atmen noch und können erweckt werden. Aber dieses Wissen ist Eigentum unseres bewussten Ich. Dieses hat keine Macht über den Schlaf. Dennoch scheint etwas in uns eine Zuversicht aufrechtzuerhalten, die den Ichverlust beim Einschlafen erwünscht sein lässt, den Ichverlust im Sterben aber nicht.

In vieler Hinsicht ist der Schlaf ebenso befremdlich wie der Tod. Aber er ist uns unendlich vertrauter, auch weil er uns täglich begleitet, während wir dem Tod nur selten begegnen. Wir erleben ihn als Unterbrechung einer Kontinuität, die auch einen neuen Blick auf Entscheidungen möglich macht, als Erholung und als Quelle von Träumen.

Ob wir aus dem Tod zu etwas anderem erwachen, wissen wir nicht. Viele Menschen glauben daran. Wer beobachtet hat, wie empfindlich unsere Persönlichkeit auf winzige Veränderungen in den Nervenzellen reagiert, kann sich nicht vorstellen, dass sie den Zerfall des Gehirnes übersteht. Eine Durchblutungsstörung, und aus einem lebensfrohen, fleißigen Menschen wird binnen weniger Tage ein stammelnder Invalide, der sich nie mehr ohne Rollstuhl bewegen wird. Wo ist da die Macht des Geistes über den Körper?

Unser Bewusstsein mag den Tod annehmen, aber wir können ihn nicht rufen, wie einen Hausdiener, der uns zur Tür bringt. Das vegetative Leben in uns kämpft gegen ihn, ob wir das nun wollen oder nicht. Atemzentrum und Herz geben ihr Letztes, sie wollen nicht aufgeben, ähnlich wie das Ich des angstneurotischen Schläfers ihn gerade in dem Augenblick aufschreckt, in dem seine Lider sinken und er hinübergleiten würde in das Unbekannte.

Wir werden noch öfter der Paradoxie begegnen, dass sich die Macht der Psyche zugleich behaupten und bestreiten lässt. Ich will dieses Dilemma, das dem Thema der psychologischen Lebenshilfe[11] anhaftet, nicht schmälern. Wenn sich eine solche Hilfe um Ernsthaftigkeit und Selbstkritik, das heißt auch um Professionalität, bemüht, kann sie dieser Spannung nicht entgehen.

Wir müssen an die Macht der Psyche glauben, um sie optimal nutzen zu können, und wir müssen um ihre Ohnmacht wissen, um keine falschen Versprechungen zu machen oder vor dem Zusammenbruch überhöhter Hoffnungen zu verzagen. Die Situation des Autors lässt sich vielleicht mit der eines Expeditionsleiters vergleichen. Auch dieser muss beides mitbringen: Zuversicht, dass ein Ziel erreichbar ist, und Respekt vor der Übermacht von Wind und Kälte. Wenn allen klar ist, dass er keine Macht über den Schneesturm hat, werden sie sich beizeiten um die Qualität der Anoraks kümmern.

Die animalische Würde

Sigmund Freud hat in seinem Essay »Über Psychotherapie« seine analytische Praxis beschrieben und den Unterschied zwischen Auflösen und Zudecken formuliert. Um sein Verständnis von Therapie zu verdeutlichen, nutzte er einen Vergleich:

»Es besteht zwischen der suggestiven Technik und der analytischen der größtmögliche Gegensatz; jener Gegensatz, den der große Leonardo da Vinci für die Künste in die Formeln *per via di porre* und *per via di levare* gefasst hat. Die Malerei, sagt Leonardo, arbeitet *per via di porre;* sie setzt nämlich Farbhäufchen hin, wo sie früher nicht waren, auf die nichtfarbige Leinwand; die Skulptur dagegen geht *per via di levare* vor, sie nimmt nämlich vom Stein so viel weg, als die Oberfläche der in ihm enthaltenen Statue noch bedeckt. Ganz ähnlich sucht die Suggestivtechnik *per via di porre* zu wirken, sie kümmert sich nicht um die Herkunft, Kraft und Bedeutung der Krankheitssymptome, sondern legt etwas auf, die Suggestion nämlich, wovon sie erwartet, dass es stark genug sein wird, die pathogene Idee an der Äußerung zu hindern. Die analytische Therapie dagegen will nicht auflegen, nichts Neues einführen, sondern wegnehmen, herausschaffen, und zu diesem Zwecke bekümmert sie sich um die Genese der krankhaften Symptome und den psychischen Zusammenhang der pathogenen Idee, deren Wegschaffung ihr Ziel ist.«[12]

Der Gegensatz von Hinzufügen und Wegnehmen, von Expansion und Reduktion bestimmt nicht nur die künstlerische Arbeit, er ist ein Merkmal des menschlichen Lebens schlechthin und gewinnt im Alter an Bedeutung. In seinem Roman *Kim* beschreibt der Brite Rudyard Kipling die Begegnung eines begabten Straßenkindes mit einem ehrwürdigen Bettler, dem Abt eines Klosters in Tibet. Beide ziehen durch den Norden Indiens, Kim als Schüler des Lama, auf der Suche nach einem Fluss, der alle Sünden abwäscht. In einer anderen Erzählung hat Kipling das Thema des Loslassens im Alter variiert: Irgendwann wird ein erfolgreicher Mann, der lange Zeit Schicht für Schicht an Bedeutung und Reichtum um sich gelegt hat, des Wachstums müde. Vielleicht spürt er, dass die Schichten dünner werden, auf jeden Fall verlieren sie ihren Wert für ihn. So legt er all das Angesammelte ab, verlässt Reichtum sowie Familie und lebt als Bettler in einer Höhle.

Nackt sind wir in die Welt gekommen. Es scheint weise, sich darauf vorzubereiten, dass wir sie ebenso nackt verlassen werden.

Die beiden Prinzipien, das Hinzufügen und das Weglassen, sind uns bekannt, seit wir denken können. Da gegenwärtig die weitaus meisten Menschen in Kulturen aufwachsen, die vom Eigentum geprägt sind, ist das Loslassen erschwert. Eltern möchten, dass ihre Kinder sich möglichst viel aneignen, sie sollen es besser haben, was meist bedeutet: mehr haben, mehr Bildung, mehr Einkommen. Sie machen sich Sorgen, wenn ein Kind um seine Würde ringt und nicht alles annehmen mag, was nach ihrer Überzeugung gut für es wäre. So prägt sich in jungen Jahren der Wunsch aus, sich den eigenen Erfolg zu beweisen.

Wie sich dieses Lebensgefühl verankert, zeigen die großen Gedichte des Vorwärtsstrebens, der Expansion. Goethe hat in seinen *Faust*-Dramen das Thema in vielen Nuancen dargestellt, angefangen von der Unersättlichkeit des expansiven Wissen-Wollens bis hin zur materiellen Expansion in *Faust II* mit der Erfindung des Papiergeldes und den »drei Gewaltigen« Raufebold, Habebald und Haltefest. Ganz subjektiv findet sich im lyrischen Ich Rilkes die gleiche Botschaft:

Ich lebe mein Leben in wachsenden Ringen,
die sich über die Dinge ziehn.
Ich werde den letzten vielleicht nicht vollbringen,
aber versuchen will ich ihn.[13]

So wird nur ein mutiger und kreativer Kopf auf den Gedanken kommen, ehrgeizigen Erwachsenen anzuraten, sie sollten werden wie Kinder.[14] Ich habe eine feste Vorstellung, in welchem Alter das Kind war, das Jesus seinen Jüngern als Vorbild zeigte: Es war so jung, dass es den Begriff des Eigentums noch nicht kannte. Es wollte das Himmelreich nicht *haben*, und wenn es ihm in den Schoß fiele, würde es das Geschenk weiterverschenken. Es ist das Alter der frühen Großzügigkeit, in dem Eltern die Handschuhe des Kindes festbinden, weil sie zu oft liegen bleiben.

Es gibt Wesentliches, das wir uns mit den vertrauten Mitteln der Expansion und des Festhaltens nicht verschaffen können. Jesus sagt nicht: Ihr müsst das und das machen, um euer Ziel zu erreichen. Er sagt: Ihr habt es schon, es steckt in euch, aber ihr habt den Zugang verloren. Das Alter belebt die kindliche Freiheit, das Erworbene zu verschenken.

Wir sammeln Wissen, profitieren davon und geben es weiter: Der handwerkliche Dreischritt von Lehrling, Geselle und Meister ist ein ehrwürdiges Stück Lebenskunst. In der modernen Gesellschaft muss er sich gegen die Ausbeutung der Arbeitskraft wehren. Schulen und Universitäten liefern in einer Art pädagogischen Fabrik Arbeitskräfte, deren persönliche Entwicklung den Betrieb nicht interessiert.

Der italienische Philosoph Niccolò Machiavelli hat im 16. Jahrhundert das zentrale Problem der Politik in eine medizinische Metapher gefasst. Politische Probleme, so meinte er, seien wie Krankheiten: Solange sie leicht zu behandeln sind, sind sie schwer zu erkennen; wenn sie aber leicht erkannt werden können, ist die Behandlung sehr schwierig und oft unmöglich. Hinzuzufügen ist: Die Erkenntnis einer Problematik ist nicht per se schwierig, sie wird aktiv durch Verdrängung und Verleugnung abgewehrt. Wir denken nicht nur deshalb nicht an das Alter, weil wir uns noch nicht alt fühlen, sondern wir wollen nicht an die negativen Bilder erinnert werden, die sich mit dem Alter verbinden: Abhängigkeit, Hilflosigkeit, Schmerz und Tod. Wir gleichen Kindern, die lieber am Strand mit den Muscheln spielen, die der Rückzug des Wassers freigelegt hat, als darauf zu achten, dass eine Flutwelle auf uns zurast.

Rede ich konfus, wenn ich an die frühe und aufmerksame Vorbereitung auf das Alter erinnere und gleichzeitig die Selbstvergessenheit preise? Der Widerspruch lässt sich auflösen. Wie der Schauspieler gut daran tut, seinen Text zu lernen, ihn aber *nicht* bis zur letzten Minute vor seinem Auftritt angstgeplagt zu memorieren, so gilt es, sich vorzubereiten. Wenn das geschehen ist, ist es sinnvoll, sich nicht weiter mit Gefahren zu befassen, die noch nicht da sind, auch wenn sie irgendwann einmal kommen werden.

»So macht Bewusstsein Feige aus uns allen«, lässt Shakespeare Hamlet in seinem Monolog über das Sein oder Nichtsein sagen. Er verwendet das Wort *conscience*, das sich auch mit (Ge-)Wissen übersetzen lässt. Er beklagt den Verlust der selbstvergessenen Würde des Tieres, das entweder sogleich zur Aktion schreitet oder sich einem neuen Gegenstand zuwendet, während der Mensch Energie im Grübeln über Vergangenes und Zukünftiges vergeudet. Das Vergangene kann er nicht ändern; das Zukünftige ist vieldeutig, unsere Bilder sind von Furcht und Hoffnung geprägt.

Die eindrucksvollsten Philosophen sind jene, die den Zugang zur animalischen Würde des Menschen nicht verloren haben und sich kritisch mit den stolzen Gehäusen befassen, die mit so viel Grausamkeit gegen sich selbst und andere gebaut wurden und werden. Ich denke an Buddha und Jesus, an Diogenes und Sokrates, an Rousseau und auch an Freud. Sie alle haben sich mit der Kunst des Loslassens befasst, Diogenes von Sinope mit dem Verzicht auf Besitz und Komfort, Sokrates mit dem auf voreilige intellektuelle Sicherheit, Jean-Jacques Rousseau mit dem Verzicht auf den Glauben an einen moralischen Fortschritt durch Ehrgeiz und Besitzdenken, Freud mit dem auf die scheinheiligen Lügen, welche Eros und Thanatos bemänteln.

Unter animalischer Würde verstehe ich den unerreichbaren Vorsprung des Tieres, das sich keine Sorgen um die Zukunft macht und daher weit besser als der Mensch dem philosophischen Gedanken folgen kann, den Augenblick zu genießen (oder ihn wenigstens nicht zu verderben). So ist das Tier auch ein Vorbild an Selbstvergessenheit, an Flow.

Doch nun zum Altern in meiner Familie: Meine Passauer Großmutter war noch rüstig, als sie nach dem Tod meines Großvaters ihren Haushalt auflöste, die Jugendstilmöbel und den größten Teil der Bibliothek an Studenten verschenkte und in ein Altersheim nahe der Wallfahrtskirche Mariahilf zog. »Ich gehe ins Heim, solange ich das kann und nicht muss«, sagte sie in ihrer energischen Art.

Sie richtete ihr Zimmer mit dem Wenigen ein, das sie aus dem großen Haushalt behalten wollte, und lebte dort noch zwanzig Jahre. Anfangs hatte ich diesen Schritt vorbildhaft gefunden. Als sie an einer Durchblutungsstörung erkrankte und immer unbeweglicher wurde, wuchsen meine Zweifel an der Weisheit ihrer Entscheidung.

Sie hatte ihren Garten am Südhang geliebt, in dem die besten Tomaten gediehen. Es war manchmal mühsam gewesen, Einkäufe aus der Stadt heraufzutragen, aber dafür hätte es Hilfe gegeben, wenn es die Grenze zur heilsamen Übung überschritt. Gegen die Ordensschwestern im Altersheim, die der alten Dame jede Mühe abnahmen, war sie machtlos.

Vom Tag ihres Umzugs an hatte sie außer Korrespondenz mit der Verwandtschaft und dem Kaffeekränzchen mit den anderen Beamtenwitwen nichts mehr zu tun. Früher war sie im Sommer, bergauf und bergab, zur Ilz gegangen und in ihrem akkuraten Stil geschwommen. Das ging vom Altersheim aus nicht mehr.

Wenn ich heute an sie denke, glaube ich nachzufühlen, was es ihr schwer gemacht hat, anders für sich zu sorgen. Es war das Kriegstrauma meines Großvaters, eines Juristen aus einer Klavierbauerfamilie. Er war ein guter Tänzer und Musiker, charmant und eloquent, in den sich meine Großmutter, die älteste Tochter einer Kaufmannsfamilie, verliebte.

Zwei Töchter waren geboren, dann kam der Große Krieg, und ein Schatten legte sich über die Familie. Der Vater musste in Antwerpen in einem Kriegsgericht Deserteure und Männer verurteilen, die sich selbst verletzt hatten, um dem Schrecken der Grabenkämpfe zu entkommen. Er war 1918 ein gebrochener, nervöser Mann. Als er zurückkam, verbrachte er einige Monate in einem Sanatorium und fand nur mühsam in seinen Beruf als Richter zurück.

Er führte nur noch Zivilprozesse, er tanzte nicht mehr, er konnte nicht mehr Klavier spielen, weil ein Ohrgeräusch ihm den Genuss an der Musik verdarb. Er war reizbar, jähzornig, misstrauisch, sah alles schwarz (als ich Keuchhusten hatte, stand er neben mir und sagte: »Aus dem Buben wird nichts, aus dem wird nichts!«). Er ging mit fünfundfünfzig in Pension, die Kriegsjahre wurden doppelt gerechnet.

Kinder und Enkel kamen nicht gern zu Besuch; er wollte vor allem seine Ruhe haben, war sehr hypochondrisch, füllte Alben mit penibel nachgezeichneten Ansichtspostkarten. Ich habe ihn nie lachen sehen.

Meine Großmutter ertrug das, so gut es ging, sie sprach von ihm als »der Vater« und versorgte ihn mustergültig mit Schonkost und gewärmtem Kompott als Nachtisch. Ich vermute, dass sie den großen Haushalt auch deshalb aufgab, weil ihre drei Töchter weitab wohnten und Besuche von ihnen und ihren Enkeln selten waren – was sicher auch mit dem Vater und Großvater zu tun hatte.

In den langen Jahren der Pflege ihres Mannes war sie ausgebrannt und hatte ihr Selbstvertrauen verloren. Ursprünglich ein optimistischer Mensch, war sie risikoscheu geworden. Als meine Mutter versuchte, sie von einem Heim nahe unseres Hauses in Feldafing zu überzeugen, wollte sie in Passau bleiben. »Sie behauptet, ich sei ihr zu energisch«, sagte meine Mutter und schüttelte den Kopf. Augenscheinlich hatte die traumatische Störung des so lange gepflegten Ehemannes ihre Psyche infiltriert.

Wir müssen uns wohl damit abfinden, dass unser Leben von Brüchen geprägt ist. Das hat lange vor den gegenwärtig Lebenden begonnen.

Mein bäuerlicher Deindorfer Großvater war ebenfalls von einem Kriegstrauma beschädigt, das jedoch nicht ihn persönlich getroffen hatte, sondern seinen Vater, einen bis zu seiner Teilnahme am Feldzug gegen Frankreich im Jahr 1870 tadellosen Bauern in Kirchdorf am Inn. Nach dem Soldatenleben fand er nicht mehr in den Alltag, vertrank seinen Hof und ließ seine Kinder mittellos zurück.

Mein Großvater arbeitete als Fuhrknecht. Er konnte gut mit Pferden umgehen, kutschierte lange Jahre einen Tierarzt. 1914 war er schon zu alt für die Front, er wurde im Transportdienst beschäftigt. Danach, beim Eindämmen des wilden Inn, hatte er so viel verdient, dass er sich ein Gütchen kaufen konnte, eine Subsistenzlandwirtschaft. Keiner seiner beiden Söhne und auch keiner der Enkel – einer davon bin ich – sollte Bauer werden.

Mein Vater kam aus einem Haushalt mit Brunnen im Hof und Häusl neben dem Schuppen in das bischöfliche Knabenseminar in Passau, ein Internat, wo gute Schüler aus den Dörfern Latein lernen und sich auf das Theologiestudium vorbereiten sollten. Er wurde aber nicht Priester, sondern Jurist, lernte meine Mutter kennen, zog in den Krieg, kam nicht wieder.

Der Deindorfer Großvater ruhte trotz vieler Brüche in seinem Leben in sich. Er verkörperte eine traditionelle Macht, indem er sich ihr unterwarf. Sie prägte das Dasein auf dem kleinen Hof. Er stand im Morgengrauen oder früher auf, ging in den Stall, fütterte die vier Kühe, molk sie. Er schien nie um einen Handgriff verlegen, schärfte die Sense am Dengelstock, mähte bedächtig Grünfutter und Getreide. Die Zugkühe gehorchten ihm aufs Zungenschnalzen, er hatte sie selbst abgerichtet. Er nahm es stoisch hin, dass die Arbeit immer gleich schwer blieb, seine Kräfte aber allmählich nachließen und es keinen Sohn, keinen Enkel gab, der Haus, Hof und Vieh übernehmen würde, wenn er die Arbeit nicht mehr leisten konnte.

In den Bewegungen meines bäuerlichen Großvaters war nichts erschöpfend Hastiges, aber es schien auch keine Ermüdung zu geben, außer, es war Zeit für eine Pause – beim Mähen etwa, wenn das Sensenblatt gewetzt werden musste, beim

Odelschöpfen aus der Häuselgrube, wenn das Odelfass (Güllefass) voll war, beim Aufladen von Heu oder Getreidegarben, wenn die Kühe ein Stück weiterziehen sollten. Vielleicht hatte er diese gelassenen Bewegungen angenommen, weil die großen Tiere, mit denen er aufgewachsen war, sich so am besten zähmen ließen. Er war eines der heimatlosen Kinder gewesen, die nach ein paar Jahren Schule Stallknecht wurden, oft kein eigenes Bett hatten und mit den Pferden schliefen. Als Kind blickte ich zu ihm auf. Als ich über meine Kindheit in Niederbayern schrieb und die Nachbarn besuchte, erinnerte sich der Moarbauer von Kohlgrub noch an ihn, den Eduard Schmidbauer, »der es so guat mit dene Ross kenna hot«, der so gut mit den Rössern umgehen konnte.

Heute denke ich über die Kindheit meines Großvaters nach, an seinen Kummer über den verlorenen Hof und an den Trost, den er nachts am schweren, warmen Atem der großen Tiere fand, deren Strohlager er teilte. Für den, der sie zu lesen versteht, sind Tiere doch zuverlässiger als Menschen. Sie sind. Sie wollen nichts anderes sein, sie wollen nichts anders haben, sie werden niemals missionieren und verurteilen, sie werden nicht überlegen, ob sie Nähe wünschen oder Abstand, sie werden entsprechend handeln.

Mag sein, dass das Tier für den Menschen, der ihm nahekommt und sich mit ihm verbinden kann, ähnlich bedeutungsvoll wird wie die Kunst für den Künstler. Gemeinsam ist beiden eine Geste, die sich damit vergleichen lässt, auf einem langweiligen Weg einen Ball vor sich herzutreiben oder ein Wurfholz zu schleudern und es wieder aufzuheben und erneut zu schleudern: Wir werfen etwas vor uns hin, das wir kennen und in dessen Wiederfinden der Weg kurzweiliger wird.

Das geliebte Haustier und das von mir geschaffene Kunstwerk sind etwas Äußeres und gleichzeitig ein Entwurf, der in unseren frühen und mächtigen Bedürfnissen nach Bindung und Nähe wurzelt. Was mir Pferd, Hund, Katze oder Werk entgegenbringen, bin nicht ich, und doch ist es etwas von mir Geschaffenes, das sich aus der Leere erhebt, Kontakt mit mir aufnimmt, zu mir spricht. Vielleicht sind es diese Begegnungen, die uns vergessen lassen, dass wir die animalische Würde verloren haben. Denn wenn es uns gelingt, diesen Verlust zu vergessen, kehren wir heim in das Verlorene.

Die Unberechenbarkeit der Angst

Sollen wir erstaunt sein, dass Menschen so häufig unter Ängsten leiden – oder uns eher darüber wundern, wie wenig Angst sie haben, welche Risiken sie bedenkenlos eingehen und wie wenig sie sich fürchten? Das ist eine der Entweder-oder-Fragen, auf die ein »Ja« die richtige Antwort ist. Was bleibt, ist ein Gesichtspunkt, der uns beschäftigen muss: Angst wandert auf unsichtbaren Wegen, sie erscheint plötzlich, quält uns und droht uns zu überwältigen; dann wieder verschwindet sie und lässt Dinge geschehen, vor denen wir uns eigentlich fürchten müssten.

Es gibt Personen, die sich vor Brücken fürchten und zu jedem Abgrund einen Sicherheitsabstand brauchen wie zu einem großen Raubtier, während es andere genießen, an winzigen Griffen und Tritten überhängende Felswände zu durchklettern oder mit dem Fallschirm abzuspringen. Es gibt Jugendliche, die sich fürchten, eine Kopfschmerztablette einzunehmen, und andere, die bedenkenlos Drogen einwerfen, die sie Gesundheit und Leben kosten. Es gibt Menschen, die danach drängen, einem großen Publikum ihr Intimleben preiszugeben, und andere, denen der Schweiß ausbricht, wenn sie vor zehn Studenten einen tadellos vorbereiteten Vortrag halten müssen.

In der normalen Lebensgeschichte mischen sich diese Extreme. Die Zeit der weitgehend angstfreien Lebensperioden ist größer als die der angstbestimmten; dennoch bleiben diese im Hintergrund vorhanden und melden sich, wenn ungewöhnliche Ereignisse eintreten und die kindliche Erwartung durchkreuzen, dass im Leben doch eigentlich alles glattgehen müsste.

Die Angst liegt an der Kette, wir halten sie sogar für einen treuen Hirtenhund, der uns vor Wölfen warnt. Aber plötzlich treten Ereignisse in unser Leben, die uns eines Besseren belehren und bei uns den Eindruck hinterlassen, der Wächter sei nicht unser Diener, sondern mache sich zum Herrscher über unseren seelischen Haushalt. Die Situation erinnert an geschichtliche Ereignisse, in denen die ursprünglich zum Schutz eines Herrschers bestellten Bewaffneten plötzlich erkennen, dass er in ihren Händen ist, ihren Treueeid vergessen und selbst die Macht an sich reißen.

Während der Tyrann noch darüber klagen mag, dass er und kein anderer sich die Ursache seines Unterganges ausgesucht hat, können wir uns immerhin damit trösten, dass die Angst in uns viel älter ist als unser philosophisch geschultes Ich und aus dem Überlebensrepertoire der Wirbeltiere stammt. Wir wissen natürlich nicht, ob die Maus vor der Katze Angst hat oder der Spatz vor dem Falken. Aber ihr Verhalten erinnert uns an unseren eigenen Ur-Wunsch, unseren Abstand zu potenziell bedrohlichen Dingen, Ereignissen und Organismen selbst zu bestimmen und ihn nur vorsichtig so zu verkürzen, dass uns Zeit und Raum für unseren Rückzug bleiben.

Die Angst ist vermutlich in der Evolution aus diesem höchst sinnvollen, oft lebensrettenden Fluchtimpuls entstanden. Zum Überleben half es wohl auch, dass die ängstliche Erregung, welche den Organismus körperlich und geistig auf die Flucht vorbereitet und diese einleiten hilft, ein höchst unangenehmer Zustand ist.

Es wird erzählt, dass im mittelalterlichen Handwerk der Meister dem Lehrling eine schallende Ohrfeige gab, wenn er ihm eine Einzelheit mitgeteilt hatte, die sozusagen zum Kernwissen der Kunst gehörte. So gepeinigt, sollte sich der Novize genauer erinnern. Wir ersparen unseren Schülern solchen Nachdruck und wollen auch, dass er uns vonseiten unserer Lehrer erspart wird. Aber die Lehrmeister der Evolution sind nicht so zimperlich; sie haben uns reichlich mit Schmerz- und Angstbereitschaften ausgestattet, damit wir uns unser Überlebensrepertoire genügend zu Herzen nehmen.

Viele höhere Tiere haben Angst vor allem, was sie nicht kennen, und meiden Nähe zu allem, was sie nicht beherrschen können, also auch zu Artgenossen. Da zu ihrer Fortpflanzung körperlicher Austausch notwendig ist, haben sie komplexe Rituale entwickelt, um diese Grundangst vor Nähe kurzfristig zu überwinden. Diese Angst reift mit der Beweglichkeit und Autonomie; sie wäre bei einem Neugeborenen fehl am Platz.

Die Verhaltensforscher haben die Reifungsprozesse von instinktiven und erlernten Angstreaktionen intensiv untersucht; der Psychotherapeut kann nur mit der banalen, aber folgenschweren Ergänzung dienen, dass Tiere ihren Angsthaushalt weit ökonomischer gestalten können als der Mensch. Wer jeden erwachsenen Artgenossen für einen Störenfried hält und nur durch die Verblendung der Brunft diese Grundhaltung kurzfristig überwindet, kennt keine Bindung. Er braucht sich nicht vor den zahllosen Quellen von Angst und Schmerz zu fürchten, die in der Sehnsucht nach Bindung, Liebe und Bewunderung wurzeln.

Menschen lieben manche Menschen und fürchten andere, und in den verzwicktesten Fällen fürchten sie sich gerade vor denen, die sie lieben. Sie lieben ihre Ideale und fürchten sich, ihnen nicht zu entsprechen. Sie lieben ihren Körper, hoffen, dass er ihrem Ich verlässlich dient, und fürchten seine Störungen, seine Neigung, sie mit Schmerz- und Angstreizen zu behelligen.

Weil unsere Situation derart kompliziert ist, entwickeln wir ein geistiges System, um zukünftige Ereignisse vorauszuberechnen und Schmerz- wie Angstquellen zu orten, um sie zu vermeiden oder zu bekämpfen. Damit ergänzen wir die äußere Realität, die uns viel antun kann, durch eine innere, die unter Umständen noch bedrohlicher ist. Unsere Fantasie kann uns vor Angst schützen, indem sie uns Gefahren voraussehen lässt; aber sie kann uns auch in Ängste stürzen, wenn sie dabei nicht durch ein Stück Unbekümmertheit und Zukunftsvertrauen gezügelt wird.

Angst differenziert nicht, sie vereinfacht: Es gibt in ihr keine unterschiedlichen Gefahren mehr, sondern nur noch eine, die alle anderen auffrisst. Wenn Menschenmassen Raum und Ruhe haben, können sie eine Feier genießen. Wenn aber eine Panik ausbricht und sich zu viele Menschen durch einen Engpass drängen, denkt jeder so verblendet an sein eigenes Durchkommen, dass Schwächere zu Tode gedrückt und getreten werden. Das geschah Ende April 2021 bei einem der größten religiösen Feste in Israel am Berg Meron, wo Strenggläubige Feuer anzündeten und tanzten, um an einen Rabbi zu erinnern, der am Fuß des Berges begraben ist. Es gab fünfundvierzig Tote und viele Verletzte.

Die Angst treibt unser Denken bis zu dem Punkt der Panik: Wenn unser Kind eine schlechte Note hat, wird es als Landstreicher unter einer Brücke schlafen müssen; wenn wir eine Verhärtung in unserem Körper ertasten, müssen wir an Krebs sterben; wenn wir nicht noch einmal prüfen, ob die Tür verschlossen ist, wird ein Einbrecher unsere Wohnung leeren.

Wir überschätzen Gefahren, denn es ist für das Überleben besser, sich zehnmal in dieser Richtung zu irren, als einmal zu sorglos gewesen zu sein. Der populäre Rat von Dale Carnegie,

»Sorge dich nicht – lebe!«, belegt die Unkenntnis des legendären US-amerikanischen Volkserziehers in diesem Punkt. Es müsste heißen: »Sorge dich – lebe!« Die Sorge hat lange das Leben beschützt. Das hat sich erst verändert, als die Massenmedien in unser Leben traten, und es sich zeigte, dass Angstreize noch mehr Aufmerksamkeit an sich reißen als erotische Angebote.

WIE KANN ICH DAS UNAUSWEICHLICHE AKZEPTIEREN?

Wer einmal gefastet hat, erinnert sich sicher, wie stark damals seine Empfindlichkeit für den Geruch von Speisen wuchs; er glaubte, eine Frittenbude aus großer Entfernung wittern zu können. Schon früh haben Sozialpsychologen dokumentiert, dass nicht nur vitale Instinkte diese Macht über unsere Wahrnehmung haben, sondern auch soziale Wünsche. Arme Kinder malen größere Umrisse als reiche, wenn man sie bittet, das Rund einer Münze zu zeichnen.

Auch die Angst verändert unsere Wahrnehmung. In dem Bestreben, uns wirksam vor Gefahren zu schützen, übertreibt sie deren Folgen, sodass uns die Fantasie drohender Ereignisse mehr ängstigt als diese selbst. Das liegt zunächst daran, dass in unserer Fantasie alle »erdenklichen« Gefahren zugleich vorweggenommen werden, wenn wir erst einmal in die Angststimmung geraten sind, während wir in der Realität häufig nur einem Problem einmal begegnen.

Ich erinnere mich, dass ich als Student bei meinem ersten Praktikum in einer psychiatrischen Klinik den Patienten mit der ängstlichen Erwartung entgegentrat, mit allen erdenklichen Formen der Verrücktheit – so wie ich sie aus der Lektüre kannte – konfrontiert zu werden. So war ich sehr überrascht, wie *normal* die Patientinnen und Patienten waren, mit denen ich mich beschäftigen und die ich testen sollte. Alle Störungen, von denen ich gelesen hatte, und noch einige mehr konnte ich sehen. Aber jeder Patient hatte sozusagen nur eine davon, keiner war »total verrückt«, das meiste, was mir an den Verrückten begegnete, kannte ich gut aus eigenem Erleben. Jedem fehlte nur ein Weniges, um »normal« zu sein.

Mein Angstbild, dass die Kranken mich mit allen möglichen Bizarrerien erschrecken würden (ein Bild, das Spielfilmszenen aus dem Inneren einer Nervenklinik zu bestätigen pflegen), kippte in den Eindruck, dass ihnen nur ein winziges Stück Anpassungsfähigkeit fehlte, um gerade so zu leben wie die Menschen draußen auch.

Ein Team um den Harvard-Psychologen Daniel T. Gilbert hat über fünfhundert Menschen, von denen die Hälfte vor Kurzem einen Liebespartner verloren und die andere Hälfte vor Kurzem einen gewonnen hatte, die Dauer ihrer Elends- beziehungsweise Glücksgefühle schätzen lassen. Es zeigte sich, dass Menschen die Dauer ihrer Euphorie angesichts eines Erfolgserlebnisses realistisch einschätzen können. Angesichts eines Schicksalsschlags aber überschätzen sie die Länge ihrer Depression erheblich.

Man kann nun fragen, ob die Angst der Agent des Realitätsverlustes im Negativen ist, während die Lust an die positive Realität bindet. Eindeutig ist der Angstnutzen: *Wüssten* wir sozusagen genau, wie gut wir mit unangenehmen Dingen fertigwerden, *würden wir uns weniger bemühen, sie zu vermeiden*. Die Angst steigert ihre Macht, indem sie unser Wissen um die Mittel verdüstert, welche diese Macht einschränken; Lust darf auf solche Manöver verzichten.

Aus der Beobachtung von Wirbeltieren abgeleitete Gesichtspunkte helfen im Umgang mit der Angstbereitschaft des Menschen. Angst vermindert sich durch Gewöhnung und/oder durch Flucht. Wo wir nicht fliehen können, müssen wir auf die Gewöhnung vertrauen. Jede Angst, der wir uns stellen und die wir deshalb realistischer einschätzen können, stärkt unsere Möglichkeiten, Angst zu beherrschen, während jede Angst, die uns zu Vermeidung veranlasst hat, in ihrer Macht unangetastet bleibt.

Die psychoanalytische Ergänzung dieser einfachen Grundgesetze (auf denen ein großer Teil des aus der Lerntheorie abgeleiteten therapeutischen Standardumganges[15] mit der Angst beruht) betrifft die Angstvermeidung durch Unbewusstmachung: durch Verdrängung, Verleugnung oder Kombinationen von beiden. Zu verdrängen ermöglicht eine Flucht nach innen; wie durch jede Flucht wird auch durch diese der Sicherheitsabstand wiederhergestellt und dadurch die Empfindung der Kontrolle über die Umwelt erneuert.

Aber das Verdrängte ist nicht immer wirklich erledigt. Die Psychoanalyse geht ganz und gar nicht davon aus, dass Verdrängung schädlich ist und umgekehrt Erinnerung und Geständnis von peinlichen Inhalten heilsam. Verdrängung ist sogar unentbehrlich, um unsere Psyche zu stabilisieren. Aber hier, wie an vielen anderen Orten, gilt: Die Dosis macht den Unterschied zwischen Heilmittel und Gift. Auch Stress ist in Maßen gesund, im Übermaß schädlich.

Wenn man so gar nichts von den eigenen Ängsten wissen will, stören sie heftiger. Freud hat das 1909 bei seinem ersten internationalen Auftritt an der Clark University in Massachusetts illustriert. Er machte das Publikum von Pädagogen und Ärzten selbst zum Gegenstand einer Metapher. Stellen wir uns vor, erklärte er, unter ihnen, deren Aufmerksamkeit er gar nicht genug rühmen könne, sei doch ein Störenfried, der sich ekelhaft benehme, dazwischenschreie und um Aufmerksamkeit heische. In der Folge will der Vortragende aufgeben, so könne er nicht mehr arbeiten. Also verständigen sich, so Freud weiter, einige kräftige Männer, die den ruhigen Fortgang der Lektion sichern wollen, packen den Störenfried und setzen ihn vor die Tür. Nun scheint erst einmal alles in Ordnung, die Vorlesung kann fortgesetzt werden. Aber der Störenfried gibt keine Ruhe. Im Gegenteil: Er trommelt jetzt so lautstark gegen die Türe, dass die Störung noch schlimmer ist als zuvor. Es bleibt der Versammlung nichts anderes übrig, als einen aus ihrer Mitte mit Verhandlungen zu beauftragen. Freud komplimentierte damals den Präsidenten der Universität, Professor Granville Stanley Hall, in diese Rolle. Der allseits verehrte Hochschullehrer verhandelte mit dem Ekelpaket und fand den Kompromiss: Es wurde ihm verziehen, unter der Bedingung, dass er sich von jetzt an manierlich benehmen würde.

Freud wollte mit diesem Beispiel aufzeigen, dass der Energieverlust groß ist, wenn die Verdrängung misslingt. Es wäre weniger umständlich gewesen, sich erst einmal mit dem Störer zu beschäftigen und zu versuchen, ihn zu verstehen, ihn abzuholen und mitzunehmen. Die Psychoanalytikerin Ruth Cohn hat in ihrer Gruppenarbeit den Grundsatz formuliert: *Störungen haben Vorrang.* Ich weiß nicht, ob Ruth Cohn Machiavelli gelesen hat, dem wir die These von den kleinen Übeln verdanken, die schwer zu erkennen, aber leicht zu beheben sind. Jedenfalls kommt sie zu dem gleichen Ergebnis. Wenn die Störung beiseitegedrängt und ignoriert wird, bis sie jeder erkennt, ist es zu spät. Wir müssen ihr Vorrang geben und erst einmal verstehen, was sie uns sagen will.

Das setzt voraus, dass wir Zeit und Raum haben, uns mit ihr zu beschäftigen. Absolute Aussagen über den Vorrang der Störung führen in eine Sackgasse. So sinnvoll es unter günstigen Bedingungen ist, sich mit ihr zu beschäftigen, so destruktiv kann die Fixierung auf eine Störung sein.

Jeder Mensch erlebt mehrere Male am Tag eine Störung, einen Schmerz, einen finsteren Gedanken, ein Stolpern körperlicher Funktionen. In den meisten Fällen tut er gut daran, darauf zu vertrauen, dass die Störungen verschwinden, wenn er sie ignoriert und einfach weiter so tut, als sei alles normal.

Die wirklich wichtigen Fragen im Leben schreien nach einer Entweder-oder-Antwort. Und eben die können wir oft nicht finden. Dazu gehört auch die Frage, ob wir besser damit fahren, eine leise Störung unseres Erlebens zu ignorieren – oder sie zu beachten, sie ernst zu nehmen, sie zu vergrößern, um sie genauer in Augenschein zu nehmen und sie womöglich noch anderen zu zeigen. Sprichwörter belehren uns in beide Richtungen: »Wehret den Anfängen!« Oder aber: »Der Hund bellt, die Karawane zieht weiter!«

Die Suche nach der richtigen Entscheidung geht aus der Angst vor der falschen hervor; beide werden zu Last und Druck, wenn die Angst nicht differenziert werden kann: Warnt sie, übertreibt sie? Wer die leise Störung wahrnimmt, kann sie dramatisieren, sich sofort das Ärgste ausmalen und mit seinen Schmerzen zum Facharzt gehen, um auszuschließen, dass sich etwas Lebensgefährliches ankündigt. Wer sie dauerhaft verdrängt, gefährdet vielleicht seine Gesundheit. Wer dem Entweder-oder einsichtig begegnet, wird erst einmal abwarten, wie sich die Sache entwickelt. Man muss nicht Medizin studiert haben, um den allgemeinsten ärztlichen Ratschlag angesichts unklarer Krankheitsgefühle zu kennen: *Take an Aspirin and go to bed!* Das ist ungefähr so, wie den Computer auszuschalten und neu zu starten. Es schadet kaum je und reicht oft aus, um eine Störung zu beseitigen. Wenn es nicht funktioniert, sehen wir weiter.

Der Jugendliche, der sich ein Motorrad kauft, Drogen einwirft und eine Rucksackreise durch Indien plant, orientiert sich zum Leben hin und hält seine Möglichkeiten der Regeneration für unerschöpflich. Irgendwann wird durch verschiedene Einflüsse – der mächtigste davon ist die Zeit – aus ihm der Erwachsene, der nicht mehr auf Leistungssteigerung setzt, sondern zufrieden ist, wenn er standhalten kann, noch später der Greis, der froh ist um jeden Tag, an dem nicht Hinfälligkeit seine Kräfte überfordert.

Oft lässt sich der Wendepunkt ausmachen, an dem die Grenzen der eigenen Ressourcen bewusst werden. Menschen mit guten Verdrängungskapazitäten werden plötzlich von ihrer Todesnähe überwältigt; andere bereiten sich schon im Jugendalter darauf vor.

Ich erinnere mich an eine sechzigjährige, gutherzige, auch etwas exaltierte Frau, die immer Zuversicht und Optimismus versprühte. Sie war durch die morsche Holzdecke eines als Alterssitz erworbenen, renovierungsbedürftigen Bauernhauses gestürzt. Der Beckenbruch heilte, aber sie wurde nicht gesund. Es fiel ihr wie Schuppen von den Augen: Sie war sterblich! Sie kam mit einer Depression zu mir in die Praxis. Ich fragte sie eindringlich, ob sie tatsächlich noch nie vorher an den Tod gedacht habe. Sie sagte, tief überzeugt, der Tod sei ihr bisher nie in den Sinn gekommen, sie habe sich immer viel zu jung gefühlt.

Wer solche Verdrängungsleistungen nicht glauben kann: Es kommt immer wieder vor, dass Schwangere bis zur Geburt nichts von ihrem Zustand wissen. Sie nehmen keine körperlichen Veränderungen wahr oder interpretieren diese falsch. Auch die Wehen werden zunächst als Blasenentzündung oder Koliken gedeutet.

Obwohl die meisten Menschen sich solchen Virtuosen des Verdrängens überlegen fühlen, gibt es Argumente gegen diesen Dünkel. Die Verdrängung ist eine schätzenswerte psychische Leistung, solange sie dem Leben dient und das Bewusstsein hindert, dessen vegetative und animalische Grundlagen zu stören. Freuds Kritik an der Verdrängung betraf vor allem die Lügen und Fälschungen, mit denen die Moral der Viktorianischen Epoche die Macht des Animalischen leugnete. Wer leibfeindlich erzogen wird, kann seine Erotik erst befreien, wenn er die Macht der Verdrängung nutzt, um die erworbenen Einschränkungen und Vorurteile zu bezwingen. Eine bewusste Entscheidung reicht nicht aus, um sie zu ignorieren.

Ob wir uns in einer Liebesbeziehung einen Neuanfang wünschen, ob wir nach einer Kränkung zu stolz sind, um erotisches Begehren zuzulassen, ob wir nach einer Beleidigung eine Beziehung abbrechen möchten, an der wir hängen – wir werden nur dann aus einer Sackgasse herauskommen, wenn wir unseren Stolz zurückstellen. Der dazu nötige seelische Prozess ist mit der Verdrängung verwandt. Nur erfolgt er in der Regel nicht spontan. Er wird von einer Entscheidung eingeleitet und begleitet diese auf dem eingeschlagenen Weg der Versöhnung. Irgendwann erinnern wir uns nicht mehr an die Beleidigung, die so heftige Rachewünsche auslöste.

Stolz ist in einer modernen Gesellschaft in der Regel dumm. Wenn jede Beleidigung nach Rückzug oder Rache schreit, sind die Folgen schlicht unökonomisch. Gesetzt den Fall, ich lebe in einem Dorf mit einem einzigen Laden, der so gut ist wie die Läden der nächstliegenden, einige Kilometer entfernten Dörfer. Ich kann dort bequem einkaufen, bis mich der Besitzer beleidigt und mein Stolz gebietet, nie wieder sein Geschäft zu betreten. Wie lange bin ich bereit, kilometerweit zu gehen, um zu bekommen, was ich weit bequemer haben könnte?

Die Szene zeigt auch, wie einfacher die Kränkungsverarbeitung in den Jägerkulturen war, die nicht sesshaft sind. Ethnologen haben beobachtet, dass Konflikte dort vor allem dadurch gelöst werden, dass der Beleidigte mit seiner Familie die bisherige Gruppe verlässt und sich einer anderen anschließt. Das geschieht ständig aus den verschiedensten Gründen, ist allgemein akzeptiert und ermöglicht es, ohne wirtschaftlichen Schaden die schmerzliche Begegnung mit einem Beleidiger so lange zu meiden, bis sich die Psyche beruhigt hat.

Diese Dynamik führt zu der vielleicht wichtigsten Frage des Alters in einer Leistungsgesellschaft: Wie bewahre ich mein Selbstgefühl, wenn meine Möglichkeiten schwinden, im Wettkampf mit Jüngeren zu bestehen?

WIE GEHE ICH MIT KRÄNKUNGEN UM?

Das Leben ist, wie es Freud in *Das Unbehagen in der Kultur* formuliert hat, schwer für den Menschen. Die Verletzungsquellen sind zahlreich, sie liegen in der Gebrechlichkeit unseres Körpers und in den Gefahren der Außenwelt. Seit Hunger und wilde Tiere ihren Schrecken in vielen Gegenden der Welt verloren haben, lasten die Forderungen der Zivilisation auf uns. Es genügt nicht mehr, im Überlebenskampf zu bestehen, wir müssen dabei auch Werten entsprechen, die wir als Kinder verinnerlicht haben und die es uns schwer machen, den Augenblick zu genießen. Selbst Liebe und Freundschaft, die wichtigsten Glücksquellen, sind kein sicherer Ort. Je mehr wir sie suchen und glauben, sie gefunden zu haben, desto tiefer trifft es uns, wenn wir verraten oder verlassen werden.

Vor vielen Jahren hat mich meine Dissertation über die Deutung von Mythen zur Ethnologie und bald darauf zu den altsteinzeitlichen Kulturen der Jäger und Sammler geführt. Kenntnisse über deren Lebensformen sind für ein Verständnis der Probleme des modernen Menschen unentbehrlich. Unser Organismus ist auf ein anderes Leben zugeschnitten, als wir es in der Zivilisation führen können.[16] Diese Aspekte ergänzen Freuds Sichtweise; sie revidieren auch viele seiner Gedanken.

Unser seelisches System ist genetisch für ein nomadisierendes Leben in steter Bewegung und engem Kontakt mit natürlichen Ressourcen optimiert. Von innerer Disziplin getragene Arbeit in einer menschengemachten Umgebung ist etwas, das wir kulturell erworben haben und lernen müssen. Der biblische Paradies-Mythos beschreibt diesen Schritt aus der Altsteinzeit auf seine Weise.

Eine der zentralen psychologischen Fragen in der Zivilisation lautet: Was geschieht mit unserem narzisstischen System – unserem Selbstgefühl –, wenn nicht eine ebenso unbarmherzige wie letztlich auch gnädige Realität uns täglich mit den Folgen unseres Tuns konfrontiert? Der Mensch kann zwar weit in die Zukunft sehen und viel erkennen, was sich dort abspielen wird, aber es fällt ihm unendlich schwer und misslingt häufig, nach diesen Einsichten zu handeln. Wir wissen um die Endlichkeit der Rohstoffe und die Grenzen des erträglichen Wachstums. Und was tun wir?

Solange uns die Realität eine Wahl lässt, folgen wir unseren Affekten, primär der Angst, dass unser Ich und / oder unsere Bezugsgruppe Schaden leidet. Das Selbstgefühl speist sich aus Vorbildern, aber diese Vorbilder werden nicht kopiert, sondern verwertet, um aus ihnen einen eigenen Entwurf herzustellen. In traditionell bestimmten Umwelten ist dieser Entwurf der Realität nahe und von einfacher Bauart, eben weil auch die Welt eng und übersichtlich ist. In der Moderne ist dieser Entwurf grandios und aus vielen Elementen collagiert.

In unserem Modell vergleichen wir das Selbstgefühl mit einem jener tropischen Bäume, die Luftwurzeln treiben. So können ausladende Äste, die vom nächsten Sturm gebrochen würden, eine Stütze nach unten senden, sich im Boden verankern und dazu beitragen, dass die Äste weiter und weiter ausgreifen, bis ein einziger Baum eine große Fläche bedeckt. Dieser Vergleich trifft auf Lebensläufe zu, in denen Expansion und Sicherung in einem stabilen Verhältnis stehen.

Narzisstische Krisen sind meist durch Autoaggression in ihren verschiedenen Gestalten (Panikattacken, Schuldgefühle, Depressionen, Selbstmordpläne, Gefühle innerer Leere) charakterisiert. Sie treten dann auf, wenn entweder das grandios ausgreifende Selbstgefühl keine Stützen in der Realität findet oder solche Stützen wegfallen, ohne dass es gelingt, das entstandene Ungleichgewicht durch einen Prozess der Frontverkürzung und Gesundschrumpfung (der Trauerarbeit) zu beseitigen.

Die Stützen unserer Grandiosität, die sie in ein alltagstaugliches Selbstbewusstsein verwandeln, haben vielerlei Gestalt. In ihrer ältesten Form sind es vielleicht Werkzeuge, Dinge, die ein Urmensch nicht nach Gebrauch fortgeworfen hat, wie der Schimpanse den Prügel, mit dem er einen Leoparden verscheuchte. Am Anfang der Festigung des menschlichen Selbstgefühls steht das Werkzeug, das nicht nach Gebrauch fallen gelassen wird, sondern behalten, bearbeitet und verfeinert wird: Faustkeil, Keule, Speer.

Waffen verleihen bis heute ein Gefühl der Sicherheit und der Überlegenheit. In den Heldensagen gibt es Schwerter, an denen jede andere Waffe zerbricht, Helme und Schilde, die unfehlbar schützen. Sie sind der sprechende Beweis, wie sehr das Selbstgefühl der Stütze bedarf. In den Sagen wird auch eine elementare Geschlechterteilung fassbar: Männer tragen Ringe, welche die Körperkraft von zwölf Männern geben, Frauen einen magischen Gürtel, der jeden mit Liebe und Begehren erfüllt.

Eine weitere, sehr wesentliche Stütze des Selbstgefühls ist die Heimat. Unter diesem Begriff lassen sich vertraute Eindrücke zusammenfassen, die dem erlebenden Ich eine sichere Hülle schenken. Verlust der gewohnten Umgebung ist ein sehr wesentlicher Risikofaktor für seelische Zusammenbrüche. Nach der Trennung von einer nahestehenden Person steht ein

Umzug in den Statistiken über auslösende Faktoren einer Depression an zweiter Stelle.

Die normale Entwicklung von Körper und Geist schafft ein basales Heimatgefühl, einen Glauben, dass nach Zuständen wie Schmerz, Scham und Angst wieder alles »normal« sein darf und wir uns an elementaren Lustquellen erfreuen können. Ein Patient berichtet, nach der Beerdigung seiner Mutter sei er beim Leichenschmaus plötzlich zusammengezuckt und habe es als Unrecht empfunden, dass er sich jetzt Essen und Trinken schmecken lasse, während seine Mutter nicht mehr am Leben teilhaben könne. Er konnte diesen Gedanken abschütteln, indem er sich vergegenwärtigte, dass sein Genuss eigentlich genau das sei, was die Verstorbene ihm und seinen Geschwistern gewünscht habe.

Dieses Zurückfinden der Psyche in einen offenen, frei schwingenden Zustand zeigt, dass auch unser Selbstgefühl an dem Gesetz orientiert ist, dass biologische Systeme Reize nicht nur verarbeiten können, sondern durch diese auch gestärkt und geübt werden. Nur durch Überforderung werden sie geschwächt. Im Alter verlangsamen sich regenerative Prozesse wie die Wundheilung oder die Erholung beanspruchter Muskeln und Sehnen, aber sie bleiben bis zum Tod erhalten und werden durch verträgliche Reize geübt, durch überstarke aber geschwächt.

Ein Fluss kann sich von Verschmutzungen selbst reinigen, solange diese nicht überhandnehmen. Wenn die Selbstreinigungskraft überfordert wird, kippen Gewässer in einen Zustand, in dem sie selbst minimale Belastungen nicht mehr kompensieren können. Ähnlich kann der gesunde Organismus Krankheitserreger abwehren und wird durch ein an Erregern reiches Milieu (etwa einen Bauernhof im Gegensatz zu einer Stadtwohnung) gestärkt, während der geschwächte Körper »opportunistischen« Erregern zum Opfer fällt, die gegen ein intaktes Immunsystem keine Chance hätten.

Die Psyche reagiert ähnlich. Im Krieg traumatisierte Soldaten können im Frieden vielfach Widrigkeiten so schlecht verarbeiten, dass sie bei banalen Anlässen Panik oder Wut nicht zu steuern vermögen. Auch Paare, selbst ganze Familien, können sich wechselseitig in ihrer Kränkungsverarbeitung so schwächen, dass bei kleinsten Störungen heftigste Aggressionen hochkochen. *Die Nerven liegen blank*, wird dann gesagt. Die der Elektrotechnik entnommene Metapher illustriert, wie »normale« Beziehungen durch den Austausch von Anerkennung und Respekt aufrechterhalten werden, welche die primitiven Wut- und Rückzugsreaktionen mit einer Schutzschicht umgeben und so Kurzschlüsse verhindern.

Beruflicher Erfolg kann über einen Mangel an Liebe und Freundschaft hinweghelfen; Liebe über einen Mangel an Erfolg. Wem aber beide brüchig werden, der hat Mühe, sein Selbstgefühl aufrechtzuerhalten. In Lebenskrisen wird oft eine Neigung deutlich, angesichts des Bruches der einen Stütze die anderen so zu überfordern, dass auch diese brechen.

Ein Mann verliert seinen Job und findet keinen neuen. Er tröstet sich damit, dass er seiner Freundin möglichst viel Hausarbeit abnimmt. Die Beziehung festigt sich, die beiden überlegen, eine Familie zu gründen und ihm die Möglichkeit einer Weiterbildung zu eröffnen. Oder: Ein Mann verliert seinen Job, aber er weigert sich aus gekränktem Stolz, mehr Aufgaben im Haushalt zu übernehmen. Seine Partnerin sieht nicht ein, warum sie wie bisher den größten Teil der Hausarbeit erledigen soll, während er über seinen Enttäuschungen brütet. So ist nun auch die seelische Stabilisierung durch seine Liebesbeziehung gefährdet.

Das Selbstgefühl stützt sich auf die Realität. Aber es basiert darüber hinaus auf dem *Glauben* an die Sicherheit und Beständigkeit der bisher erlebten Wirklichkeit, also auf einer Illusion. Die tragende Struktur des Selbstgefühls mischt sich aus Fantasie und Wahrnehmung, aus Illusion und Realität. Sie lässt sich mit unserem Knochengerüst vergleichen: Es besteht aus einem Gemisch von mineralischem Kalk und lebenden Knorpelzellen. Knochen sind fest und elastisch, kristallin und lebendig. Wenn eine dieser Komponenten fehlt, brechen sie oder können sich nach einem Bruch nicht regenerieren.

Wird das Selbstgefühl zu sehr belastet, bricht es in Stücke. Der Traumatisierte kann nicht mehr glauben, dass die Realität stabil ist. Er fürchtet sich jetzt dort, wo er sich einst sicher glaubte. Wer bestohlen wurde, sieht in jedem den Dieb, wer von einem Sexualpartner schwer gekränkt wurde, in allen Männern Betrüger. Extremtraumatisierungen wie Folter lassen das Opfer, wie es der österreichische Schriftsteller Jean Améry ergreifend beschrieben hat, nicht mehr heimisch werden in der Welt.

Die normale »Heilung« einer seelischen Verletzung sieht so aus, dass sich die Mischung aus Realitätswahrnehmung und Fantasie, aus der die Stützen unseres Selbstgefühls bestehen, wieder aufbaut und festigt. Die Kraft zu dieser Regeneration reicht weit; der Mensch kann vieles überwinden, aber sie ist keineswegs unbegrenzt.

Stützen des Selbstgefühls können zwar wachsen und sich nach einem Bruch regenerieren, Wachstum und Regeneration lassen sich nicht erzwingen. Liebe, Glück, Hoffnung, Weisheit, Kreativität werden sich unter günstigen Umständen entwickeln. Machen können wir sie nicht – wir können nur, wie der gute Gärtner, Einflüsse mindern, die ihrem Wachstum schaden. Es nützt nichts, an den Halmen zu ziehen, damit der Weizen schneller wächst. Im Gegenteil: Wer es damit übertreibt, beraubt die Pflanze ihrer Wurzeln.

Das Konzept der Machbarkeit von Glück und damit auch die Idee der Schuld angesichts von Einschränkungen, Misserfolgen, Verlusten, Krankheit und Behinderung sind geistige

Haltungen, welche das enorme Anwachsen der Depression in den modernen Gesellschaften begründen. Ihre Voraussetzung ist eine manische Abwehr unserer animalischen »Schwächen«, der Irrglaube, dass dem angepassten und tüchtigen Menschen traumatische Erfahrungen erspart bleiben.

Der Depressionsgefährdete sieht wohl, dass es solche Verletzungen gibt. Aber sie treffen nur andere, die sich weniger bemühen als er. Er glaubt, dass durch kontrollierte Wendung der Aggression gegen die eigene Person – in der Form von Anpassung, Leistungshaltung, Vorwegnahme von Kritik – die Umwelt zuverlässig davon abgehalten werden kann, ihn zu verletzen.

In der Tat hat er in der Schule Erfolg, die Eltern fühlen sich durch das brave Kind bereichert. Es kann durchaus so weitergehen, mit Erfolg im Studium, im Beruf, einer guten Ehe, wohlgeratenen Kindern. Um ihn herum gibt es Gewalt, Sadismus, Betrug, Menschen sterben an Krebs oder an Drogensucht. Durch eine Mischung aus Wendung der Aggression nach innen, Verleugnung und Affektisolierung kann er solche Gefahren ausgrenzen, sie meinen ihn nicht. Und solange sie ihn auch nicht tatsächlich treffen, weiß nicht einmal er selbst, dass er depressiv ist, er ist eben »ganz normal«, kein Neurotiker, kein Verrückter, kein Perverser, kein Krimineller, kein Süchtiger.

Sobald dieses Abwehrsystem verletzt wird, erkennt man seine Brüchigkeit. Wenn dem (Über-)Angepassten ein Unfall passiert, seine Frau fremdgeht, sein Kind in der Schule versagt, sein Arbeitgeber ihm kündigt, ist es nicht nur aus mit der Zuversicht, sondern sie schlägt in ihr Gegenteil um. In der manifesten Depression erlebt der Kranke nicht mehr, dass die Übel der Welt den verschonen, der brav und selbstkritisch genug ist – er fürchtet im Gegenteil, dass sich alle zugleich auf ihn stürzen werden.

Die Reifung des Selbstgefühls

Das Selbstgefühl entwickelt sich in drei Phasen, die den Prozess des Alterns begleiten:

Erstens: Abhängigkeit. Diese Phase ist charakteristisch für die frühe Kindheit, in der die seelischen Funktionen noch unvollständig entwickelt und wir auf Zuwendung angewiesen sind. Zu ihr gehört die Fantasie, mit einem grandiosen, omnipotenten Wesen zu verschmelzen, das unser Überleben sichert und unsere Wünsche erfüllt. Nie wird sie vollständig überwunden: Menschen bleiben von ihren Liebesobjekten abhängig. Das verlassene Kind hat einen vernünftigen Grund zu verzweifeln, weil es fürchten muss, zu verhungern. Verlassene Erwachsene verlieren Appetit und Lebensmut, obwohl sie sich selbst mit dem Lebensnotwendigen versorgen können.

Zweitens: Expansion. Diese Phase charakterisiert die spätere Kindheit und die Jugend, in der wir unsere höchste körperliche und geistige Leistungsfähigkeit entwickeln. Das Selbstgefühl zentriert sich um Eroberungen, um die Verbesserung der Welt; wir wollen, wie es das Bild des Helden verheißt, den Drachen erschlagen und die Jungfrau gewinnen, die Hexe verbrennen und den Prinzen heiraten. In dem Drachen und der Hexe erkennen wir Mutter-Symbole, die »böse« geworden sind, weil sie die Entwicklung zur Autonomie bremsen. Einsichtige Mütter begreifen: Ich bin dieser Drache nicht, auch wenn mein Kind mich als solchen erlebt. Das heranwachsende Kind braucht den Dämon, um sich zu lösen; wenn es mich jetzt dazu macht, bin ich trotzdem keine schlechte Mutter.

Drittens: Reife. Dem Menschen gelingt es in dieser Phase, die Größenfantasien zu zähmen, Grenzen der Allmacht anzunehmen, Expansion an den eigenen Kräften und Fähigkeiten zu orientieren, den urtümlichen Narzissmus zu festigen und so weit zu stützen, dass ein stabiles Selbstgefühl entsteht. Zentrale Merkmale des reifen Narzissmus sind Ironie und Humor als Fähigkeiten, das Schlechte im Guten (Ironie) und das Gute im Schlechten (Humor) zu erkennen, die Bereitschaft, Entwicklungen zuzulassen und damit auch der Abstand zur primitiven narzisstischen Wut, die das, was die Größenfantasie kränkt, auslöschen möchte.

In der Jugend verlieren wir die Kindheit und erkennen, dass wir altern. Körperlich erwachsen ist der Mensch lange vor seiner seelischen Reife, die sich an Erfahrungen von Verlust, Begrenzung, Leid und Tod entwickelt. Seelische Reife ist kein stabiles Stadium, das irgendwann erreicht wird und nicht mehr verloren gehen kann. Sie balanciert zwischen Lust- und Realitätsprinzip auf der einen Seite, Größenfantasie und Schicksalsergebenheit auf der anderen. Indem wir altern und uns mit dem Alter auseinandersetzen, reifen wir auch; ohne diese Auseinandersetzung ist das nicht möglich. Für Jugendliche ist es charakteristisch, dass sie vieles am Alter nicht verstehen und es sich auch nicht vorstellen können.

Der seelische Alterungsprozess bedeutet weder Erstarrung noch Resignation. Er hat im Prinzip nichts Depressives in sich. Die Depressivität ist ein Problem, das unabhängig vom Alter auftritt. Das kalendarische Alter stellt der Psyche keine neue Aufgabe. Es greift auf Bewältigungsformen zurück, die während der Reifungsprozesse entstanden sind und uns helfen, Verluste im Selbstbild und primitiven Narzissmus auszugleichen.

Als Kinder mussten wir verarbeiten, dass unsere Eltern weder allmächtig noch allgütig sind. Als Jugendliche mussten wir verarbeiten, dass die Realität unserer expansiven Grandiosität Grenzen setzt, die wir durch Arbeit verlagern können. Im Alter geht es um einen Prozess, bei dem realistische Stützen des Selbstgefühls standfest bleiben, illusionäre abgebaut werden.

Ein Beispiel: Den Oberarzt X. plagt ein Gefühl des Versagens, weil er nicht Chefarzt geworden ist. X. war ein sehr guter Schüler. Er hatte als erstes Kind einer Handwerkerfamilie studiert. Lange Zeit war er Klassenbester. Die »Niederlage« nach einer bisher makellosen Karriere traf ihn tief. X. konnte sie nicht verarbeiten, weil er außerhalb seines medizinischen Fachgebiets keine Interessen hatte und kulturell verarmt war.

Sein Vater hatte viele Jahre eine wichtige Rolle in einem Karnevalsverein gespielt, pflegte dort viele Kontakte und arbeitete mit viel Freude an der Vorbereitung auf die närrische Zeit. Sein Sohn verachtete diese Oberflächlichkeit und verabscheute die väterliche Leidenschaft. Er las in seiner Freizeit Fachbücher und bevorzugte Ausdauersport, weil dieser den Körper gesund und leistungsfähig erhält.

Wer Regressionen zulässt, Romane liest und sich von Theater und Oper begeistern lässt, gewinnt Bilder menschlichen Scheiterns und wird auch angeregt, sich Gedanken über Hybris und Tragödie zu machen. Die Welt der Kunst rettet spielerische Elemente in das Leben der Erwachsenen und verdeutlicht nicht nur die Vielfalt menschlicher Schicksale, sondern auch die Einseitigkeit eines nur auf Leistungssteigerung ausgelegten Denkens. Die künstlerische Geste bereitet uns auf Überraschungen vor; sie löst sich von der Eindimensionalität, die von Kontrolle ausgeht.

Der leistungsorientierte Oberarzt war Kollegen und Vorgesetzten aufgefallen, weil er seine Mitarbeiter nicht führen konnte. Er wurde nur aktiv, wenn sie Fehler machten. Er nahm ihnen Arbeit aus der Hand, wenn er den Eindruck hatte, er könne das besser, sammelte Überstunden und hielt sich für so unentbehrlich, dass er Urlaube verfallen ließ – nicht zuletzt deshalb, weil er sich ohne seine Arbeit in der Klinik leer und nutzlos fühlte.

So wurde seinen Vorgesetzten klar, dass sich X. nicht für eine höhere Position eignete. Aber kein Verantwortlicher machte sich die Mühe, ihm das zu erklären. Als seine Enttäuschung nicht zu übersehen war, forderte ihn der Ärztliche Direktor der Klinik nur auf, mit dem neuen Chef zu kooperieren, es ginge um das Wohl der Patienten. X. versteifte sich darauf, sein Konkurrent sei nicht wegen seiner Leistungen, sondern aufgrund besserer Beziehungen bevorzugt worden. Das war nicht einmal falsch, aber da X. nicht darin unterstützt wurde, die Gründe seiner Zurücksetzung zu verstehen, konnte er die Kränkung nicht bewältigen. Er wurde einsam, weil er Kollegen, die mit dem neuen Chef gut auskamen und sich in der Kantine zu ihm an einen Tisch setzten, als Verräter an seiner gerechten Sache erlebte.

X. konnte seine Größenfantasie, immer weiter aufzusteigen, an diesem Punkt seiner beruflichen Entwicklung nicht mehr durch reale Erfolge stützen. Es gelang ihm auch nicht, seine Niederlage sportlich zu nehmen und sich über das Erreichte zu freuen: den Facharzt, die erfolgreiche Praxis des medizinischen Handwerks.

Den normalen Heilungsprozess nach einem Verlust eines Teiles der ursprünglichen Größenfantasie nennen wir Trauer; sie führt zu Weisheit und seelischer Reife. Hätte X. über seine Niederlage getrauert und sich von seinen Kollegen trösten lassen, wäre der Bruch in seiner Größenfantasie verheilt. Er hätte entdecken können, dass ihn die Aufgaben eines Chefarztes unglücklich machen würden.

Eine solche Einsicht nimmt der Niederlage den Stachel; vor allem tritt zum Kollaps eines Teiles der Grandiosität nicht der größere Schaden, dass auch das Gefühl, in einer Gruppe anerkannt zu werden, durch die zunehmende Isolation schwindet. Ein tüchtiger und zufriedener Oberarzt ist ein Gewinn für jede Klinik und bekommt viel Anerkennung; ein Oberarzt, der sich selbst und seinen Kollegen beweisen will, dass er eigentlich Chefarzt sein müsste, wird für sich und seine Mitarbeiter zur Last.

Wenn der Zusammenbruch des Selbstgefühls nicht auf eine einzelne Kränkung begrenzt werden kann, sondern das ganze Selbst entwertet erscheint, ist die Folge eine Depression. Der Betroffene fühlt sich, obwohl er zum Beispiel nur durch ein Examen gefallen ist, das er wiederholen kann, vollständig wertlos, zweifelt am Sinn seiner Existenz und ringt mit Gedanken an Selbstmord.

Am besten kann sich unser frühes Selbstgefühl in der Realität verwurzeln, wenn die Bezugspersonen des Kindes den Mittelweg zwischen Verwöhnung und Vernachlässigung finden. Die Gruppe, die uns umgibt, sollte uns die Auseinandersetzung mit der Realität nicht ersparen, jedoch in einem Geist der Liebe und nicht der Angst. Ein Kind lernt in einer solchen Umgebung, dass das Scheitern seiner Größenfantasie aufgefangen werden kann und es in diesem Scheitern nicht die Liebe der Eltern und nicht den Bezug zur Wirklichkeit verlieren muss.

Ein Beispiel: Die sechzehnjährige Tochter ist übergewichtig, stopft Kekse und Müsli in sich hinein, wenn sie sich schlecht fühlt. Ansonsten ist sie ein kluges Mädchen, das in der Schule ordentlich arbeitet. Sie hat einige gute Freundinnen, aber noch keinen Freund.

Die Eltern reagieren ängstlich und latent aggressiv auf die mangelnde Selbstdisziplin der Tochter. Es fallen Sätze wie: »Du hast schon wieder zugenommen!«, »Kein Wunder, dass du keinen Freund hast, wenn du dick bist«, »Treib doch mehr Sport!« oder »Du musst disziplinierter essen!«

Die Tochter hat nach solchen Vorhaltungen noch größere Schwierigkeiten, ihre Impulse zu beherrschen, sich mit einer Packung Kekse zu trösten. Bei ruhiger Überlegung würden die Eltern wohl erkennen, wie kontraproduktiv ihr Verhalten ist. Sinnvoller wäre es, dem Mädchen zu vermitteln, was es gut kann und richtig macht.

Herauszufinden, was hinter einer Störung steht, setzt Offenheit voraus – etwa die Bereitschaft, sich darauf einzulassen, was ein Kind unglücklich macht, von dem sich die Eltern wünschen, es müsste glücklich sein.

Gärtner, die ihr Handwerk verstehen, sorgen dafür, dass ein junger Baum einen Pfahl hat, der ihn stützt und verhindert, dass sein zarter Stamm in einem Sturm bricht. Sie achten darauf, dass der Strick, mit dem Pfahl und Stämmchen verbunden sind, nicht einschneidet und der Pfahl die Wurzeln nicht verletzt, aus denen der Baum seine Kraft gewinnt. Und sie entfernen den Pfahl, wenn der Stamm stark genug ist und die Stütze seine Entwicklung nur noch behindern würde.

Die narzisstischen Reifungsprozesse spielen sich in einer Grenzzone ab, wo sich das Größenselbst an der Realität reibt, ihren Einflüssen ausgeliefert ist und im Umgang mit den Folgen dieser Einflüsse reift. Ohne Grandiosität ist das Selbstgefühl leer, ohne Realismus und Austausch mit anderen haltlos.

WAS KANN MICH IM ALTER VOR DEM VERZAGEN BEWAHREN?

Selten wird so viel gelogen wie auf Verabschiedungen in den »wohlverdienten Ruhestand«. Oft klingt Lob hohl und Blumenbouquets fangen an zu stinken. Vielfach laufen heute die Entwicklungen in Unternehmen darauf hinaus, aus Mitarbeitern möglichst viel herauszuholen und sie loszuwerden, wenn sich jüngere und kostengünstigere Arbeitskräfte finden. Wo Vorgesetzte das nicht übers Herz bringen, werden smarte Berater ins Haus geholt, die das unangenehme Geschäft erledigen.[17]

Abhängig Arbeitende geraten dadurch unter Druck. Sie leiden, je länger sie in einer Organisation sind, häufig unter einem *Burn-out*. Wer feststellen muss, dass sein Einsatz nicht gewürdigt wird, fühlt sich verraten und hat oft Mühe, wieder eine sachliche Einstellung zu finden. Die Berufsmotivation ist in den letzten Jahrzehnten sicher auch deshalb mit mehr Aufmerksamkeit betrachtet und untersucht worden, weil die Arbeitswelt von wachsendem Druck geprägt ist und gleichzeitig die verwöhnenden Einflüsse der Konsumgesellschaft die Verarbeitung von Kränkungen erschweren.

Wo es früher selbstverständlich war, einen autoritären Knochen als Chef zu haben und zu ertragen, wird heute ein partizipativer Führungsstil versprochen und womöglich eingeklagt. Es ist schwieriger, sich zu orientieren.

Vielleicht werden Historiker einmal die beiden in den Siebzigerjahren geprägten Begriffe »Helfersyndrom« und »Burn-out«[18] als Signale werten, dass der Reformoptimismus an Grenzen stieß. Beiden Begriffen ist gemeinsam, dass sie schon lange nicht mehr in ihrem Ursprungszusammenhang zitiert werden, sondern Teil der Umgangssprache und sozusagen Multifunktionswerkzeuge geworden sind.

Wörtlich heißt Burn-out »Ausbrennen«, es entspricht dem Verlöschen einer Lampe, wenn das Öl verbraucht ist, oder dem Zustand eines »ausgebrannten« Gebäudes. Unter Motorradfahrern bedeutet Burn-out den Verschleiß eines Reifens, wenn bei festgehaltener Vorderradbremse so viel Gas gegeben wird, dass das Hinterrad durchdreht, und der Pneu sich so stark erhitzt, dass er raucht oder Feuer fängt. So lässt sich ein Reifen in wenigen Minuten »abfahren«, ohne dass der Fahrer einen Meter vorwärtskommt.

Der Psychoanalytiker Herbert Freudenberger, der zuerst von Burn-out sprach, beschränkte den Begriff auf sozial Engagierte, in deren Arbeitsmotivation Ideale eine größere Rolle spielen als Verdienstmöglichkeiten. Wenn jemand plötzlich an Geld dachte und sich unterbezahlt erlebte, sprach das für einen beginnenden Burn-out.[19] Heute wird der Begriff querbeet für alle Störungen der Stressbewältigung und der Motivation verwendet.

Die psychischen Gründe für Arbeitsunfähigkeit überwiegen seit der Jahrtausendwende mehr und mehr die somatischen. Laut der Stiftung Deutsche Depressionshilfe 2021 ist jeder fünfte Berufstätige schon einmal an einer Depression erkrankt, und immerhin 15 Prozent aller Beschäftigten haben bereits einen Suizid beziehungsweise Suizidversuch eines Kollegen oder einer Kollegin erlebt. Tendenz steigend. Während früher Rückenschmerzen und Herzleiden die häufigste Ursache für Frühverrentungen in Deutschland waren, sind es inzwischen Depressionen. Es werden einerseits immer mehr entsprechende Medikamente verschrieben, anderseits aber auch immer mehr Menschen durch Depressionen arbeits- oder berufsunfähig. Dieser Wandel spiegelt den Schritt vom körperlichen Stress zum seelischen in der digitalen Welt.

Es ist eine Illusion, dass Menschen Erfolgserlebnisse seelisch aufbewahren, wie das Kamel den Ertrag fetter Weiden in seinem Höcker. Halt gibt, was den Alltag prägt. Wer in Rente geht und denkt, das sei so etwas wie Urlaub ohne Ende, irrt sich sehr. Urlaub bedeutet, *vorübergehend* auf die narzisstische Versorgung am Arbeitsplatz zu verzichten.

Der wichtigste Schutz vor Burn-out liegt darin, die eigene Tätigkeit als Handwerk[20] auch in einem erweiterten Sinn zu entwickeln. So gelingt es, die launische, mit emotionaler Abhängigkeit verbundene Orientierung am Erfolg durch eine Orientierung an der gestaltenden Tätigkeit an und für sich zu ergänzen. Der Gedanke ist alt, er findet sich schon bei Aristoteles, aber für eine tiefere Einsicht und die Anwendung auf das eigene Leben ist es wohl notwendig, ihn irgendwann unabhängig von jeder Tradition zu entdecken.

Ich erinnere mich an die Lebensphase, in der ich herausfand, wie befreiend es ist, an Texten zu arbeiten, deren Abfassung mir Freude macht. Sie begann 1977 mit einem langen Essay über die Frage, warum Menschen in helfenden Berufen sich selbst so ungern helfen lassen. Das Thema interessierte mich, ich hatte aber weder einen Auftrag noch Aussicht auf Honorar oder akademischen Erfolg.

Das Experiment wurde durch viel Aufmerksamkeit belohnt. Ich war sechsunddreißig Jahre alt und hatte mich aus unterschiedlichen Perspektiven mit der Frage beschäftigt, warum Menschen (ich eingeschlossen) Fassaden konstruieren und sich so wenig über ihre Bedürfnisse austauschen.

In einem Traum war ich mit anderen damit beschäftigt, am turmartigen, in Süditalien stehenden Haus eines für sein Geltungsbedürfnis berüchtigten Lehranalytikers eine Glocke anzubringen, als ich, durch ein Geräusch aufmerksam geworden, in einem Schuppen ein mit Staub und Spinnweben bedecktes und sichtlich ausgehungertes Kind entdeckte. Die Deutung lang nahe, dass dieses Kind für die über dem Dienst an fremder und eigener Eitelkeit vernachlässigten Seiten meiner selbst stand.

Es war ein glückliches Zusammentreffen, dass sich für meine Gedanken so viele interessierten. Ich fühlte mich ermutigt, nicht mehr mit dem Gedanken an akademischen oder wirtschaftlichen Erfolg zu schreiben, sondern mich an der handwerklichen Freude zu orientieren, mir selbst über ein Thema Klarheit zu verschaffen, es für mich und die ideale Leserin zu durchdenken und das Gedachte zu fixieren. Selten fühle ich mich so wenig verstanden wie von wohlmeinenden Menschen, die mich als *Erfolgsautor* vorstellen.

Ähnlich daneben liegen nur die Mitleidigen, die sich erkundigen, wie ich es *schaffe*, so viel zu schreiben. Ich verzeihe den Irrtum, weil ich weiß, wie viele Menschen nur etwas schreiben, wenn sie müssen, weil sie die Aufgabe unangenehm finden. So liegt es nahe, mich dafür zu bewundern, dass ich mir eine Dornenkrone nach der anderen aufsetze. In Wahrheit *fehlt* mir etwas, wenn ich keinen Text in Arbeit habe. Mein aktuelles unfertiges Projekt beschäftigt mich weit nachhaltiger als der Erfolg oder Misserfolg des letzten Textes. Das ist bis heute so geblieben. Beobachtungen an Künstlern lehren, dass kreative Tätigkeiten umso mehr Freude machen, je länger und intensiver man sie übt.

Wenn ich mich handwerklich orientiere, empfinde ich die Zeit, in der ich das Handwerk ausübe, als sinnvoll verbracht. Die Freuden des Erfolges zählen, sind aber nicht so wesentlich wie die Freuden der Ausübung. Wer sich mit dem Üben plagt, weil er einen Wettbewerb gewinnen will, verliert die Lust an seinem Instrument, wenn er Zweiter wird. Ein Geiger mit einer handwerklichen Einstellung wird das Üben selbst mit Freude besetzen und sich deshalb nicht dazu zwingen müssen. Im Gegenteil, es fehlt ihm etwas, wenn er nicht spielen kann. Er wird umso lieber üben, je mehr er übt, und je mehr er übt, desto lieber spielt er. Er wird sich selbstverständlich über einen gewonnenen Wettbewerb freuen. Aber er behält die Liebe zu seiner Geige auch dann, wenn andere den Preis gewinnen.

In der therapeutischen Praxis habe ich erfolgreiche Menschen kennengelernt, die wegen ihrer Begabung als Ärzte, Journalisten, Programmierer und Forscher in leitende Positionen aufgestiegen waren. Sie hatten Angebote nicht ausschlagen können, Karriere zu machen, Chef zu werden, mehr Geld zu verdienen – und fühlten sich jetzt erschöpft und voller Widerwillen. Sie sollten Projekte verantworten, Kosten kontrollieren, Mitarbeiter anleiten. Das waren Aufgaben, die sie dank guter Intelligenz und hoher Motivation einigermaßen erledigen konnten. Aber sie hatten längst nicht so viel Freude daran wie zuvor an ihrer eigenen Praxis. In der Tat wird häufig besser bezahlt, wer Kreativität korrigiert, koordiniert und überwacht. Aber lässt sich ein Handwerk, das Freude macht, durch Geld und sozialen Aufstieg ersetzen?

Ein Dirigent ohne Orchester ist ein narzisstisch wackeliges Wesen; ein Musiker mit seinem Instrument eines der stabilsten Selbstgefühlssysteme, die es gibt. Wer sich schon während der beruflichen Hochleistungsphase überlegt, welche handwerklichen Aspekte er kultivieren und weiterentwickeln kann, hat gute Chancen auf ein gesundes Alter. Er muss den anspruchsvollen Umbau nicht leisten, der den Unbedachten überrascht.

Es fällt auch intelligenten Menschen nicht leicht, sich einen seelischen Zustand zu vergegenwärtigen, ehe er tatsächlich eingetreten ist. Wenn ich mir, noch gut beschäftigt, ja mit Aufgaben überversorgt, ein Ende dieser Belastungen vorstelle, schwingt immer mit, dass ich die angenehmen Selbstverständlichkeiten behalten werde und – wie schön – vom Stress befreit bin.

Aber mit dem Schritt zur Preisgabe der Berufstätigkeit fallen viele Personen weg, die mir an jedem Werktag vermittelt haben, dass ich wichtig bin und Anerkennung für meine Leistungen verdiene. Das erleben Betroffene vielfach erst dann in seiner ganzen Wucht, wenn es geschehen ist.

In einer Gruppe von Beratern, von denen einer Personalchef eines großen, gemeinnützigen Trägers war, haben wir öfter über die Probleme ausgebrannter Führungskräfte diskutiert, die ihre Aufgabe nicht mehr erfüllen können, aber noch zu jung für die Rente sind. Oft erkennen diese Männer und Frauen durchaus, dass ihre Erschöpfung mit dem Verlust der handwerklichen Einstellung zusammenhängt, die sie für die Rolle der Leitung aufgegeben haben.[21] Kann es ein im Stress seiner Aufgabe ausgebrannter Pflegedirektor verkraften, an das Krankenbett zurückzukehren, darf der Leiter eines Kinderheims wieder mit Kindern im Gruppendienst arbeiten? Oft sind solche Lösungen schon allein wegen der Besoldungsgruppen und ähnlicher Strukturen erschwert, in denen sich die stupide Starre der Wachstumsgesellschaft reproduziert. Wir unterwerfen uns einer Kultur des Mehr und immer Mehr, die man mit einer vernünftigen Mäßigung nicht umgehen kann.

Es fehlt eine entschlossene Politik in dieser Richtung, es fehlt aber auch an Einsicht und Verständnis Einzelner. Jüngst habe ich mit einer empörten Zweiundsiebzigjährigen telefoniert. Sie litt an Herzrasen aufgrund einer Ehekrise. Da organisch nichts zu finden war, rieten ein Kardiologe und ein

Neurologe nach kurzem Gespräch und sichtlichem Staunen, dass sie noch arbeitete, *zur Aufgabe der Berufstätigkeit, um Stress abzubauen*.

»Es ist mir leider nicht eingefallen, denen zu sagen, dass ich mich im Büro am allerwohlsten fühle«, sagte sie empört. »Da habe ich genau den Teil meiner Arbeit behalten, der mir immer Freude gemacht hat, und jetzt denken die, es geht mir besser, wenn ich die ganze Zeit mit meiner häuslichen Misere beschäftigt bin!«

Die zu neuen Ufern von Glück und Zufriedenheit aufbrechenden Silver oder Golden Ager scheinen solche Probleme nicht zu kennen. So erfreulich es ist, wenn Sechzigjährige gesundheitsbewusst und sportlich sind: Die narzisstische Stabilisierung durch Freizeit und noch einmal Freizeit stellt uns vor ganz neue Aufgaben. Kann sie den Rhythmus von Arbeit und Feierabend ersetzen? Wo es heißt: »Seit ich in Rente bin, bin ich mehr beschäftigt als früher«, wird dieses Thema niedergekämpft.

Ein Stratege, der diesen Namen verdient, wird sich nicht von Rückzugsmöglichkeiten abschneiden lassen. Er wird Fluchtwege einplanen, obwohl er das Mögliche tut, den Kampf zu gewinnen. So empfiehlt es sich, die Rückkehr in die bewährte Versorgung mit Aufmerksamkeit und Sinnhaftigkeit im Job offenzuhalten, selbst wenn erst einmal die Freiheit vom Arbeitsalltag in hellem Licht erscheint. Sport und Freizeitvergnügen konfrontieren womöglich mehr mit körperlichen Schwächen als berufliche Aufgaben.

KANN ICH MICH MIT MEINEM ALTERNDEN KÖRPER BEFREUNDEN?

Der Mensch ist nicht nur das werkzeugbehaltende, werkzeugschaffende Tier, sondern auch das Tier, das sich im Spiegel erkennt. Die körperliche Expansion, das Überschreiten der im Säuglingsalter dem Körper auferlegten Grenzen durch den ungestümen Bewegungsdrang des Kleinkinds, ist eine wesentliche Grundlage der Größenfantasie: Der Raum widersteht mir nicht, also kann mir nichts widerstehen.

Ein Element der Größenfantasie ist die Vorstellung, fliegen zu können. Warum soll ich, wenn ich schon laufen kann wie der Blitz, springen, fallen und wieder aufstehen, nicht auch fliegen können? Müssen diese harten Aufpralle sein, wenn ich vom Tisch hüpfe, oder gibt es irgendeinen Zauber, wie ihn die Vögel und Schmetterlinge haben, durch den sie verhindert werden? Vielleicht reicht einfach der Raum nicht, den ich bräuchte, um ins Fliegen zu kommen. Soll ich auf einen Turm, auf einen Berg steigen und es von dort aus versuchen?

Aus dieser Dynamik speisen sich die schützenden Angst- und Schwindelgefühle, mit denen das bewusste Ich die Flugfantasie einschränkt. Aber das Größenselbst hängt am Fliegen, und die Angst davor gehört ebenso zum Selbstgefühl wie die Sehnsucht nach »sicheren« Annäherungen und nach den Fähigkeiten von Superman. Sie drückt sich unter anderem in der Faszination von Aktivitäten aus, die eine Empfindung des

Dahinfliegens fördern, wie Segeln, Gleiten auf Brettern und Kufen, schnelles Fahren, Fallschirm- oder Bungeespringen.

Sich mit dem eigenen Körper zu befreunden, ist keine leichte Aufgabe. Das gilt für unsere Gegenwart sicher noch viel mehr als für unsere Geschichte, als es nur den Blick auf andere Menschen und den Blick in den Spiegel gab. Heute trifft der Blick viel öfter auf überdurchschnittlich schöne, selbstsichere, ausdrucksvolle Bilder von Menschen. Kleine Kinder staunen diese an; sie sind noch weitgehend befreit von dem bald bedrückenden, bald inspirierenden Einfluss des Vergleiches und der Identifizierungswünsche: So will ich auch sein, diesem Bild will ich nahekommen! Jugendliche haben große Mühe, sich selbst genügend gut zu finden. Wer früh übt, ohne narzisstische Bedenken handlungsfähig zu sein, wird die Anforderungen des Erwachsenenlebens besser bewältigen. Die handwerkliche Haltung ist auch hier eine Hilfe.

Der reflektierende Blick auf das eigene Bild ist ein Quantensprung in der seelischen Entwicklung. Wenn Pubertierende lange Zeit in den Spiegel schauen, verschiedene Gesichtsausdrücke probieren, ihre Frisur ändern, den Nasenrücken massieren, damit die Nase schmäler wird, das Kinn vorstrecken, um den Ansatz eines Doppelkinnes zu beseitigen, haben sie die Naivität der Kindheit verloren. Neurologen verbinden das mit der Reifung des Stirnhirnes.

Das Altern des Körpers beansprucht wieder jenen Teil unserer Psyche, für den Expansion und Eroberung selbstverständlich sind. Setzte bisher die Umgebung Grenzen, taucht jetzt eine neue Schranke auf: der eigene Körper. Kleinkinder geben sich unbekümmert ihrer Größenfantasie hin. Der Vierjährige schreit: »Ich bin ein Auto, ich fahre zweihundert« und strampelt aus Leibeskräften auf seinem Kinderfahrrad. Meine Tochter blickte in diesem Alter auf die Ruine eines Steinhauses. »Das baue ich wieder auf!«

In der Jugend überfällt das Wissen über die Grenzen der eigenen Macht das Ich mit brutaler Gewalt. Das fröhliche, den Eltern gegenüber aufgeschlossene Kind verwandelt sich in einen abweisenden Jugendlichen, der nur noch mit seinesgleichen reden mag. Das wird nachvollziehbar, wenn wir uns die Belastungen für das Selbstgefühl in dieser Phase klarmachen. Wie Frontsoldaten nur mit Kameraden sprechen, die das Gleiche durchgemacht haben wie sie, braucht auch der Teenager Ansprechpartner, die im gleichen Stress stecken wie er selbst.

Glück, aber auch Gefahr liegen in den Möglichkeiten, diesen Stress zu vergessen. Das Kind ist nie ganz verschwunden; es kann auch in Jugendlichen unter günstigen Bedingungen wieder an die Oberfläche kommen und die Eltern mit der Zuversicht erfüllen, dass schon alles gut gehen wird. Auf der anderen Seite sind Jugendliche auch sehr verführbar für Angebote, sich zu betäuben, um sich dem Stress zu entziehen.

Wie wenig sicheren Halt in der digitalisierten Welt mit ihrer Bilderflut das eigene Körpergefühl und die erotische Lust bieten, lässt sich an den im Teenageralter einsetzenden Plänen zu kosmetischen Operationen und zur kompletten Umwandlung des als »falsch« erlebten Körpers ableiten. Die elementare Funktionslust des Kindes, das Schmerzen vermeiden und möglichst viel Genuss haben möchte, verwandelt sich in eine radikale Zielstrebigkeit.

Ähnliche Versuche, Selbstvergessenheit und Lust hinter ein Idealbild zurückzustellen, prägen den kosmetischen Kampf gegen die Sichtbarkeit des Alters.

In *Neuromancer* hat der US-amerikanische Science-Fiction-Autor William Gibson eine Welt gezeichnet, in der die Technik den Menschen vollständig durchdrungen hat. Die meisten Menschen tragen Kunstorgane in sich. Dem Helden werden Pankreas und Leber verpflanzt, weil er zu viele Drogen genommen hat; die neuen Organe haben den Nebeneffekt, dass er kein High mehr erlebt und deshalb von seiner Sucht kuriert ist. Eine der Heldinnen trägt wie eine Katze Skalpelle unter den Fingernägeln. Menschen werden uralt, wenn sie genügend Geld für eine regelmäßige Gen-Wäsche haben.

Die Grenzen zwischen Ich und Du sind durchlässig, weil es Mittel gibt, Computer direkt an das menschliche Gehirn anzuschließen und auf diese Weise den physischen Unterschied zwischen Realität und Fiktion aufzuheben. Wer elektronische Reisen im Cyberspace gewöhnt ist, findet Reisen »im Fleisch« langsam und ereignislos.

Zu unserer Vorstellung von Würde gehört eine Entscheidungsfreiheit, die allein dem Individuum eigen ist, keiner chemischen, genetischen oder neuroelektronischen Manipulation. Diese Freiheit macht das menschliche Wesen zum Zweck an sich. Es ist bisher nicht gelungen, den Wissenschaften beizubringen, wie sie Techniken finden können, die menschliche Würde zu festigen. Um sich greifen nur die Ängste vor ihrem Verlust.

Würde hängt damit zusammen, dass wir selbst bestimmen, worüber wir sprechen und worüber wir schweigen, was wir tun und was wir nicht tun. Wenn sich ein Sechzigjähriger entscheidet, an einem Marathonlauf teilzunehmen, hat sein keuchendes Rennen eine Würde, die ihm mangelt, wenn er über eine zu schnell geschaltete Fußgängerampel hastet.

Die Größenvorstellung, welche unser Selbstgefühl fundiert, hat eine passive und eine aktive Seite. Die passive entspringt der Fantasie des Säuglings, dass es ein Wesen gibt, das zuverlässig kommt, wenn er schreit, und für seine Befriedigung sorgt. Dieses Wesen ist allmächtig, es lässt mich niemals im Stich.

Die aktive Komponente entsteht in der Zeit des Laufenlernens. Wer Kinder während dieser Spanne ihrer Entwicklung beobachtet, entdeckt, dass die ersten Schritte von der Mutter wegführen, in die Welt hinein. Die Fantasie, sich in diese Welt erobernd hineinzubewegen, ist ein zentraler Bestandteil der Größenfantasie und damit des Selbstgefühls.

Treffend formuliert das Kinderlied:

Hänschen klein
ging allein
in die weite Welt hinein.

Hänschen ist ausgerüstet:

Stock und Hut
Steh'n ihm gut,
ist gar wohlgemut.

Hänschen ist selbstständig – aber es gibt jemanden, der ihn braucht; Hänschens Abhängigkeit ist nicht in ihm deponiert, sondern in der Außenwelt:

Aber Mutter
weinet sehr,
hat ja nun kein Hänschen mehr.

Jetzt darf Hänschen zurück; er muss seine Expansion nicht auf die Spitze treiben:

Da besinnt
sich das Kind.
läuft nach Haus geschwind ...

Menschenkinder werden mit funktionierenden Sinnesorganen geboren. Sie sind aber anfangs extrem von Versorgung abhängig, können sich nicht allein fortbewegen. Der Mensch ist weder Nesthocker noch Nestflüchter, sondern etwas dazwischen. Er ist *animal sociale*, Kontaktgeschöpf.

Passive und aktive Größenfantasie, Vorstellungen, von einem bereits zu Allmacht gekommenen Wesen grenzenlos geliebt zu werden, und Vorstellungen, allein die Welt zu erobern und zu beherrschen, sind die Wurzeln des Selbstgefühls. Sie lassen es wachsen und gedeihen, aber die Realität spart nicht an Enttäuschungen über die Grenzen der eigenen Eroberungsbewegungen und auch über die Grenzen der »Mutter«. Sie ist ja keineswegs immer da, und selbst wenn sie da ist und es gut meint, vermag sie nur dem kleinen Kind das meiste von dem zu geben, was dieses braucht.

Im Alter geraten beide Teile unseres Selbstgefühls unter Druck. Das passive Selbstgefühl haben wir als Erwachsene abzulegen versucht. Was für das Kind eine schöne Selbstverständlichkeit ist, wird für den Gealterten zur Niederlage: Er schafft es nicht mehr allein. Für ein gesundes Kind ist es normal, zu heischen, zu betteln, bis es bekommt, was es braucht. Für den alten Menschen ist es die pure Niederlage. Er muss lernen, nicht mehr stolz zu sein auf seinen Stolz, sondern auf seine Fähigkeit, sich Veränderungen zu fügen.

In unserem Bewusstsein gibt es zwei primitive Kriterien des Lebens: Bewegung und Saft / Blut. Was sich aus eigener Kraft bewegt, lebt; ebenso, was blutet oder – wie lebende gegenüber toten Pflanzenteilen – saftig ist. Andere Merkmale des Lebens, vor allem die Fortpflanzung, fallen nicht sogleich auf.

Diese urtümlichen Lebenszeichen schwinden im Alter. Die Bewegungen werden langsamer, das Gewebe wirkt nicht mehr so prall, so geladen von Blut wie früher.

Von Ärzten wird geraten, sich zu bewegen. Aber Bewegung kostet den Alten mehr Kraft und bringt ungleich mehr Gefahren mit sich. Das ist gerade deshalb bedrohlich, weil unsere Psyche viel länger beweglich bleibt als der Körper und Maschinen, die heute den Alternden umgeben, seine Kraftlosigkeit ausgleichen können.

Der Gedanke, dass der Leib den Geist fesselt, ist ein Gedanke des Alters; die Jugend fühlt sich vom Leib beflügelt, sie tanzt und springt. Platons Etymologie vom Körper als dem Grab der Seele ist ein seniles Bild. Ich erinnere mich, wie dumm ich als Kind meinen ansonsten bewunderten Firmpaten fand, einen Forstmeister, der beim Abstieg während einer Bergwanderung meinen Bruder und mich belehrte, dass es leichter und sicherer sei, bergauf zu gehen als bergab.

Wir sprangen von Stein zu Stein, während er sich in Sprichwörtern erging: »Die, die wie die Ziegen klettern, kommen oft gar übel an, denn sie fallen und zerschmettern sich Kopf, Hals, Bein, Zahn.«

Bergablaufen war wunderschön, bergaufgehen langweilig und anstrengend. Ich war von meiner Bewegungsgrandiosität begeistert; der Patenonkel erinnerte sich nicht daran, dass er selbst einmal so war. Er wollte sie mir nehmen, weil die Zeit sie ihm schon genommen hatte. Was dem Zureden nicht gelang, gelang der Zeit. Heute verstehe ich ihn.

Mein Körper ist immer noch derselbe, und doch trennen ihn Welten von dem damals erlebten Körper. Warum hat mein Pate gegen die kindliche Grandiosität angekämpft? War es Neid? Projizierte er eine Sorge, die nur für ihn begründet war?

Verwandte Konflikte beschäftigen Radfahrer und Fußgänger. Beweglichen jungen Leuten wird eine Aggressivität unterstellt (»Radel-Rambos«), die in Wahrheit von den Alten ausgeht, die sich von der schnellen Bewegung der Jungen bedroht fühlen.

Ich verspüre bei Urlauben im Süden einen teuflischen Impuls, mit einer Ahle die Pneus der Motorroller zu punktieren, die von der stürmischen Jugend zu allen Tages- und Nachtzeiten durch die engsten Gassen gejagt werden. Ich erinnere mich aber auch daran, dass ich als Siebzehnjähriger den Auspuff meines Mopeds veränderte, um mehr Sound zu gewinnen und die erlebte Kraft des Fahrzeugs zu steigern.

Lärm ist Bewegung; Schallwellen sind Bewegungen der Luft. Lärm beherrschen junge Leute weit besser als alte, sie können sich an ihm vorbei konzentrieren, sie produzieren ihn hemmungsloser und spinnen sich in ihren eigenen (Musik-) Lärm ein wie in einen Kokon. Dass Alte gleichzeitig weniger hören und Krach schlechter vertragen, hängt mit der langsameren Reizverarbeitung zusammen, verliert durch diese Einsicht aber nicht die subjektive Ungerechtigkeit.

Angepasstes Verhalten entsteht durch Unterdrückung der »falschen« Nervenerregungen. Die Leistungsfähigkeit der neuronalen Systeme, die das bewerkstelligen, nimmt ab. Im Gegensatz zu Erwartungen an Seelenruhe und Weisheitsmilde fällt es dem alten Menschen *schwerer*, störende Impulse von innen wie von außen auszublenden und sich zu konzentrieren. Daher liebt er auch Rituale und Wiederholungen, trennt sich ungern von Vertrautem und fühlt sich von zu viel Neuerung überfordert.

Die Fähigkeit des jungen Körpers, Stress zu verarbeiten und sich von Verletzungen zu erholen, steigert sich im körperlichen Ideal der Medien bis zur Unzerstörbarkeit. Die Helden, auch wenn sie – wie etwa Arnold Schwarzenegger – außerhalb des Bildschirmes durchaus in die Jahre gekommen sind und man weiß, wie viele Gesundheitsprobleme sie haben, halten die schlimmsten Schläge aus und sind sofort wieder fit. Ein Symbol ist der Aktivator, der den Science-Fiction-Helden Perry Rhodan unsterblich macht. Wird er verletzt, gerät er in eine sonst tödliche Strahlung, nimmt er ein Gift auf, bemerkt er ein leises Pulsieren. Der eingepflanzte Zellaktivator hat seine

Tätigkeit gesteigert und die normalen Körperfunktionen wiederhergestellt.

Auch der alternde Körper regeneriert sich. Aber er braucht dazu viel Zeit. Die Begegnung mit der Endlichkeit des Irdischen bringt die Gefahr mit sich, dass die lebenslange Fähigkeit des Organismus, sich selbst zu reparieren, von Alternden unterschätzt wird. So sind Zuversicht und Ruhe schwer zu haben, selbst wenn dem ängstlich verstimmten Kranken das positive Denken nahegelegt wird, sobald er fürchtet, »nie wieder« gesund zu werden. Früher heilte eben vieles schneller.

Primitiver und reifer Narzissmus

Zum primitiven Narzissmus gehört eine Wutreaktion, weil eine grandiose, aber unrealistische Erwartung[22] nicht erfüllt wurde. Dieser Mechanismus ist für die verzögerte Heilung von Bewegungseinschränkungen und für zahllose Probleme der Wiederherstellung im Alter verantwortlich. Gegen den enttäuschenden Organismus richtet sich eine unbewusste Aggression, welche seine Regeneration behindert und sich in Depressionen manifestiert.

Dieser Mechanismus ist vor allem bei Zuständen von Dauerschmerz und bei Erkrankungen des Bewegungsapparats (»Rheuma«) bedeutungsvoll. Psychologisch ahnungslose Ärzte stärken ihn sehr, wenn sie die Schmerzen in einem Gelenk aufgrund eines Röntgenbildes als »Alterserscheinung«, »Verschleiß« oder »Arthrose« deuten und mit keinem Wort erwähnen, dass es viele Menschen gibt, die mit einem vergleichbaren optischen Befund zu einer Fernwanderung aufbrechen.

Der Körper ist in Kindheit und Jugend als Träger von Expansion, von Fortschritt wahrgenommen und narzisstisch besetzt worden. So wird er geliebt. Wenn er nicht mehr so funktioniert, wie er sollte, kann die Selbstliebe in Hass umschlagen.

Wir rebellieren gegen Behinderung und Schmerz. Die unbewusste Wut auf den versagenden Körper, der nicht mehr so rasch regeneriert, der nicht mehr so schön ist, der nicht mehr so beweglich, so geschickt, so erotisch anziehend ist, behindert die Heilung und unterstreicht den Schmerz.

Jede Erkrankung enthält Fragmente einer erneuten Kindheit. Wir brauchen Pflege, können uns nicht wie sonst selbst helfen, machen uns Sorgen. Angesichts dieser Regression wird auch das primitive Selbstgefühl aktiviert, das eine schnelle, eindeutige Besserung, einen Neuaufbruch in eine Expansion erwartet. Die erneute Kindheit im Zustand der Erkrankung weckt ein kindliches Lösungsmodell, das der Situation oft nicht angemessen ist.

Auch im Alter gibt es schnelle Heilungen, verschwinden Gliederschmerzen, ein Schnupfen, eine Magenverstimmung über Nacht, heilen Schnittwunden komplikationslos. Aber immer wieder dauert die Wiederherstellung länger, als man es sich wünscht. Je unzufriedener das Ich mit dieser Lage ist, desto eher wird es auch die langsame Gesundung als Beweis für den eigenen Verfall deuten. Der primitive Narzissmus gibt uns zu verstehen, dass eine mühevoll und unter Opfern gewonnene Schlacht die letzte sein wird, die wir gewinnen.

Eines der Sprichwörter, die der Alternde nicht mehr vergisst: »Wenn du über fünfzig bist, morgens aufwachst und es tut dir nichts weh – dann bist du tot!« Das alternde Ich schreitet wie ein sorgender Grundbesitzer morgens seine Grenzen ab. Immerhin, wer mit seinen Schmerzen schlafen und sie im Erwachen begrüßen kann, wird besser erwachen als jemand, der unglücklich und wütend ist, weil er nicht wie früher triumphierend aus dem Bett springt.

Schmerzen, mit denen ich noch schlafen kann, gehören zum Leben; der Tod aber wird – mächtiger und tröstender als der Schlaf – auch die Schmerzen besiegen, die mich nicht mehr schlafen lassen. Der reife Umgang mit Altersleiden ist diesem Grenzgang vergleichbar, in dem die Quellen von Normalität und die Quellen von Behinderung oder Schmerz untersucht werden.

Wenn sich der Zustand gegenüber gestern nicht gebessert, aber auch nicht verschlechtert hat, ist das für den Alternden ein Erfolg. Eine prekäre Balance hat sich erhalten. Der Ausgang ist offen. Wenn sich der Zustand bessert – gut. Wenn er sich verschlechtert – schade. Aber es gibt noch Quellen von Kreativität, von Lust. Irgendwann werden auch sie aufhören zu fließen. Jedenfalls sollen es nicht die Angst und ihr geheimer Verbündeter, die primitive narzisstische Wut, sein, welche diese Quellen verstopfen.

Die Dominanz des jugendlichen Schönheitsideals hat Folgen: Sie feuert den Startschuss für eine aussichtslose Konkurrenz, in der das faltenfrei operierte Gesicht zu einer Maske erstarrt und so, in der Suche nach ewiger Jugend, den Tod vorwegnimmt. Die zeitlose Schönheit des Ausdruckes von Gefühlen und die mimische Interaktion mit der Welt werden von der Frage überwuchert, wie jemand so jung aussehen kann, der so alt ist, und an welchen Zeichen das wahre Alter doch erkannt werden kann. So verweigern die Operierten sich selbst und ihrer Umgebung gerade durch ihren Kampf gegen die Zeichen des Alters einen zeitlosen Zustand.

Jüngst verfolgte ich ein Beethoven-Klavierkonzert mit einer achtzigjährigen Pianistin. Sie hielt so hingebungsvoll und voller erotischer Ausstrahlung den Kontakt zu ihrem Spiel, zum Dirigenten und den anderen Musikern, dass ich mich regelrecht verliebte. In solchen Situationen kann deutlich werden, dass die Maske der Jugend das Alter fixiert, während die Lebendigkeit im Kontakt durch die Spuren vergangener Gefühle gesteigert wird. Falten sind Spuren unserer Leidenschaften; wir können uns heute entscheiden, ob wir sie mit Botox oder Skalpell löschen oder auf die Überzeugungskraft gespeicherter Affekte vertrauen. Wie in vielen anderen Bereichen des Lebens hat uns die Entwicklung der Gesellschaft auch hier mit Wahlmöglichkeiten ausgerüstet, die uns überfordern.

Es ist nicht zu übersehen, dass die Konsumgesellschaft den primitiven Narzissmus fördert und ausbeutet.[23] Sie entwirft eine alterslose Welt, in der durch plastische Chirurgie (schon früh mit kleinen Eingriffen beginnen, dann fällt die Veränderung nicht so auf, rät der Experte), stetes Training und optimale Ernährung Falten zu persönlichem Versagen geworden sind.

Man hat nicht rechtzeitig die richtige Diät, die richtige Operation, das richtige Fitnessstudio aufgesucht. Aldous Huxley, der klügste Prophet der Moderne, hat in seinem in den Dreißigerjahren verfassten Roman *Schöne neue Welt* das Bild glatter Ewigvierziger gezeigt, die irgendwann nicht mehr repariert werden können und unauffällig entsorgt werden müssen.

Die Angst ist allgegenwärtig, wenn der natürliche Prozess des Alterns mit technischen Mitteln bekämpft wird. Sie spiegelt sich sogar im Entsetzen der Gesellschaftskritiker, die sich angesichts der Hollywoodextreme mit über zwanzig kosmetischen Operationen in die Brust werfen und derlei Firlefanz moralisch verdammen.

Das Ritual der Operation mit Narkose, Wundschmerz und langsamer Genesung ist ein moderner Reinigungsritus. Fasten, wie einst im Kirchenjahr üblich, wäre billiger, aber es ist auch trivialer. Während die erste kosmetische Operation zu verjüngen scheint, lässt die vierte das Gesicht zu einer Maske erstarren, die weder jung noch alt ist, sondern nur noch die Macht der Angst spiegelt.

Statt kreativ mit den altersbedingten Veränderungen umzugehen und die verzaubernden Möglichkeiten der Erotik, der Fantasie zu nutzen, um auch ihnen Anziehungskraft abzugewinnen, wird der Körper normiert. Wer dem schon in der Jugend überoptimal gestylten Idealbild nicht entsprechen kann, soll sich unsichtbar machen.

Von der Pflege mit mehr oder weniger wirksamen Produkten der chemischen Industrie über die Injektion von Anti-Aging-Substanzen bis hin zur intensiven und riskanten Chirurgie muss das moderne Ich Risiko und Hoffnung einschätzen – oder sich selbst zur Trauerarbeit verpflichten, indem es sich konsequent diesen technischen Hilfen verweigert.

Was einen liebevollen und selbstvergessenen Umgang mit dem eigenen Körper angeht, sind die Medien nicht hilfreich. Überall begegnen Männer und Frauen überoptimalen, digital bearbeiteten Bildern, die sie in ihrer Unsicherheit abholen und versprechen, sie »richtig« zu machen, auf einem leidvollen Weg, in dem reale existenzielle Möglichkeiten durch die Fiktion eines machbaren Idealkörpers ersetzt werden.

Ein Beispiel: Die Po-Vergrößerung gehört zu den riskantesten und schmerzhaftesten kosmetischen Operationen; es gibt immer wieder Todesfälle, weil bei der Eigenfetttransplantation Embolien entstehen. Dennoch ist der Brazilian Butt Lift (BBL) derzeit eine der gefragtesten »Schönheits«-Operationen. Nach einer Statistik der Internationalen Gesellschaft für Ästhetisch-Plastische Chirurgie ließen sich 2019 weltweit fast eine halbe Million Menschen das Gesäß vergrößern; vier Jahre zuvor waren es nur rund 200 000. Die Filmemacherin Fabienne Hurst hat eine junge Frau begleitet, die seit ihrem achtzehnten Lebensjahr und der Begegnung mit den Bildern von Kim Kardashian an eine solche Operation dachte und sie sich mit zweiundzwanzig endlich leisten konnte. Ein halbes Jahr nach der Operation sitzt sie noch nicht schmerzfrei.[24]

Wer sich im »falschen« Körper fühlt, nimmt Schmerz und Zerstörung in Kauf, um sich selbst wieder akzeptieren zu können. Hinter kosmetischen Operationen steht die Angst, auf Ablehnung zu stoßen, weil ich mich nicht leiden kann, wie ich nun einmal geworden bin. Wir stehen vor der Wahl, uns der Kunst der plastischen Chirurgen anzuvertrauen oder auf die eigene Kreativität zu setzen. Wer sich selbst vergisst und sich der Welt und den Menschen zuwendet, hat womöglich bessere Chancen, attraktiv zu wirken und anerkannt zu werden.

Wir sollten uns darin üben, kosmetisch Verjüngte nicht unbarmherzig genau zu betrachten, sondern sie so zu sehen, wie sie sich sehen wollen, und ihren Wunsch respektieren, uns zu gefallen. Darin steckt mehr reifer Umgang mit Altersveränderungen als in der moralischen Abwertung der Sehnsucht nach ewiger Jugend.

Wer fühlt, ist alterslos, wie es Gefühle so an sich haben. Wer zählt, rechnet, kritisiert, weiß immer, wie alt er ist. Der Kalender ist in der menschlichen Evolution so spät entwickelt worden, dass es uns schwerfällt, mit ihm umzugehen. So quälen sich Verliebte manchmal damit, dass sie im Alter nicht »passen«. Aber in der längsten Zeit unserer Entwicklungsgeschichte haben Menschen nicht gewusst, wie alt sie waren. Wenn ein Mensch mit fünfundsechzig Jahren noch voll belastbar ist und mit sechsundsechzig nicht mehr arbeiten soll, beweist das vor allem, dass wir kalten Normen viel zu viel Macht eingeräumt haben.

Der reife Narzissmus zeichnet sich dadurch aus, dass er Kränkungen ertragen kann – unter anderem auch jene, die im primitiven Narzissmus wurzeln. Wer sich selbst und anderen Unreife vorwirft, hat das Stadium des reifen Narzissmus nicht erreicht. Unser Selbstgefühl wird immer primitive, unreife Komponenten behalten. Die urtümlichen Größenvorstellungen wurden zwar manchmal gezähmt, Hass und Zerstörung aber nicht endgültig überwunden, sondern nur dank günstiger Umstände eingeschränkt. Sein fließendes, uneindeutiges, stets von Regressionen bedrohtes Schicksal kann der Mensch annehmen oder mit ihm hadern. So nimmt der Weise die Realität an, mit dem Schicksal zu hadern, während der Tor sich gebietet, sein Schicksal anzunehmen, und verzweifelt, wenn ihm das misslingt.

WIE KANN ICH DIE LANGSAMKEIT FÜR MICH ENTDECKEN?

Früher bin ich schneller gelaufen. Wie weit ich wohl heute von meiner Bestzeit über die Sprintstrecke entfernt bin? Der sportlich nicht Geübte ist wahrscheinlich mit dem Abschluss der Pubertät am schnellsten; er hält sein Tempo eine Weile, dann wird er langsamer. Training wird die Leistung umso mehr steigern, je jünger der Übende ist.

Die Reaktionsgeschwindigkeit nimmt ab. Wenn ich heute den Radweg entlangstrample, bevorzuge ich den mittleren Gang. Andere überholen mich, jüngere Männer und Frauen, die in einem Tempo unterwegs sind, das mir halsbrecherisch erscheint. Sie gleiten knapp an den Lichtmasten vorbei, von denen ich einen Sicherheitsabstand suche, weichen flott einem Auto aus, das ihre Vorfahrt missachtet, während ich bremse und mir die Zeit nehme für einen je nach Laune grimmigen Blick, ein Achselzucken oder den bayerischen Buddhismus: *Ja mei …*

Unbeweglichkeit ist eine der wichtigsten Angstquellen. In Albträumen können wir ihr nicht ausweichen, fühlen uns gelähmt, beschwert, wie die Heuchler in Dantes Inferno, die mit Blei ausgegossene Kutten schleppen.

Die Langsamkeit des Alters würde uns nicht auffallen, wenn wir in unseren geistigen Prozessen ebenso verlangsamt wären. Das ist aber in der Regel nicht der Fall. Im Gegenteil:

Der Erfahrungsreichtum, die Welt des schon einmal Gedachten, lässt uns im Alter oft ungeduldiger werden. Pathetische Deklamationen, gesellschaftliche Konversation, Wichtigtuerei mit längst Bekanntem langweilen den Alten. Da bläht sich doch schon wieder jemand als innovativ auf – mit uralten Hüten!

Die Botschaft der Langsamkeit an unser Erleben ist leise. Wer sie jedoch überhört oder gar aus Ehrgeiz beschließt, sie zu ignorieren, beansprucht den Organismus über eine Bruchgrenze hinaus. »Mithalten können« hat seinen Platz im Drill auf den Kasernenhof. Jeder Stratege weiß um die unterschiedlichen Geschwindigkeiten in der Truppe. Wenn er die Langsamen zum Tempo der Schnellen hetzt, hat er nicht mehr Schlagkraft, sondern weniger, weil die Langsamen so erschöpft sind, dass sie nicht mehr zum Kampf taugen.

Es gehört zu einer gesunden Autonomie, das eigene Tempo zu erkennen und es zu respektieren. Wer eine Arbeitshaltung aufbauen will, die mit möglichst geringem Aufwand möglichst viel erreicht – das Grundprinzip der guten Wirtschaft –, sollte das nicht nur selbst so handhaben, sondern auch bei allen fördern, für die er verantwortlich ist, ob es sich nun um eine Schulklasse oder ein Architekturbüro handelt.

Überall, wo ein Trupp Soldaten ans Werk geht, schreit in Actionfilmen ein Kommandierender, sie sollten schneller machen. Das spricht gegen den Ausbildungsstand der Kompanie, beleuchtet aber die Dynamik der Ausnahmesituation: Wo es um Leben und Tod geht, wird die Ökonomie außer Kraft gesetzt, das Ideal der Hetze gewinnt an Macht, Menschen sollen sich verausgaben.

Die siegreiche Truppe kann sich nach großen Anstrengungen im eroberten Gebiet ausruhen und neue Kräfte schöpfen. Verausgaben sich aber die Kämpfer angesichts eines übermächtigen Gegners, wird der geordnete Rückzug unmöglich.

Man sollte glauben, dass die großen Niederlagen der Geschichte Lehre genug sind. So war ich nicht wenig überrascht, als mir eine Maxime aus der Welt der Unternehmensberater zu Ohren kam, gegen die sich mein ganzes Wissen um seelische Hygiene empört: »Es fressen nicht die Guten die Schlechten, sondern die Schnellen die Langsamen.« Der Satz sollte eine Mitarbeiterin ruhigstellen, die seit Monaten wenig schlief und ungern an ihren Bildschirm ging (einen festen Schreibtisch hatte sie schon nicht mehr), weil sie sich ständig mit wechselnden und vielfach unverständlichen Umorganisationen beschäftigen musste, während ihre Arbeit liegen blieb.

Wer die Front verkürzt, wird länger standhalten als ein fanatischer Kämpfer, der sich beschwören lässt, bis zur letzten Patrone jeden Flecken zu verteidigen, den er erobert hat. Für den jungen Erwachsenen ist es selbstverständlich, dass er Warnsignale gelegentlich ignorieren darf. Das kann gut gehen und steigert sein Selbstgefühl: Nächte durchzumachen, bis zur totalen Erschöpfung zu trainieren, in der körperlichen Arbeit Schmerzen zu ignorieren und weiterzumachen, in der geistigen mit Aufputschmitteln den engen Termin doch noch zu halten. Wer einmal untrainiert eine längere Strecke gelaufen ist, kennt die Fantasie: jetzt noch zum Ziel, aber keinen Meter weiter. Die gekonnte Verausgabung im Endspurt bei Langstreckenläufen ist ein ganz eigenes Schauspiel.

Dem Alternden sind die Warnsignale der Müdigkeit, der Erschöpfung, des Schmerzes keine Grenzposten, an denen er spottend vorbeizieht. Sie sind im guten Fall Freunde, die ihm sagen, wo aus Wohltat Plage, aus Kompetenz Stress, aus Einsatz Dünkel und aus Wissen Ignoranz wird. In der *Kenntnis* dieser Grenzen haben Jung und Alt ein gemeinsames Wissen; um sie zu *respektieren*, ist Weisheit nötig.

Der menschliche Organismus ist darauf angelegt, zwischen Anstrengungs- und Erholungsphasen in relativ kurzen Zyklen zu pendeln. Der biologische Sündenfall der Verstädterung muss durch eine gesteigerte Bewegungs- und Trainingsdisziplin ausgeglichen werden, wenn er nicht in verführerischer Bequemlichkeit unsere Gesundheit gefährden soll. In den Kulturen der Jäger und Sammler ist nicht der launische *gute Vorsatz* dafür zuständig, dass Menschen den Schäden des Bewegungsmangels entgehen, sondern der verlässliche Hunger, der Kinder, Frauen und Männer in Aktion setzt, sich etwas Essbares zu suchen.

In diesen Kulturen gibt es keine gefüllten Vorratskammern, keine Leibeigenen, die dicke Herren füttern, keine Priester, die Gläubige dazu bringen, Spenden in ihren Tempel zu tragen. Es ist sicherer, den menschlichen Appetit auf Fleisch und Süßigkeiten durch die Wachsamkeit von Beutetieren und den Stachel der Biene zu begrenzen, als der seelischen Disziplin zu vertrauen, nach der dritten Praline die Packung wieder wegzuräumen. So haben wir uns für unsere Bequemlichkeit Risikofaktoren eingehandelt: Bewegungsmangel, Übergewicht und hoher Blutdruck.

Ich habe an anderer Stelle untersucht,[25] wie wenig die Designer der Konsumgesellschaft an das menschliche Bewegungsbedürfnis denken. Das beginnt bei den Motorfahrzeugen, in denen möglichst viele Servomotoren und Automatiken dem Lenker Bewegungen abnehmen, die er gern und verlässlich zu leisten imstande ist, etwa ein Fenster herunterzukurbeln, einen Spiegel einzustellen oder einen Motor mit Hebel oder Kurbel in Schwung zu bringen.

So überzeugt mich auch das Überhandnehmen der Elektrofahrräder nicht. Ein gutes Fahrrad ist in seiner Eleganz unübertroffen. Leider machen gerade Kinder und Jugendliche ihre prägenden Erfahrungen mit schwergängigen Billigrädern, die ihnen die Lust am Fahren rauben. Es scheint mir klüger, solche schlecht laufenden Fehlkonstruktionen zu meiden als viel Geld in ein schweres Pedelec zu stecken. Ein gut konstruiertes und gepflegtes Rad ist das ideale Fortbewegungsmittel in einer von glatten Straßen und Wegen durchzogenen Welt. Es hat den Vorteil, dass die zur Fortbewegung nötige Energie vom Fahrer bereitgestellt werden muss und sich selbst begrenzt, während Motorhilfe dazu verführt, schneller zu fahren, als es Übersicht und Reaktionsgeschwindigkeit verkraften. Unfälle sind entsprechend häufiger geworden, während die heilsame Übung proportional zur Aktivität des künstlichen Kraftspenders abnimmt. Man wird einwenden, dass auch Ältere noch mit dem Hilfsmotor Ausflüge machen können, die ihnen sonst zu mühsam wären. Aber die Mühe beim Radfahren wurzelt nicht in den Pedalen, sondern im Ehrgeiz des Fahrers, der sein entspanntes Tempo noch nicht gefunden hat.

Wichtiger scheinen mir auf die Bedürfnisse der unterschiedlichen Lebensphasen zugeschnittene Konstruktionen. Bei den Kinderfahrrädern hat sich viel getan, die absurden Stützräder sind weitgehend verschwunden, die Kleinen fangen wieder in der Steinzeit des Fahrrads an, mit einem Laufrad. Es fehlen attraktive Dreiräder, die nicht nur wintertauglicher sind, sondern der Unsicherheit über die eigene Fähigkeit entgegenkommen, das Gleichgewicht zu halten.

Es ist rasch gesagt, das Fahrrad, gar das Pedelec seien umweltfreundlich. An die eigenen Beine und das Zufußgehen reichen sie nicht heran, vor allem, wenn das alte Rad nicht aufmerksam geölt und repariert, sondern gedankenlos durch ein neues Modell ersetzt wird. Die Freundschaft zur Umwelt ist immer relativ; am wenigsten Schaden richtet an, wer gar nicht geboren wird. So wäre auch das Elektrorad eine gute Alternative zum Auto, egal ob Verbrenner oder Stromer – und wiederum das mit der eigenen Körperkraft betriebene Rad eine gute Alternative zu den Hilfsmotoren.

Das schädliche Prinzip im Hintergrund ist die Hetze, deren Verwüstungen damit zusammenhängen, dass sie in unserem Lebensstil zur selbstverständlichen Prämisse wurde. Vom Haus im Grünen in die Innenstadt wird der Weg in Autominuten definiert, bei freier Strecke, versteht sich. Ich wohne dann fünfzehn Minuten vom Zentrum entfernt, aber aus den fünfzehn Minuten wird in den Stoßzeiten auch einmal eine Stunde.

Wie folgenlos Wissen bleibt, wenn Befriedigung lockt, zeigt die Industriegesellschaft von Anfang an. Es ist klar, dass die Reserven des Planeten begrenzt sind und eine stabile Situation nicht durch eine an wachsendem Verbrauch orientierte Wirtschaft hergestellt werden kann. Dennoch haben alle, die es hätten wissen können und Verantwortung trugen, erst einmal eine ruinöse Entwicklung zugelassen. Ich stelle mir eine hoch entwickelte Zivilisation vor, die aus moralischen Gründen darauf verzichtet hat, den Planeten einer Wachstumswirtschaft und damit der Ausbeutung seiner Energie- und Rohstoffreserven zu unterwerfen.

Diese ideale Zivilisation hätte die animalische Geschwindigkeit in zahlreichen Weiterentwicklungen der Körpermaschinen (deren eindrucksvollste Vertreter Kajak, Ruderboot und Fahrrad sind) beibehalten und es sich so auch viel leichter gemacht, durch Wind, Wasser und Sonne genügend Energie zu produzieren, um absolut nachhaltig zu wirtschaften. Ohne Explosionsmotoren und Abgase wären Körpermaschinen, die Regen- und Sonnenschutz bieten und sich so schnell fortbewegen, wie ein Pferd trabt oder ein Mensch läuft, beschauliche Verkehrsmittel, in denen man gern verweilt. Wo sie normal sind, bleiben auch die Entfernungen innerhalb derer wir uns ansiedeln, näher am menschlichen Maß, ebenso wie das Tempo, in dem wir reisen.

Wir können uns diese gesunde Priorität von körperlicher Übung und die durch sie gewünschten Grenzen kaum mehr ohne innere Einwände vorstellen, obwohl Menschen in Hochkulturen viele Tausend Jahre so gelebt haben. Es wirkt harmlos, Akku und Hilfsmotor einzubauen; wo es aber geschieht, beobachten wir sofort, wie Eleganz verschwindet, leichte Materialien durch schwere ersetzt werden, sich dicke Reifen blähen. Auch die ersten elektrisch betriebenen Automobile sind nicht leicht und langsam, sondern schwer und schnell.

Das Schwere und das Schnelle gegen das Leichte und das Langsame zu tauschen, ist vernünftig, aber nicht einfach, denn das übermotorisierte Automobil mit Türen wie ein Tresor, künstlich von Staub und Abgas gereinigtem Innenklima und weichen Sitzen verspricht etwas wie das sichere Leben in der durch seinesgleichen zerstörten Umwelt.

Wir Alten müssen uns vom Tempo und der Dynamik der (eigenen) Jugend verabschieden, aber keineswegs von Eleganz und Harmonie. Ich erinnere mich an einen bezaubernden Abend in der Lombardei, als wir zufällig an den Rand eines Tanzfestes gerieten. Hier feierten Senioren und zeigten mit Schwung und Geschick ihre Kunst. Jeder Schritt passte, die Paare taktfest und geschmeidig zur Musik eines Trios, das mit ihnen alt geworden war.

Während ich mich mit diesem Thema beschäftige, ist Sommer. Möglichst jeden Tag und bei jedem Wetter fahre ich mit dem Rad fünf Minuten zu dem Strandbad St. Alban am Ammersee, um zu schwimmen. In der Sonne zu liegen, macht mir keine Freude, mein Sonnenguthaben ist aufgebraucht, wohl seit einer Kindheit, in der uns Sonnencreme unbekannt war und Sonnenbrand im Mai normal.

Ich ziehe mich immer neben dem Steg um und muss, um auf ihn zu kommen, unter dem Geländer durchtauchen, eine schlangenartige Bewegung. Ich fühlte mich dabei anfangs nicht wohl und hatte das peinliche Gefühl, mich ungeschickt anzustellen. Ich fürchtete, nicht hochzukommen und mit dem Kopf oder der Schulter schmerzhaft anzustoßen.

Unwillkürlich hatte ich mich so bewegt, wie es vor fünfzig oder vielleicht auch dreißig Jahren absolut »normal« gewesen wäre. Es sollte schnell gehen, es musste mühelos aussehen – aber ich fühlte mich unsicher und ungeschickt dabei, absolut nicht entspannt und souverän. Also ein typischer Fall der Situationen, von denen Goethe spricht: Das Alter ist ein Geschäft, man muss es lernen.

Ich beschloss also, diese Bewegung so auszuführen, wie es zu meinem Alter passt, langsam, systematisch, ohne die Zone zu verlassen, in der ich mir des Gelingens jedes einzelnen Schrittes sicher war. Seither ist ein bisher eher unangenehmer, vernachlässigter Teil des Badevergnügens selbst vergnüglich geworden. Ich muss es mit dem Kopf machen, bewusst, überlegt, während ich als Jugendlicher dadurch verwöhnt wurde, dass die neuronalen Regelkreise schneller waren und Fehler korrigierten, ehe ich sie bemerkte.

Lob des Stillstandes

Der Mensch entwirft sein Ich mehrmals. Als Kind ist ihm, seit er sich erinnern kann, durchaus klar, dass er, mit seinem Namen identifizierbar, derjenige ist, der sich von einem Ort zu einem anderen bewegt und Unterschiedliches erlebt. Dieses kindliche Ich ist objektiv, es stellt sich neben die anderen bedeutungsvollen Lebewesen, Mutter, Vater, Geschwister, Hund und Katze, und hat seinen Namen wie sie.

Die frühe Kontinuität des Ich wurzelt nicht in einem Prozess, der sich in der eigenen Psyche abspielt, sondern in der Beziehung zu einer Person, meist zur Mutter. Aber dabei bleibt es nicht. Unter dem Schutz dieser machtvollen Figur sammelt das Kind Wissen und versteht immer mehr von der Welt. Irgendwann ist eine kritische Masse erreicht. Die nun nicht mehr kindliche, sondern adoleszente Psyche beginnt, sich selbst zu genügen. Sie kann das Ich von nun an durch die eigene Geistestätigkeit konstant erhalten und hat keinen Grund mehr, die bisher haltgebende Figur zu bewundern.

Es ist eine innere Umbauaktion, die auf die Eltern oft so wirkt, als hätte ihr Kind seine fröhliche Nähe zu ihnen verloren, sei verschlossen, ja abweisend. Obwohl es behaupte, sich nicht geändert zu haben, wo doch die Veränderung auf der Hand liege, wolle es nicht angesprochen und unterstützt werden. Das alles ist schon oft beschrieben worden und hier auch nur in einem Punkt relevant: Die frühe Entwicklung des Ich orientiert sich an wachsender Autonomie und Selbstbestimmung.

Wir erleben uns als Zentrum eines Prozesses, der von Unwissenheit zu Wissen fortschreitet. Bereits Bekanntes ist unser Besitz, Neues kommt hinzu. Von der Unruhe im Paradies bis zu *Faust* und Rilkes »Ich lebe mein Leben in wachsenden Ringen« gehört die Expansion zum Wesenskern des Ich. Die Metapher von den wachsenden Ringen ist unmittelbar dem Baum abgeschaut, der in vielen Mythen unlösbar mit dem Menschen verbunden ist.

Nun wächst ein Baum jedes Jahr, in dem er lebt. Auch wenn das Kernholz fault und im hohlen Stamm Eulen wohnen, legt er einen Jahresring zu. Der Mensch hingegen beobachtet das Schwinden seiner expansiven Kräfte, sehr früh, wenn er sich als Sportler zu Höchstleistungen trainiert hat, erheblich später, wenn er den Körper in Ruhe ließ und sich damit begnügte, denkend und handelnd seinen Gesichtskreis zu erweitern.

Für den um sich wissenden Homo sapiens kommt auf jeden Fall der Augenblick, in dem er darüber nachdenken muss, wie er mit dem Schwund seiner expansiven Kräfte umgehen kann. Bisher hat er, mehr oder weniger bewusst und intensiv, in Richtung auf Expansion geübt. Aber diese Zeit ist vorbei. Seine Fähigkeiten steigern sich nicht, sie schwinden, es gelingt etwas nicht mehr, was bisher gelang. Das bedeutet: Er fällt, wie im »Mensch ärgere Dich nicht«-Spiel, auf Positionen zurück, die er schon einmal übend überwunden hat. Soll ich gegen diesen Verlust anüben und das verlorene Terrain noch einmal erobern? Soll ich mich mit dem zufriedengeben, was ich noch nicht verloren habe, möglichst viel dazu tun, es nicht auch noch zu verlieren?

Die häufigste Entscheidung ist wohl die, die Frage erst einmal zu verdrängen. Wenn das nicht mehr gelingt, weil sich Szenen häufen, in denen sie sich aufdrängt, besteht noch die Möglichkeit, sie zu vertrösten. Ein Beispiel ist meine im Vorwort erwähnte innere Rede zum sechzigsten Geburtstag, am siebzigsten sei immer noch Zeit, sich über das Alter Gedanken zu machen.

Ich habe mit meinem Bruder als Kind und junger Erwachsener viel Eishockey gespielt und ordentlich Schlittschuhfahren gelernt. Nach dem Studium arbeitete ich viel und kümmerte mich um eine wachsende Familie. Als die Lage ruhiger wurde und ich nach zwanzig Jahren wieder auf Kufen stand, war mir schnell klar, dass ich die Grundlagen noch ganz gut beherrschte, aber Feinheiten (wie rückwärts übersetzen) nicht mehr so recht gelingen wollten. Ich habe mich damals damit zufriedengegeben, dass ich sicher geradeaus fahren konnte, und hatte meine Freude an der Bewegung auf den kleinen Seen im Park und manchmal den großen weiter draußen. Es wurde immer seltener, was zum Teil auch an den wärmeren Wintern und meiner Abneigung gegen Kunsteis lag, so haben sich meine Fähigkeiten auf dem Eis kontinuierlich verschlechtert.

Mein Bruder hatte wie ich das Eishockeyspielen aufgegeben. Aber er entdeckte den Eistanz und fand nach seiner Pensionierung eine Runde Gleichaltriger, mit denen er seine Fähigkeiten noch in seinen Sechzigern verbesserte.

Eishockey ist ein schneller, rauer Sport, in dem es darum geht, anderen den Puck abzujagen. Eistanz gehorcht der Musik, in der lebhafte und langsame Bewegung gleich wertvoll sind. Es geht nicht darum, mehr Tore zu schießen als ein Gegner, sondern sich einer Macht zu fügen, die von Menschen geschaffen ist und doch über das individuelle Leben hinausgeht.

Wettkampf ist ein großer Sinnstifter. Er schafft Rangordnungen, die bereits Kinder interessieren: Welches Tier kann am schnellsten rennen? Welche Schlange ist die giftigste? Wenn in einer Spielgruppe ein Kind etwas macht und ein anderes es dabei beobachtet, wird häufig der Versuch folgen, das erste zu übertreffen. Ich kann weiter werfen, schneller laufen, höher springen, bin stärker, bin geschickter.

Im Wettkampf treten Bedenken und Selbstzweifel zurück. Während nur einer siegen kann, haben doch alle Teilnehmer die Möglichkeit, sich zu positionieren. Solche Rangordnungen haben eine beruhigende Qualität, weder der Beste noch der Schlechteste zu sein, es schafft Geborgenheit in einer Gruppe.

Schattenseiten der Konkurrenz werden im Alter deutlich. Das Verletzungsrisiko des kompetitiv orientierten Sportlers ist sehr hoch, sobald er nicht mit dem Schwinden der Reaktionsschnelligkeit und der Belastbarkeit von bradytrophen Geweben (Sehnen, Knorpeln, Skelett) rechnet.

Die kompetitive Sinnstiftung steckt in dem viel zitierten Spruch »Stillstand ist Rückschritt«. Das gilt für eine von Konkurrenz geprägte Welt, die eine späte und ausgesprochen gefährliche Errungenschaft von Homo sapiens in der Evolution ist.

Claude Lévi-Strauss hat beschrieben, dass die meiste Zeit, in der menschliche Kulturen auf der Erde existieren, der Verzicht auf Fortschritt und die rituelle Wiederholung des Immergleichen das Grundprinzip dieser Gemeinschaften waren.

Die Kategorie des Fortschrittes hat ein neues Element in bisher zyklische Lebensformen gebracht. Wenn Stillstand das eigene Unternehmen, die eigene Nation schwächt, ist Rücksicht auf begrenzte Ressourcen erschwert. Wer schneller rafft, hat erst einmal mehr, auch wenn am Ende alle verlieren.

Eine kompetitive Welt kann nur einen Teil des menschlichen Lebens abbilden. Stillstand kann viel mehr sein als Rückschritt. Er gehört zur Kontemplation, zum Meditieren, zur Kunst und zum Glückserleben. Aus dem Stillstand kann das Ich eine neue Richtung einschlagen. In der Natur ist Stillstand vielfach unentbehrlich, um sich weiter zu entwickeln. Eine Muschel gewinnt ihre Form, sobald sich die Larve an einer geeigneten Stelle festgesetzt hat und sich nun nicht mehr weiterbewegt. Die Samen der Bäume reisen weit, treiben mit dem Wind oder zahlen mit Fruchtfleisch für einen Transport in Vogelgedärm. Sobald sie keimen, gehen sie zugrunde, wenn sie bewegt werden.

In der zweiten Lebenshälfte wird die faustische Haltung gefährlich. Wer sich vor dem Stillstand fürchtet, will sich beweisen, dass er noch mithalten kann, und lässt sich auf Konkurrenz ein. Der kindliche und jugendliche Körper erträgt die Folgen unbedachter Entscheidungen besser. Wenn im Alter die Elastizität der Organe und die Wundheilung nachlassen, sollte das Ich bedächtiger handeln.

Angst vor Stillstand ist ein schlechter Ratgeber. Wer in seinen Körper hineinhört, findet von selbst den Kompromiss zwischen Schonung und Übung. Er kommt vielleicht nicht als Erster an, aber er erreicht sein Ziel. Wer sich taub und blind macht, um schneller zu sein als andere, überschreitet eine Grenze. Es kann einige Male gut gehen, aber die Gefahr bleibt und wächst mit jedem Versuch, sie zu ignorieren.

Bewegung ist ein lebensnotwendiges Prinzip. Aber die meisten Bewegungen in einem lebenden Organismus laufen ohne unsere bewusste Entscheidung ab und dosieren sich durch lang erprobte Regelkreise: Atmung, Verdauung, Ausscheidung, Kreislauf. Wenn Menschen Stillstand fürchten und meiden, mag es sein, dass sie den absoluten Stillstand des Todes fürchten, nach dem soldatischen Motto: »Schlafen könnt ihr, wenn ihr tot seid!«

Wenn eine Bewegung schmerzt, unterlassen wir sie, ohne weiter nachzudenken. Das ist für Kinder und Jugendliche ganz in Ordnung, denn sobald sie sich wieder bewegen können, werden sie das auch tun. In der zweiten Lebenshälfte taucht ein Dilemma auf. Einerseits will ich mich bewegen, weil ich die Wahrheit des Sprichwortes (»Wer rastet, rostet«) einsehe. Auf der anderen Seite tut es weh, vor allem, wenn ich nicht rechtzeitig aufhöre.

Wenn während des Spazierganges plötzlich ein Gelenk schmerzt, kann ich mich hinsetzen und ein Taxi rufen. Ich kann nach Hause humpeln, ich kann ein Medikament schlucken und warten, ob es dann weitergeht. Entscheidungen müssen gefunden werden, wie sich Schmerzfreiheit, Lust an der Bewegung und Vernunft der Gesundheitsregel verbinden lassen. Es ist an der Zeit, stillzustehen und nach dem besten Kompromiss zu tasten.

WIE FINDE ICH DAS RECHTE MASS DER (VOR-)SORGE?

Eine fünfzigjährige sportliche Frau unternimmt mit ihrem Partner eine Radtour, auf der sie ihre neue Rennmaschine einweihen will. Ein Knie schmerzt. Sie übergeht den Schmerz und versucht mitzuhalten, um ihrem Freund zu imponieren. Schließlich kann sie nicht mehr. Der Schmerz tobt und verschwindet auch nach ein, zwei Tagen nicht, wie sie es bisher von solchen Belastungsschmerzen kennt. Sie muss die Tour abbrechen.

Sie hat Medizin studiert und arbeitet seit vielen Jahren als Redakteurin bei einem Magazin. Sie beobachtet sich und meint zu spüren, dass nicht nur das eine Knie, sondern alle Gelenke angeschwollen sind und schmerzen. Sie deutet ihre Schmerzen als rheumatischen Schub und denkt ständig an ihre Großmutter, die an Polyarthritis litt, ebenso wie an einen entfernten Verwandten, der Kortison schluckt und sehr zugenommen hat. Auf gar keinen Fall will sie von Kortison abhängig werden; stattdessen beschäftigt sie sich mit ayurvedischer Medizin und beginnt eine Fastenkur.

Eine unwissende Frau würde sich die Schmerzen durch Überlastung erklären, sich schonen und einen Arzt aufsuchen, der sie erst einmal mit Umschlägen und einem Schmerzmittel versorgt. Die Medizinjournalistin hingegen will keinen Wald- und Wiesenarzt, so viel Medizin kann sie selbst. Vor einem

Orthopäden hat sie Angst – die denken doch nur daran, wie sie möglichst viele künstliche Gelenke verkaufen können! Vor allem will sie keine Schmerzmittel, sie möchte sich doch nicht vergiften und nicht abhängig werden!

Ihrem Leiden will sie aber dennoch auf den Grund kommen. Da der ausgewiesene Rheumaspezialist der nahen Großstadt erst in drei Wochen einen Termin anbieten kann, sucht sie erst einmal eine zufriedenstellende Erklärung ihrer Symptome im Internet und bleibt dort an den Beschreibungen der gefährlichsten Erkrankungen hängen. Manchmal hat sie den Eindruck, dass die Knieschmerzen abnehmen, dann wieder zuckt sie nach einer Bewegung zusammen und überzeugt sich, es sei schlimmer geworden. Mit hohen Erwartungen geht sie zu dem Termin bei dem Spezialisten. Dieser will erst einmal gar nichts sagen, sondern das Ergebnis verschiedener Spezialuntersuchungen abwarten. So verbringt die medizinisch gebildete Patientin noch zwei weitere Wochen voller Schmerzen und Ängste.

Als die Untersuchungsergebnisse da sind, bestätigt der Professor den Verdacht auf lokale Überlastung und rät zu einer Kombination von Schmerzmitteln und Akupunktur. Er ist Profi genug, um darüber zu schweigen, dass diese Behandlung genau dem entspricht, was jeder Allgemeinarzt angesichts der geschilderten Symptomatik vorschlägt.

Vom Tag der beruhigenden Diagnose an nehmen die Schmerzen ab.

Ich erinnere mich an eine fünfzigjährige Patientin, die sehr deprimiert über Hüftgelenksbeschwerden war. Ihr Hausarzt hatte sie in eine Spezialklinik geschickt, in der man aufgrund der Schmerzen und der Röntgenbefunde eine Operation für unabdingbar hielt. Sonst säße sie in zwei Jahren im Rollstuhl. Sie brauche künstliche Gelenke.

Sie fürchtete sich vor der Operation. Seit sie die Röntgenbilder gesehen und das Votum des Operateurs gehört hatte, waren die Schmerzen stärker geworden. Ich versuchte, sie über den Zusammenhang von Angst, Verspannung, verschmälertem Gelenkspalt und Schmerz aufzuklären. Außerdem fragte ich, ob nicht die Entscheidung für eine Folge von Operationen mit einer mehrjährigen Rekonvaleszenz ein Versuch sein könne, anderen Fragen auszuweichen.

Die Patientin war nach dem Auszug ihres Sohnes an einer Depression erkrankt. Er hatte ein Studium im Ausland begonnen. Die Therapie hatte ihr geholfen, den Verlust zu verkraften. Inzwischen waren wir damit beschäftigt, die seelischen Verletzungen zu untersuchen, die aus der Scheidung vom Vater des Kindes übrig geblieben waren und sie bisher gehindert hatten, neue Beziehungen einzugehen. Sei es nicht denkbar, so fragte ich, dass sie sich vor diesem Schritt ängstige? Dass sie sich angesichts dieser Aufgabe wie gelähmt fühle?

Zu diesen psychoanalytischen Gedanken fügte ich einen Rat. Ich empfahl ein zweites Urteil eines unabhängigen Spezialisten. Der konsultierte Facharzt fand den Röntgenbefund nicht dramatisch und die Indikation zur Operation nicht dringend. Sicher sei es sinnvoll, sich operieren zu lassen, solange man noch körperlich gesund sei. Die Patientin war jetzt kritischer und fragte genau nach. Der Orthopäde sagte ohne Umschweife, dass keineswegs alle Menschen mit vergleichbaren Röntgenbefunden über Gelenkschmerzen und Bewegungseinschränkungen klagen würden.

Nach wenigen Tagen waren die Gelenkbeschwerden fast völlig verschwunden. Sie traten manchmal wieder auf, wenn sie lange sitzen musste oder unter seelische Spannungen geriet, aber sie war nach zwei Jahren, als die Therapie endete und ich sie aus den Augen verlor, ohne Prothesen gut zu Fuß.

Angst raubt uns die Einsicht, dass häufige Dinge häufig sind und seltene selten. Medizinisches Wissen ist nicht hilfreich, wenn wir uns krank fühlen und es auf uns selbst anwenden wollen. Jede Stunde, die wir nicht mit hypochondrischen Erwägungen verbringen, ist eine gewonnene Stunde. Ein Hausarzt, dem wir vertrauen, muss keine Spezialkenntnisse haben. Aber er hat, wenn er sein Handwerk selbstbewusst ausübt, den Abstand, medizinisches Wissen optimal für uns zu nutzen.

Uns ängstigen Wahrnehmungen, die wir als ungewöhnlich empfinden. Seit es in der animalischen Welt Fressfeinde gibt, sind Tiere wachsam; ihre Angst springt blitzschnell an. Erst in einem zweiten Schritt wird geprüft, ob die schnelle Alarmreaktion begründet ist. Ist der Schatten, der auf uns zukommt, eine Wolke oder ein Raubtier? Das Erschrecken ist erst einmal identisch, aber sobald die Wolke erkannt ist, klingt der Alarm ab, während er bei einem Bären anhalten würde.

Nun gibt es nicht nur äußere Gefahren, sondern auch innere – ein Schmerz hier, ein Zwicken dort. In dem, was wir sehen oder hören, aber auch in der Art, wie wir Missempfindungen verarbeiten, stecken eigene Erfahrungen und Erwartungen. Wir interpretieren die Reize, die Augen, Ohren oder die Schmerzrezeptoren im Körperinneren erreichen, und machen aus ihnen eine sinnvolle Gestalt, einen »Komplex«, ein Phantom, ein mit Gefühlen und Gedanken angereichertes Konglomerat. Diese Komplexe wirken auf den Körper zurück und verändern ihn erneut, womöglich in einer Richtung, die komplexgeprägte Erwartungen bestätigt.

Die Verwissenschaftlichung unserer Umwelt entfacht neue Ängste. Will ein Journalist eine Erkrankung dem allgemein interessierten Leser verständlich machen, wird er einen scheinbar logischen Zusammenhang zwischen ersten diffusen Symptomen (etwa Kopfschmerz) und einer dramatischen organischen Schädigung (etwa Hirntumor) als Darstellungsmittel verwenden. Angesichts der in unserer genetischen Ausrüstung verwurzelten hohen Aufmerksamkeit für die Abwehr von

Gefahren werden die Leser und Leserinnen verführt, bei Kopfschmerzen an einen Hirntumor zu denken. Gehen sie mit dieser Angst zum Arzt und lassen sich nicht beruhigen, wird dieser zum Spezialisten überweisen, der eine gründliche und teure Untersuchung wie eine Magnetresonanztomografie empfiehlt.

Auch im Verhalten des Arztes oder der Ärztin dominiert die Angst: Sicher ist sicher, denkt er, wenn es doch ein Tumor ist und ich gesagt habe, nehmen Sie eine Schmerztablette und schlafen Sie sich aus, habe ich womöglich einen Schadensersatzprozess am Hals. Und es ist ja auch nicht ganz unwichtig, weder das Geld des Arztes noch das des Patienten, das ausgegeben wird, wenn eine unnötige Untersuchung mehr gemacht wird.

Was verloren geht, ist nicht allein Geld, es ist vor allem Lebensqualität. Der Arzt entspannt sich, der Kranke regt sich auf; der Arzt hat das medizinisch Mögliche angeboten. Selbst wenn er ziemlich sicher ist, dass die Diagnostik keinen Befund ergeben wird, fühlt er sich als guter Arzt, weil die aufwendige Technik doch den Kranken beruhigen könnte. Dieser ist jedoch erst einmal und während der Wochen, die er auf seine Tomografie wartet, mit einer Gefahr für Leib und Leben beschäftigt. Es liegt nahe, dass er beginnt, sich auf das Ärgste vorzubereiten, denn ein von Angst infiziertes Bewusstsein wird magnetisch von der größten Gefahr angezogen – und sei sie auch noch so wenig wahrscheinlich.

Eine Schwangere kommt verstört vom Frauenarzt. Dieser hat bei der Ultraschalluntersuchung einen Schatten im Gesicht des Ungeborenen entdeckt. Es könnte, sagt er der Mutter, eine Missbildung sein. Er schlägt eine Spezialuntersuchung mit einem höher auflösenden Gerät vor. Die werdende Mutter ist erschüttert, verängstigt, verbringt schlaflose Nächte, grübelt über eine Ehekrise durch ein behindertes Kind.

Nach einer Woche seelischer Qual findet der zweite Arzt keinen Hinweis auf eine Lippen-Kiefer-Gaumenspalte. Die Schwangere ist etwas getröstet, aber ein Rest von Verstörung bleibt und verschwindet erst, als sie ihr gesundes Kind in den Armen hält.

Ärzte sprechen oft so, als gäbe es nur vernunftbestimmte, an sachlichen Informationen interessierte Personen, die das Gehörte nicht ausdeuten und dramatisch auf sich beziehen, sondern dankbar dafür sind, dass sie nun Bescheid wissen. Die Angst des Arztes läuft darauf hinaus, dass er etwas übersehen hat, eine Diagnose zu spät stellte. Wenn er Befunde allein auf Verdacht und einen höchst bedrohlichen Verlauf ankündigt, hat der Arzt keine Angst. Nur der Patient.

Long Covid[26]

Häufige Dinge sind häufig, seltene selten. Aber wo Angst mitspielt, werden seltene Dinge häufig. Seit die Pandemie über uns hereingebrochen ist, ringen wir auch mit einem Dilemma: Auf der einen Seite sollte die Bevölkerung genügend Respekt vor den Gefahren der Infektion haben, um die Schutzmaßnahmen anzunehmen. Auf der anderen Seite sollten die einzelnen Menschen gelassen und zuversichtlich bleiben, wenn sie von dem Virus attackiert werden. Es gehört zu den unangefochtenen Grundlagen der medizinischen Psychologie, dass eine ausgeglichene, optimistische Stimmung, verbunden mit Vertrauen in den Arzt und seine Medikamente, oft den Ausschlag geben, ob eine Infektion bewältigt wird oder der Organismus ihr erliegt. Thomas Mann hat das anhand der Typhuserkrankung des Gymnasiasten Hanno Buddenbrook detailreich und seelenkundig dargestellt.

Wer die Berichterstattung über Covid-19 in den Medien verfolgt hat, wird feststellen müssen, dass die Gefahren in dramatischer Brisanz dargestellt wurden. Es gab unendlich viele Bilder von Intensivstationen und gestapelten Särgen. In den Interviews mit Menschen, die den Infekt überstanden hatten, überwogen die schweren und schwersten Fälle. Der weit häufigere Verlauf mit einigen Tagen Fieber, dem ein oder anderen Ausfall von Geruchsempfindungen und völliger Wiederherstellung ist keine Nachricht, welche Aufmerksamkeit weckt, Quote oder Klicks befeuert.

Das zentrale psychohygienische Problem im Umgang mit Informationen hat alte Menschen ganz besonders getroffen: Wo die ausschlaggebenden, sehr individuellen Faktoren eine Meldung oder einen Kommentar zu lang und schwer verständlich machen würden, werden eben die simplen, wenngleich in ihrer pauschalen Qualität gar nicht ausschlaggebenden Faktoren betont. Medizinisch ist klar, dass gesunde Alte weniger Risiko tragen als durch Vorerkrankungen belastete Junge. Aber kein Risikofaktor ist so leicht zu erkennen wie das kalendarische Alter; so wurde in den Medien den alten Menschen geradezu eingehämmert, wie gefährdet sie seien.

Das affektnahe Denken des Menschen arbeitet anders als das kritisch prüfende. Es funktioniert entlang von Bildern, die starke Gefühle wecken – und es wird von Wiederholungen geprägt. Nicht die logisch stimmige, sondern die noch einmal und noch einmal wiederholte Aussage wird als gültig erlebt. Das droht gegenwärtig bei Covid-19-Infizierten, die sich noch lange nach überstandener Infektion krank fühlen. Was diese dramatischen Unterschiede bewirkt, ist so wenig bekannt wie die Ursache der Schwäche- und Müdigkeitszustände nach anderen Virusinfektionen, wie etwa dem Pfeifferschen Drüsenfieber: Auch hier sind die meisten Infizierten nach einigen Fiebertagen wieder gesund, einige aber laborieren noch lange an den Folgen.

Wie solche Langzeitfolgen beurteilt und behandelt werden, hängt von den konsultierten Experten ab. Der Internist wird vor allem das Immunsystem in den Mittelpunkt stellen, der Psychiater an eine somatisierte Depression denken und Psychopharmaka empfehlen, der Psychotherapeut den lebensgeschichtlichen Hintergrund untersuchen: Gibt es einen unbewussten Konflikt, der den Patienten erschöpft? Wenn die Experten der Selbstkritik nicht gänzlich abgeneigt sind, werden sie zugestehen, dass sie einfach zu wenig wissen, um von einem dieser Zugangswege absolut überzeugt zu sein. Nach dem bewährten Motto »Erst einmal nicht schaden« werden sie die Symptome so gut behandeln, wie es gehen mag, und sich den Selbstheilungskräften so wenig wie möglich in den Weg stellen.

Darüber hinaus sollten wir uns Gedanken machen, was die Berichte über Long Covid zu dem Krankheitsbild beitragen. Das innere Drama, in dem eine Infektion erlebt wird, ist schließlich ein Kampf mit einem Feind, ein Ringen um den Sieg. Und je mächtiger der Feind ist, desto schwieriger ist er auch zu besiegen.

Wird über Covid mit großem Nachdruck berichtet, braucht es nicht viel Einfühlungsgabe, um den angerichteten Schaden nachzuvollziehen. Wie sollen meine Abwehrkräfte mit einem Gegner fertigwerden, der ganze Wirtschaftszweige lahmlegen kann, das globale Sozialverhalten verändert hat und der Hydra gleich gefährlichere Mutanten entwickelt, wenn man ihn durch eine Impfung niederzuringen sucht?

Melden Medien einen dramatischen Selbstmord, gehört es inzwischen zum guten Ton in den Redaktionen, sich Gedanken über die Gefahr zu machen, durch die Berichterstattung bei labilen Personen die Hemmschwelle gegenüber suizidalen

Impulsen zu senken. Vielfach wird dann an den Schluss eines entsprechenden Artikels der Hinweis gegeben, dass Personen mit angetriggerten Selbstmordgedanken bei der Telefonseelsorge oder einem psychosozialen Krisendienst anrufen sollen.

Diese Vorsichtsmaßnahmen wurden eingeführt, weil Suizide, vor allem, wenn die Opfer Prominente sind, einen statistisch nachweisbaren Sog ausüben. Ähnliche Wirkungen gibt es mit großer Wahrscheinlichkeit auch in anderen Bereichen. Magersucht, selbstverletzendes Verhalten oder Drogenkonsum sind bekannte Beispiele dafür. Je mehr über sie berichtet wird, desto interessanter werden sie, versprechen sie doch das vielleicht kostbarste Gut im Menschenleben: Aufmerksamkeit. Schon während der ersten Drogenwelle in den Sechzigerjahren sagte ein Kenner, die wichtigste Einstiegsdroge sei die Druckerschwärze gewesen.

Über die Problematik der Konstruktion einer »Risikogruppe« allein aufgrund des kalendarischen Alters findet sich eine persönliche Auseinandersetzung auf Seite 261. In den besonders strikten Lockdowns in Alten- und Pflegeheimen vermisse ich die Einsicht, dass die seelische Belastung von Menschen durch Isolation in einer Art bürokratischer Raserei ignoriert wurde. Man hätte sich gerade dort individuellere Lösungen gewünscht. Der Schutz vor Infektionen ist wichtig. Wenn aber alte Menschen durch Kontaktsperren seelisch gekränkt werden, nehmen nicht nur die Gefahren durch das Coronavirus, sondern die Anfälligkeit für alle Erkrankungen dramatisch zu.

Psychosomatische Aspekte spielen auch bei Long Covid eine Rolle. Auch hier wurden Gefahren beschworen, die in dieser Form nicht existieren. Zunächst einmal ist die düstere Aussage, dass jeder Zehnte mit SARS-CoV-2-Infizierte mit lang anhaltenden Symptomen rechnen muss, auf jeden Fall falsch, obwohl sie durchaus auch von seriösen Medien wie dem *Spiegel* übernommen wurde. Die Aussage beruht auf Umfragen an *medizinisch behandelten* Infizierten. Eine Studie der London University mit über viertausend Erkrankten zeigte: Die Symptome halten bei etwa 10 bis 20 Prozent länger als einen Monat, aber nur bei ungefähr 2 Prozent länger als zwölf Wochen an. Sind vier Wochen »lang«? Oder drei Monate? Selbst solche zurückhaltenden Aussagen berücksichtigen eine große Dunkelziffer nicht, welche die Infektion als »normale Erkältung« überstanden hat, mit der man nicht zum Arzt geht. Verlässliche Angaben über die Spätfolgen haben wir nur bei den im Krankenhaus behandelten Patientinnen und Patienten. Hier allerdings erhebt sich die Frage, wie viel Covid-19 in der Ursachenforschung steckt, denn ein schlecht mit Sauerstoff versorgter Organismus wird Ziel vieler opportunistischer Keime, die in Krankenhäusern ihr multiresistentes Wesen treiben.

An vielen Beispielen hat der kanadische Sozialforscher Edward Shorter gezeigt, dass die Ärzte kaum noch in der Lage sind, gesellschaftliches Leid in überzeugende Krankheitsbilder zu übersetzen. Während die »hysterischen« Kranken des 19. Jahrhunderts noch Symptome zeigten, welche die Ärzte erwarteten, verliert die Medizin diese Macht gegen Ende des 20. Jahrhunderts. Ihre Nachfolger sind die Massenmedien. Während die hysterischen Kranken den Ärzten so sehr vertrauten, dass sie genau die Symptome produzierten, die diese erwarteten, ist angesichts der modernen Erschöpfungssyndrome eine neue Front aus Massenmedien und Patienten entstanden, die sich trotzig gegen ärztliche, aber auch psychologische Bevormundungen wehren und wie eine Sekte davon ausgehen, dass nur Betroffene »mitreden« dürfen.

Das erweist sich auch in der Long-Covid-Szene. Der Begriff selbst ist zuerst auf Facebook dokumentiert. Die Betroffenen haben sich auf den Seiten der sozialen Medien zusammengeschlossen und stellen politische Forderungen. Sie klagen über zu wenig Aufmerksamkeit bei den Gesundheitsbehörden, kämpfen um Spezialambulanzen, Anerkennung von Arbeitsunfähigkeit, mehr Forschung und wenden sich gegen »psychosomatische« Deutungen, als seien diese nur eine verkappte Variante der Kasernenhofthese, wer sich ordentlich zusammenreiße, triumphiere über jede Schwäche.

Dabei ist der moderne psychotherapeutische Umgang mit diesen Störungen das genaue Gegenteil des traditionellen Appells an Disziplin und Selbstunterdrückung. Es geht darum, die Komplexität der Störung zu respektieren und die Ressourcen zu wecken, die den Weg zurück in ein normales Leben ebnen. Covid-19 ist ein Trauma, auf persönlicher wie auf kollektiver Ebene, und wir alle sind nun einmal durch seelische Verletzungen verwundbar – durch das Gefühl, einem übermächtigen Feind nicht standhalten zu können, der von außen kommt, seine Macht aber nur entfalten kann, wenn wir die Ängste nicht differenzieren, die er in uns weckt.

Wie schwierig das ist, zeigen die Querdenker, die jede Gefahr leugnen und das Virus zum Verschwörungsmythos formen. Aber es zeigen dies ebenso die Stellungnahmen, die eine krasse Ausnahme – die lebensgefährliche und lang nachwirkende Infektion – zur dämonischen Macht eines Virus formen. Wir werden, wir müssen und wir können zu Covid-19 ein ganz normales Verhältnis finden, wie zu anderen Viren, mit denen wir schon lange zusammenleben.

In der bisher plausibelsten (aber nach wie vor hypothetischen) Erklärung der Langzeitfolgen von Infektionen wird dieses Ineinandergreifen emotionaler und organischer Aspekte deutlich: Im Blut der an Long-Covid-Erkrankten finden sich Antikörper, die an körpereigenen Rezeptoren andocken und vor allem Kreislauf- und Lungenfunktion beeinträchtigen. Wie bei anderen Leiden mit einem Autoimmunaspekt (Multiple Sklerose, Lupus, Gelenkentzündungen) ist nicht bekannt, was die entsprechenden Schübe auslöst. Meist wird hier der unscharfe Begriff »Stress« verwendet.

Wir wissen heute, dass die Produktion von Antikörpern ein psychosomatischer Prozess ist. Wie man die Produktion von Magensäure in den berühmten Experimenten zum Pawlow-Reflex »konditionieren«, an ein erlerntes Signal knüpfen kann, lassen sich auch Immunreaktionen »konditionieren«. Das bedeutet, dass sie zwar nicht dem Willen, aber doch der Übung unterliegen. Die »Heilung durch den Glauben« wird oft in der Weise missverstanden, dass sich Menschen gesund denken können, wenn sie sich nur richtig Mühe geben. Das gelingt aber ebenso wenig, wie Menschen ein Kunstwerk schaffen werden, weil sie sich einreden, sie könnten das.

Neuroimmunologische Experimente beweisen, dass Lernprozesse Einfluss auf die Reaktionen des Immunsystems nehmen. Die Wege, auf denen das geschieht, sind nicht bekannt, aber die grundsätzliche Nähe zwischen dem bewussten Gedächtnis und dem unbewussten Sich-Erinnern der Zellen des Immunsystems an eindringende Erreger leuchtet ein. In der therapeutischen Praxis machen wir oft die Erfahrung, dass ein Bronchialasthma oder eine allergische Hautreaktion während einer Behandlung verschwindet. Aber nur der Scharlatan wird behaupten, dass er das »bewirkt« hat, denn solche Ergebnisse sind nicht kontrollierbar.

Negative Einstellungen schaden, positive nützen, aber eine entsprechende Wirkung lässt sich weder erzwingen noch vorhersagen. Ich kenne einen seit vielen Jahren migränekranken Analytiker. Er hatte vergeblich gehofft, dass die vorgeschriebene Lehranalyse während seiner Ausbildung an diesem Symptom etwas ändern würde. Daher kündigte er einem Patienten, der an Depressionen und Migräne litt, schlechte Erfolgsaussichten in Bezug auf die Migräne an. Aber nach einem halben Jahr berichtete der Patient, er habe die Migränetabletten weggeworfen, er brauche sie nicht mehr.

Seelische Spannungen schwächen die Fähigkeit des Organismus, sich selbst zu regulieren. Wenn es gelingt, einen Teil dieser Spannungen bewusst zu machen und gelassener mit ihnen umzugehen, haben die Selbstheilungskräfte bessere Chancen, eine Störung zu bewältigen.

Diese Chance wird durch die übliche Form der Darstellung von Krankheiten, vom Lehrbuch bis zum Wikipedia-Artikel und zum Text in der *Apotheken Umschau*, erheblich beeinträchtigt. Während die Selbstheilungskräfte von den ersten Symptomen der Erkrankung an am Werk sind und ihre Tätigkeit erst einstellen, wenn wir sterben, ist in den üblichen Darstellungen eines Krankheitsverlaufs von ihnen nicht die Rede.

Die Texte orientieren sich daran, keine mögliche Gefahr zu vernachlässigen; die Realität der Erkrankung im Subjekt hingegen ist stets ein Gleichgewicht zwischen der Störung und ihrer Kompensation. Das Bewusstsein macht nicht nur, wie Hamlet sagt, »Feige aus uns allen«, sondern vor allem auch Kranke. Am schlimmsten wird es, wenn noch die Fantasie hinzutritt, dass im Alter die Selbstheilungskräfte »schlechter« werden und Organe »abgenutzt« sind. Das ist, physiologisch gesehen, Unsinn, aber weckt Ängste, die zu sich selbsterfüllenden Prophezeiungen werden können. Der mündige, aufgeklärte, verantwortungsbewusste Patient ist arm dran, denn er hat Mühe, zu einem Erleben zurückzufinden, das den Selbstheilungskräften das Feld überlässt, wie das bei Kindern und Tieren der Fall sein mag. Er muss Misstrauen überwinden, Vertrauen aufbauen, zu einem positiven Denken finden, das zwangsläufig, weil jedes Denken ergebnissoffen ist, an der Grenze zum negativen Denken balanciert.

WIE FINDE ICH ZUVERSICHT?

Wir können uns die Situation des Alternden mit dem Bild einer Schlacht veranschaulichen, wobei wir uns in eine Zeit zurückversetzen, in der das Gefecht noch ein Schauspiel war und Bürger der umliegenden Städte sich mit Weib und Kind in die Kutsche setzten, um von einem sicheren Aussichtsplatz zu sehen, was die Kämpfer trieben.

Die Fahne des Lebensmuts flattert auf dem höchsten Turm der Burg, alle Mauern sind mit Wachen besetzt, die Tore verriegelt. Der Burgherr hält von seinen Zinnen Ausschau nach dem Feind, vor allem aber blickt er besorgt und erschüttert auf die Anhöhen der Umgebung, wo andere Burgen stehen. Diese hier wird soeben geschleift, dort sind die Vorwerke erobert, weiter drüben hat soeben eine schwarze Brigade mit dem feuerroten Wort »Krebs« auf ihren Fahnen mehrere Gebäude besetzt – ob der Burgherr drüben, der eigentlich jünger ist und stärker sein müsste, schon kapituliert hat? Ist die Fahne auf seinem Turm schon in der Hand der Gegner?

Das bewusste Ich verteidigt seinen Lebensmut, indem es gegen die angreifende Angst zunächst einmal die Truppen der vernünftigen Argumente ins Feld führt. Aber oft muss es beobachten, wie diese vergeblich gegen die Angst und ihre Verbündeten anrennen. Kraftlos weichen sie schließlich zurück und müssen zusehen, wie die Angst vordringt und erste Bastionen der Vernunft erobert. Jetzt formulieren die Argumente nicht mehr den Lebensmut, sondern unterwerfen sich der Angst.

»Ich will nicht mehr daran denken« oder »Noch geht es mir gut, was ist die nächste Aufgabe?« kehrt sich um in ein gnadenloses: »Du musst doch an die Zukunft denken!« Oder in den Vorwurf: »Jetzt hast du schon eine halbe Stunde nicht mehr daran gedacht – was ist, wenn diese Rückenschmerzen doch auf einen Bandscheibenvorfall hinweisen, und was ist, wenn der Orthopäde nächste Woche zu einer Operation rät, die Schmerzen zunehmen und der Eingriff unter Umständen alles nur noch schlimmer macht, während die Schmerzmittel deine Leber schädigen?«

Das Ich tut also gut daran, seine Truppen anders zu ordnen. Die Argumente der Vernunft sind vorsichtig einzusetzen; wenn sie zu lange vergeblich eine feste Angststellung berennen, verlieren sie ihre Motivation. Jeder gute Feldherr schont seine Truppe nach Möglichkeit und verhindert, dass sie in sinnlosen Aufträgen verschlissen wird. Vor allem muss das vernünftige Ich erkennen, dass die Angst sehr viel Macht über seine Argumente hat.

Ist die Angst nicht, wie es in der Sage Luzifer am Hof Gottes war, einmal die mächtigste Verbündete, der stärkste Helfer beim Aufbau der Vernunfttruppe gewesen? Erinnert sich das Ich nicht daran, wie oft es die Lust unterdrückte und ihm das nur gelang, weil es die Macht der Angst auf seiner Seite wusste? Warum hat das Kind in der Schule Gedächtnis, Logik, Sprachbeherrschung trainiert, lesen, schreiben und rechnen gelernt? Das war doch nicht alles eitel Lust am Lernen und Freude am Lob von Mutter und Lehrerin, das war doch auch Qual und Angst, beschämt zu werden, die Liebe der Eltern zu verlieren, welche die Wachsamkeit schärfte und die Ich-Strukturen zu errichten half.

Vielleicht erinnert sich der Stratege des Lebensmuts in dieser Phase der Schlacht daran, dass es viel mächtigere Verbündete gegen die Angst gibt als die Argumente der Vernunft.

Es sind dies die Lust, die Kreativität, die Neugier, der Humor. Manchmal kann die Angst aus dem Zentrum ihrer düsteren Truppen diese Kämpfer dadurch entmachten, dass sie ihnen den Vorwurf entgegenschleudert, Ablenkung zu sein, Verschwender von Energie, die doch viel besser in den Dienst der eigenen, der Angstmacht gestellt werden müsste.

Es gibt keinen dümmeren, fast möchte ich sagen, keinen oberflächlicheren Vorwurf als den der Oberflächlichkeit, der Seichtigkeit, dem dann eine Tiefe entgegengehalten wird, die hinter dem düsteren Glanz ihrer Wortoberfläche nichts bringt, nichts sagt, nichts bewirkt. Sie stiftet nur Verwirrung und setzt Ängste frei, nicht »tief«, nicht »wesentlich« genug zu sein, die »wirkliche Tiefe« nicht verstanden oder erreicht zu haben.

Über Sieg und Niederlage im Kampf mit der Altersangst entscheidet letztlich, wer das Banner der Truppen des Todes auf seine Seite bringt. Gelingt das der Angst, kann sie übermächtig werden, Lebensmut und Lebensfreude vertreiben. Gelingt es dem Ich, den Tod als Diener des Lebens, als Helfer gegen die Angst und als Sieger über den Schmerz auf seine Seite zu bringen, hat es die Schlacht gewonnen, der Lebensmut hat gesiegt – für heute. Denn nichts im seelischen Reich ist endgültig, und wir sprechen nicht vom Tod, wenn wir vom Tod sprechen, sondern immer von unserer Vorstellung über den Tod. Der Tod selbst bringt unser Sprechen zum Verstummen und beendet Freude wie Schmerz.

In dieser Metapher von der Schlacht zwischen Altersangst und Lebensmut spielt die Verknüpfung von Zuversicht und Jugend eine große Rolle. Wer den Tod nicht zu seinem Verbündeten machen kann, schlägt sich angesichts des Alters an das Kreuz seiner Verlusterfahrungen. Indem er weiterlebt, überlebt er andere, die er liebt, an denen er hängt, von denen ihm die Trennung schwerfällt. Er hat, wenn er ehrlich mit sich sein kann, auch Nutzen aus dem Tod anderer gezogen. Der

Tod hat dafür gesorgt, dass sie Stellungen räumten, die nun er besetzen kann. Ich bereichere mich am Erbe meiner Mutter; das schöne alte Bauernhaus, das ich kaufe, verdanke ich dem Tod seines Besitzers so gut wie viele der Antiquitäten, die ich sammle.

Ich habe diesen Nutzen, den ich aus dem Tod anderer ziehe, nur geborgt; durch meinen eigenen Tod werde ich ihn schließlich wieder zurückgeben. Das ist eine schwierige Sache. Wer die Kämpfe großer Sammler gegen den Zerfall des von ihnen Gehorteten verfolgt hat, möchte ihnen wünschen, dass sie den Plan aufgeben, ihrer Heimatgemeinde ein Museum abzutrotzen. Ist es erst eingerichtet, lockern sich die Bindungen des Sammlers an das Leben; im musealen Kristallgitter seiner Sammlung hat sein Lebensmut keinen Raum.

Es ist der Fetisch des Jugendlichen, einen Fehler »einmal und nie wieder« zu machen. Er wünscht sich, eine Gegenbesetzung aufzubauen, sozusagen eine Wache an diesen Zugang zu stellen, die ihn für immer versperrt. Auch die von den Philosophen gepriesene, bis heute ausdrücklich oder indirekt als wirksames Mittel gegen Ängste angebotene Haltung des Stoikers, der sich über nichts wundert, dem nichts Menschliches fremd ist, der über den Dingen steht, partizipiert an dieser Hoffnung.

Das stoische Ich glaubt, es sei möglich, einen Feldherrnhügel zu besetzen, der das Getümmel der Schlacht vom eigenen Zentrum fernhält. Ich finde diese Haltungen illusionär. Wir halten unsere Mitte nicht, indem wir einen Punkt konstruieren und diesen mit großem Energieaufwand befestigen. Wir finden sie, indem wir von ihr abweichen, von ihr fortpendeln und aus den Pendelausschlägen dann entdecken, wo sie liegt.

Das bedeutet, dass seine Ängste am besten überwinden kann, wer sie erst einmal hat. »Zulassen« ist das abgenützte

Wort dafür, das ich vor allem in Verbindung mit einem »Du musst« ungeschickt finde (»Du musst dieses Gefühl zulassen!«). So wird unterstellt, dass etwas zu leisten wäre, während doch Zulassen auf Nichtwollen und Nichttun beruht.

Die Geburt unseres Bewusstseins aus der Jugend belastet unser Alter mit einer schweren Hypothek, die wir nur schrittweise und mit Mühe abzahlen können. Es ist die Vorstellung, dass wir in der Kontrolle über unser Leben, unseren Körper, unseren Geist Fortschritte machen müssen, um unser Selbstgefühl aufrechterhalten zu können. Das Kind erlebt diesen Prozess etwa so: Dieser Sprung, dieser Ballwurf, dieser Zug im Brettspiel sind mir jetzt gelungen. Das nächste Mal werden sie, müssen sie besser gelingen. Was? Sie sind diesmal schlechter gelungen? Das darf nicht sein, ich muss mich anstrengen, ich bin doch kein Baby mehr.

Die Kunst, als Erwachsener zufrieden zu leben, beruht auf dem gelungenen Abschied von der Vorstellung einer ständigen, allseitigen Expansion. Wer sich nicht entscheiden kann, ob er ein erfolgreicher Sportler, ein großer Künstler oder ein brillanter Wissenschaftler werden soll, wird am Ende ein Taxifahrer mit großen Träumen, der seine Frustrationen in hämische Urteile über seine Mitstudenten von einst gießt, die alle Spießer geworden sind.

In der Fantasie gelingt es, viele Luftschlösser gleichzeitig zu bewohnen; in der Realität wird sich nur der ein brauchbares Haus bauen, der sich auf wenige Projekte konzentriert. Nicht auf ein einziges, weil ich denke, wir brauchen auch Plan B, C und folgende. Alles oder nichts ist keine gute Strategie, so wenig, wie Schiffe zu verbrennen.[27]

In der seelischen Entwicklung geht selten etwas ganz verloren. Ähnlich wie in der Evolution die Großhirnrinde ältere Strukturen überformte, die schon bei Reptilien Atmung und Kreislauf gesteuert haben, bleiben auch die narzisstischen

Mechanismen der Jugend erhalten. Sie sind nach wie vor unentbehrlich für Erlebnisbereiche, in denen wir spielen, für die Verliebtheit, für die Begegnung mit den eigenen Kindern, in denen sich Erinnerungen beleben.

Wenn eine Fünfzigjährige beschließt, Gitarrenunterricht zu nehmen, kann ein Teil ihrer Beweggründe sein, dass sie schon als Teenager davon geträumt hat, wie Joan Baez auf einer Bühne zu stehen und mit einem schwermütigen Lied die Massen zu begeistern. Jetzt wird sie diesen Traum lächerlich finden, aber das Spiel macht ihr Freude, sie beherrscht nach einem Jahr viele Lieder und kann neue Melodien schnell erlernen. Sie hat sich einen Kern des jugendlichen Selbstgefühls bewahrt.

Wenn ein Siebzigjähriger die arabische Sprache erlernt, kann das ebenso ablaufen. Es wird umso eher gelingen, je weniger sich das jugendliche Selbstgefühl des Alternden auf Vergleiche einlässt und Versagenserlebnisse rechtfertigt, indem es das eigene Alter ins Feld führt.

Wir werden den Glauben an unsere Kreativität und an die Fähigkeit, Neues zu lernen, besser befestigen, wenn wir ihn vom Erfolgs- und Konkurrenzdenken abkoppeln. Mag sein, dass Theodor Fontane seine besten Romane als Greis schrieb, aber das lag nicht daran, dass er seine Fähigkeiten steigerte, sondern dass er sie gepflegt und sich mehr und mehr vom Ehrgeiz befreit hatte. Die zentrale Aufgabe im Alter ist nicht die Expansion, sondern die gelassene Konzentration auf das Wesentliche.

KÖNNEN WIR LERNEN, DIE AUFMERKSAMKEIT ZU LENKEN?

Ich ging einmal mit einem Freund und dessen altem Hund spazieren, der jämmerlich humpelte. Arthrose, sagte sein Besitzer, im Röntgenbild dokumentiert. Dann witterte dieser Schwerbehinderte eine Katze. Er sauste los wie ein Blitz, jagte sie auf einen Baum und bellte kräftig. Danach hinkte er zurück zu seinem Herrn, der diese an die Wunder von Lourdes erinnernde Szene nicht weiter beachtete.

Können Menschen das auch? Mir fällt ein hochbetagter Schauspieler ein, der in einem Interview erzählte, er habe mehrere künstliche Gelenke und schwere Arthrose; Schmerzen seien seine täglichen Begleiter. Aber es gebe eine Ausnahme: In den zwei Stunden am Abend, die er auf der Bühne stehe, seien sie wie weggeblasen.

Wer leidenschaftlich mit etwas beschäftigt ist, fühlt keinen Schmerz. Von Soldaten wird oft erzählt, dass sie erst nach der Schlacht ihre Wunden entdecken. Der Boxer schlägt sich weiter, auch wenn er verletzt ist, solange er sich dem Sieg nahe fühlt; erst wenn er verzagt, schmerzen ihn die Blessuren.

Schmerz kann jederzeit von einer stärkeren Erregung entmachtet werden. Beim Dauer-Schmerzkranken wird der Schmerz unentrinnbar, weil er sich mit Angst verbindet. Schon lange ist bekannt, dass sich Angststörungen auch körperlich manifestieren; sie sind dann oft schmerzhaft, wie Koliken, Atemnot oder Übelkeit.

Angst wird in ihren stärkeren Ausprägungen oft als Qual empfunden, die schlimmer als Schmerz ist. Patienten berichten, der Schmerz bei einem Herzinfarkt sei längst nicht so schlimm gewesen wie ihre Panikattacken. Das hängt damit zusammen, dass Panik gebietet, einen sicheren Ort zu finden, und sich ins subjektiv absolut Unerträgliche steigert, wenn das misslingt. In diesen Zuständen wurzeln Selbstverletzungen: Der in seiner Ausweglosigkeit unerträgliche, diffuse Angstzustand wird durch den Wundschmerz ausgelöscht. Die Suche nach dem sicheren Ort, die beispielsweise in einer Liebeskrise aussichtslos ist (denn das Liebesobjekt, das mich verlassen hat, *wäre* dieser Ort), wird unterbrochen. Es gibt jetzt eine Verletzung, die sichtbar ist und verbunden werden kann.

Der griechische Philosoph Epikur hat Glück als Abwesenheit von Schmerz definiert. Das ist rationalistisch gedacht; die Macht der Angst lässt sich nicht einfach durch einen logischen Kunstgriff besiegen. Der Mensch kennt den Komplex »drohender Schmerz«. Dieser Komplex ist die Substanz der Todesangst, der Krebsangst, der Angst, verrückt zu werden. Das von Angst besetzte Ich hat die Fähigkeit verloren, zyklisch in Schmerz und Trauer einzutauchen und aus ihnen wieder in Freude und Lust zurückzufinden.

Über welche Mittel verfügen wir, um zu verhindern, dass die Angst auf diese Weise unser Ich erobert und besetzt?

»Wenn ich aufwache und schlaflos liegen bleibe, hat die Angst ihre größte Macht. Wenn ich aufstehe, bleibt etwas von ihr zurück (das ich übrigens gottlob abends nicht wiederfinde, ich gehe angstfrei ins Bett, freue mich auf die Ruhe). Rasieren und Zähneputzen lenken ab. Unter der warmen Dusche fällt mir auf, dass zwar der Rücken zwickt und die Schulter ein wenig schmerzt, aber dass das meiste ordentlich funktioniert und das warme Wasser wohltut. Wenn ich dann das Frühstück für mich und meine Frau mache, bin ich schon ganz entspannt und genieße es, wie gut all die Handgriffe klappen und der Kaffee duftet. Dann lese ich die Zeitung, denke an meine Arbeit heute und merke vielleicht erst nach ein paar Stunden, dass ich nicht mehr an meine Zipperlein gedacht habe und auch nichts mehr von ihnen spüre.« (Ein Achtzigjähriger)

Aus diesem Bericht wird der Segen der Ablenkung deutlich – Müßiggang ist aller Ängste Anfang. Die Disziplin der alltäglichen Rituale versetzt die Person in einen aktiven Zustand und richtet die Aufmerksamkeit auf das, was gut geht.

Kinder haben die Erfahrung gemacht, dass Eltern helfen können, wenn etwas wehtut. Daher ist es nur logisch, dass sie ihren Schmerz dorthinbringen. Kinder idealisieren Mutter und Vater, überschätzen deren Macht. Sie sind deshalb auch bereit, sich überzeugen zu lassen, dass diese Schmerzen wegmachen können. So entsteht ein Konfliktfeld zwischen einer Illusion mütterlicher Allmacht und der Realität, das selbst noch im Leben der Erwachsenen Bedeutung gewinnen kann.

Entdeckt das Kind, dass die Mutter zwar einige, aber nicht alle Unlustzustände lindern kann, ist es wütend und entwirft erst einmal das Bild einer bösen, versagenden Mutter. Diese von Melanie Klein, einer österreichisch-britischen Psychoanalytikerin, entdeckte »Spaltung« des Liebesobjektes beobachten wir auch an in ihrer Liebe enttäuschten Erwachsenen. Kain erschlägt Abel, weil Gott dessen Opfer annimmt und seines verschmäht. Es ist eine dieser primitiven Reaktion abgerungene und nie ganz verlässliche Leistung der reifen Persönlichkeit, eine enttäuschte Erwartung nicht durch Abwertung, Hass und Rückzug zu verarbeiten, sondern nach wie vor darauf zu vertrauen, dass ein enttäuschendes Liebesobjekt mich nicht *immer* enttäuschen wird.

Für das Baby ist es selbstverständlich, jeden Unlustzustand nach außen zu kommunizieren. Für Erwachsene gibt es keine klare Lösung mehr, ob es besser ist, Schmerzen auszudrücken oder sie zu verheimlichen. Geteiltes Leid ist keineswegs immer halbes Leid. Wenn ich eine fröhliche Wandertruppe über meine Knieschmerzen aufkläre, missfällt es mir womöglich, dass sie sich in ein improvisiertes Lazarett verwandelt. Ich kann Schmerzen besser verdrängen, wenn mich andere nicht immer wieder besorgt fragen, ob sie noch da sind. Umgekehrt tue ich den Bergkameraden keinen Gefallen, wenn ich Schmerzen so lange verleugne, bis ich keinen Schritt mehr tun kann.

Schmerz und Angst in eine Form zu bringen, macht sie erträglicher – denn »wenn ein Mensch in seiner Qual verstummt / gab mir ein Gott, zu sagen was ich leide«[28]. Manchmal wird empfohlen, einen Schmerz »Gestalt werden zu lassen«, ihn mit aller Aufmerksamkeit zu durchleiden; dann, so lautet das Versprechen, schließt sich seine Gestalt, und er verschwindet, wie ein Bote, der seinen Brief abgeliefert und sein Trinkgeld kassiert hat. Mir gelingt das nur selten und angesichts leichter Schmerzen, aber ich bin auch nicht sonderlich in diesen Techniken geübt und habe mir sagen lassen, dass sie viel erreichen können.

Die Kunstgriffe, Aufmerksamkeit zu lenken und sich so von unerwünschten Gefühlen und Vorstellungen zu befreien, werden heute meist mit dem Begriff der »Suggestion« verbunden. Vermutlich werden kritische Forscher die Empfehlung, einen Schmerz Gestalt werden zu lassen, um ihn zum Verschwinden zu bringen, zu den suggestiven Techniken rechnen.

Der Suggestionsbegriff selbst ist ein spät geborenes, schon etwas kraftloses Kind der Aufklärung. Mithilfe dieses Wortes sollen die Wunderheilungen von Lourdes ebenso erklärt werden wie die Leiden der eingebildeten Kranken. Darüber hinaus kann der Experte mit der Unterstützung dieses Modells anfangen, heilsame Vorstellungen gegen krank machende zu setzen. Wir reden dann nicht mehr von einem Menschen, der in seiner Qual verstummt, und auch nicht mehr von einem Gott, der sprechen macht. Wir beschwören uns mit trivialen Formeln, etwa der des französischen Heilers Émile Coué: »Es geht mir mit jedem Tag in jeder Hinsicht besser und besser.« Es ist wie auf einer Party von dem Typ: »Ich bringe die Gläser, ihr den Wein!«, »Ich bringe die Suggestionen, ihr müsst den Glauben mitbringen!«

Diese einfachen Suggestionen unterscheiden sich sehr von den durchdachten und dramatischen, die in der Gestalttherapie (von ihr stammt der Gedanke, den Schmerz gerade nicht wegzureden, sondern ihn zu akzentuieren), im Psychodrama, in Familienaufstellungen, aber auch in der Psychoanalyse und in der Homöopathie nicht zuletzt deshalb ihre Rolle spielen, weil sich diese Modelle von Krankheit und Heilung ausdrücklich von der Suggestion im Sinn einer »Einbildung« distanzieren.

Das vom Suggestionsbegriff nivellierte Thema einer poetischen Kreativität angesichts körperlicher Einschränkungen lässt sich in den Texten des bezaubernden US-amerikanischen Psychiaters Milton H. Erickson sozusagen zurückerobern. Er hat die Hypnotherapie neu gegründet und alles andere praktiziert als ein naives Zudecken von Symptomen. Anderen Menschen und auch sich selbst hilfreiche Bilder einzuflößen, ist eine unerschöpfliche Aufgabe, die Kunst und Literatur nicht weniger leisten als Hypnose und Psychotherapie. Die magischen Künste der Schamanen und heilkundigen Priester verlieren ihren Zauber, wenn wir sie mit Begriffen wie »Suggestion« und »Placebo« trivialisieren.

Persönlich behandle ich eher spielerisch als ambitioniert eigene unerwünschte Zustände wie depressive Stimmungen, Ängste oder körperliche Schmerzen mit Autosuggestionen.[29]

Erst Ruhesuggestion von Schwere und Wärme nach dem autogenen Training. Dann möglichst spezielle »gute« Bilder und Begriffe, wie »Schultern frei und beweglich« oder »Bauch warm und weich«. Dass ich noch relativ fit bin und im Sommer möglichst täglich zum Schwimmen radle, mag damit zu tun haben, kann aber auch einfach Glück sein.

Manchmal begegnen uns Menschen, die ein Maß an Leid ertragen haben, das zu überstehen wir uns nicht vorstellen können. Wenn wir sie fragen, wie sie das zustande gebracht haben, werden sie meist sagen: »Ich weiß nicht!« Oder, was fast dasselbe ist: »Gott hat mir geholfen.« Oder: »Es musste sein, ich konnte nicht anders.« Natürlich hätten sie anders gekonnt, sie hätten den Tod oder die vollständige Betäubung suchen können. Wir sind fassungslos, wenn gesunde Menschen ihr Leben wegwerfen, aber wir sollten uns noch viel mehr wundern, wie lange Kranke einen hoffnungslosen und qualvollen Zustand ertragen, ohne an Suizid auch nur zu denken.

Es scheint also eine Anhänglichkeit an das Leben zu geben, die auch eine Anhänglichkeit an das vertraute Ich ist und die wir erahnen, wenn wir uns vorstellen, nicht mehr zu sein. Hier gehen Wissen und Erleben getrennte Wege; wir wissen um unser Ende, aber wir erleben es nicht. Die Todesangst ist eine enge Verwandte der Angst vor dem Ungewissen, vor der Veränderung. Der Schmerz, vor allem der besonders ängstigende, der in seinem Verlauf noch nicht durchschaut ist, zieht aus demselben Grund die Angst an: Wir wissen nicht, was er tun wird, ob er sich wie ein Buschbrand ausbreitet oder wie ein Strohfeuer auf einem nassen Acker erlischt.

Schmerz ist *bewusster* Schmerz, Angst ist *bewusste* Angst. Verdrängter Schmerz ist so gut wie kein Schmerz, es sei denn, die Verdrängung gelingt nur unvollständig und mithilfe von Symptombildung. Schmerzen, die helfen, Schamgefühle und Ängste zu verdrängen, sind *schöne* Schmerzen. Bei den hysterischen Kranken wurde im 19. Jahrhundert die *belle indifférence*, die »schöne Gleichgültigkeit«, beschrieben, mit denen sie ihre Symptome schildern – lächelnd zum Arzt: »Ist es nicht schrecklich, dass ich gelähmt, dass ich blind bin?«

Wenn Menschen sich absichtlich mit einer Klinge schneiden, sich eine glühende Münze auflegen, sich stechen oder beißen, sind das oft ebenfalls Versuche, Angstqual mit Schmerz aus einer sichtbaren Quelle zu kontrollieren. Sie gleichen der Kampftaktik, einen Teil der Festung in Brand zu stecken, um das Vordringen eines Feindes zu verhindern. Seine Macht über den Schmerz macht den Masochisten allen Nicht-Masochisten überlegen. Wo andere unter der Folter gestehen und der Scham über ihre Schwäche preisgegeben sind, kann der Masochist den Folterknecht beschämen.

Wir entdecken, dass wir leben und sterben werden, erst geraume Zeit nach dem Beginn unserer Existenz. So mag es sein, dass unser *Erleben* etwas Aufgepfropftes hat und dem Leben gegenüber die Hochachtung bewahrt, die der Mutter oder älteren Menschen gilt, eine ehrfürchtige Scheu. Es gibt einen Respekt vor dem Leben, der sich darin ausdrückt, dass es »normal« ist, auch unter qualvollen und hoffnungslosen Bedingungen auszuharren.

Was an der Macht dieser Bindung zweifeln lässt, ist das Suizidverbot in so vielen Religionen. Dieses Verbot hat den Beigeschmack, dass die Priester und Propheten den Selbstmord monopolisieren, ihn als Märtyrertod im Dienst des Glaubens wieder erwünscht und lobenswert finden.

WIE ERREICHE ICH DIE ALTERSLOSEN INSELN?

Der Herr der Ringe, die Trilogie des britischen Sprachwissenschaftlers, Dichters und Träumers J. R. R. Tolkien, hat viele Leser und Leserinnen bewegt. Alterslosigkeit ist eine zentrale Fantasie des Autors; sie bestimmt das Leben der Elben, die als Kinder geboren werden, heranwachsen und dann eine Ewigkeit auf dem Zenit des kundigen Weisen oder erprobten Kriegers bleiben. Sie können im Kampf getötet werden, aber sie sterben keines natürlichen Todes.

Wenn sie ihrer irdischen Existenz müde werden, besteigen sie eines der Schiffe, die sie zu Inseln führen, von denen der Dichter wenig weiß. Die Ringträger unter den Hobbits können mitkommen und dort an einem alterslosen Leben teilhaben.

Tolkien erdachte die Welt von Mittelerde und ihre Bewohner, um ein Kriegstrauma zu verarbeiten, das wir in seiner Schilderung von Mordor ahnen können. Er hat als Einziger seiner Abschlussklasse in Oxford die Grabenkämpfe an der Front des Ersten Weltkriegs überlebt. Wie viele andere Vorstellungen über Götter, Helden und das Jenseits sind auch die Inseln des von Alter, Schmerz und Tod befreiten Lebens ein Wunschgedanke. Für begrenzte Zeit können wir sie überall finden, spiegeln sie doch die Alterslosigkeit und grenzenlose Freiheit der Fantasie.

Die den Elben eigene Überlegenheit an Körperkraft, Kunstfertigkeit und Sinnesschärfe, an Verbindung zu Tier und Pflanze lässt sich als narzisstische Fantasie deuten, als aus dem Schmutz, Blutdurst und Elend des Grabenkrieges geborene Sehnsucht nach einer besseren Welt. In Tolkiens Mythologie sind die widerlichen, grausamen, allem Guten und Schönen feindlichen Orks von einem gefallenen, böse gewordenen Gott aus den Elben geschaffen worden. In Tolkiens Biografie war es umgekehrt: Die Orks kannte er nur allzu gut, er war ihnen an der Front begegnet und wäre fast selbst einer geworden. So erschuf er aus ihnen die Elben und die Hobbits, Wesen, welche die Natur nicht zerstören, sondern ihre Schönheit steigern und ihre Freuden genießen, ohne sie zu beschädigen.

Man hat Tolkien vorgeworfen, seine Geschichten seien eskapistisch und würden den Lesern und Leserinnen eine Zuflucht in Fantasiewelten anbieten. Er hat gelassen reagiert und den Wert der Poesie verteidigt: Die Realität ist mächtig genug, wir müssen ihr nicht dorthin nachlaufen, wo wir uns ihr entziehen und so unsere Stimmung heben können.

In der Psychoanalyse geraten Fantasiewelten unter Narzissmus-Verdacht. In der Tat geht die Fabel vom wunderschönen Jüngling Nárkissos oder Narziss schlecht aus, der – zu stolz, sich auf Liebesangebote einzulassen, ein freier, einsamer Jäger – in einem Quellteich im Wald sein eigenes Bild erkennt und so berauscht ist von dem Anblick, dass er verhungert, weil er sich nicht mehr von dem Bild losreißen und auf die Erwartung verzichten kann, der bezaubernde Unbekannte werde endlich aus dem Wasser heraustreten und ihn umarmen. Im Tod verwandelt er sich in die Blume, die am Ufer von Gewässern gedeiht.

Der Mythos von Narziss geht auf eine moralische Fabel von Priestern einer Fruchtbarkeitsgottheit zurück, die jene mit Strafen bedroht, die sich Liebesangeboten unzugänglich erweisen. Aber in dem Bild des schmachtenden Jägers vor dem rätselhaften Spiegelbild, das sich auflöst, sobald er es berührt, drückt sich auch das Dilemma der Menschwerdung aus. Wir können viel tiefer und weiter nachdenken als die Tiere, die unsere Beute sind. Der menschliche Jäger kann nicht schneller laufen und hat keine schärferen Zähne als andere Raubtiere, im Gegenteil. Aber er kann weiter vorausdenken und gründlicher planen, er kann Fallen stellen, Treibjagden organisieren, das Feuer verwenden, um Bären in ihrem Bau zu ersticken oder Herden über eine Klippe zu treiben.

Aber diese Fähigkeit, Abläufe in unserer Fantasie durchzuspielen und Variationen zu finden, die unseren Zielen dienen, hat ihre Schattenseiten darin, dass sie *allen* Affekten zur Verfügung steht. Nicht nur die Lust und nicht nur der Hunger, sondern ebenso die Angst können unsere Fantasie in Gang setzen. Dann wird ein kleiner innerer Reiz zum Anlass dafür, eine große Gefahr zu suchen und zu finden.

Nun ist unsere planende, vorwegnehmende Fantasie nicht nur eine zentrale Quelle von Ängsten, sondern auch ein wichtiges geistiges Organ. Wir können unsere Fantasie nicht einfach lahmlegen und blockieren, denn wir fürchten uns auch sehr, die Orientierung einzubüßen, die sie uns bietet, und den Halt zu verlieren, den sie uns gibt. Denn die Fantasie ist es, die dem Kind geistige Unabhängigkeit und körperliche Bewegungsfreiheit verschafft, indem sie es mit verinnerlichten Bildern wichtiger Artgenossen versorgt, welche den realen Kontakt weitgehend ersetzen und Gefühle der Geborgenheit verschaffen können, als seien diese Halt gebenden, tröstenden Wesen tatsächlich da.

Der Spiegel ist dafür verantwortlich, dass wir das Auge höher schätzen als alle anderen Sinne und mehr fürchten zu erblinden als alles andere, was uns zustoßen kann. Die Blendung ist das wichtigste Symbol der Kastration, wie uns die

Ödipus-Tragödie lehrt. Wenn wir erkennen, dass in der Blendung auch das eigene Spiegelbild verloren geht und wir uns sozusagen selbst verlieren, ist die Verbindung von Kastration und Trennung wieder fassbar.

Entwicklungsgeschichtlich ist nicht die Kastrationsangst, sondern die Trennungsangst die Mutter aller Ängste. Sie gehört zur angeborenen Ausrüstung eines sozialen Tieres, das in seiner Kindheit nur überleben kann, wenn es von einem einfühlenden Artgenossen versorgt wird. Diesen zu verlieren, ist die erste und wichtigste Angst, aus der sich viele spätere Ängste ableiten lassen. Hier wurzelt auch die Kultur: Um den Artgenossen nicht zu verlieren, um ihn möglichst verlässlich zu binden, sind viele Mittel nötig, wir können auf keines verzichten. Riten, Mythen, Sprache, Totemahnen, Sippenzusammenhänge, Bindungen an Heimat, an Grund und Boden, Haus und Hof schützen uns vor den Gefahren der Angst.

Während sich das kindliche Ich im Spiegelbild festigt und den Menschheitsschritt zur Reflexion über die eigene Person nachvollzieht, löst sich das alternde Ich im Spiegel auf: Das kann doch nicht ich sein, so fühle ich mich doch nicht, bin ich das wirklich? Wir sind heute von Bildern umzingelt. Überall begegnen sie uns, kriechen aus Winkeln, stoßen aus nächtlichen Zugfenstern oder Fotoalben auf uns, kein Wunder, dass Greta Garbo nicht fotografiert werden wollte, seit sie ihre Karriere als Schauspielerin beendet hatte: Sie wollte für immer die Frau bleiben, die von der Leinwand auf sie herabblickte.

Die Qualen der Wahrnehmung

Neulich sprach ich mit einem Freund, einem emeritierten Professor für Augenheilkunde, über die menschliche Zufriedenheit. Die Menschen werden älter. Die emotional schwierigste Szene in der ophthalmologischen Praxis schaffe die degenerative Abnahme des Sehvermögens. Patienten in großer Angst bedrängen den Arzt. Sie fühlen sich extrem bedroht von dem Augenblick, von dem an sie nicht mehr sehen können.

Dann erzählte mein Freund von seiner Zeit als Assistenzarzt bei einem Lehrstuhl, an dem Blinde betreut wurden, und kam auf die besondere seelische Stabilität der von Geburt an Blinden zu sprechen. Er besuchte Internate für blinde Kinder. Ihre fröhliche Stimmung und unerwartete Geschicklichkeit hätten ihn bezaubert. Sie liefen treppauf, treppab wie sehende Kinder; ein Mädchen las mit den Fingern einen Text laut vor. »Wir haben uns diese psychische Stabilität damit erklärt, dass blinde Kinder viel mehr Körperkontakt bekommen«, bemerkte er.

Vergegenwärtigen wir uns, wie konstant und »übersichtlich« (ein semantischer Fehlgriff aus der Augenwelt) die Welt der Blindgeborenen war, ist und sein wird, wenn wir sie mit der Welt der Sehenden vergleichen. Was im letzten Jahrhundert die Welt rasant verändert hat, konnte nicht in die Welt der Blinden eindringen. Spielzeug, das an den Tastsinn appelliert, ist einfach und sozusagen langsam. Keine miniaturisierte Erwachsenenwelt dringt in das Kinderzimmer, kein Bildschirmspiel fesselt die Aufmerksamkeit, in aller Ruhe, einer nach dem anderen, marschieren die Reize von außen über die Ohren in den Kopf oder werden von innen durch den Tastsinn und den Geruch erkundet.

Die Welt der Blinden ist langsam geblieben, wie auch Tasten und Hören schrittweise geschehen und nicht, wie die optische Welt, sich aus einem blitzschnell wahrgenommenen Panorama ausdifferenzieren. In der Welt eines von Geburt an Blinden reduzieren sich die extremen Neuerungen des letzten Jahrhunderts auf eine Veränderung der Geräuschkulisse: Ein Flugzeug ist ein Raum wie andere Räume auch, in dem er sich tastend orientiert; Bildschirme sagen nichts, ihre Allgegenwart erreicht ihn nicht.

Nun ist es zwar für den Blinden schwer, sich in einen Sehenden hineinzuversetzen, für den Sehenden aber anscheinend einfach, blind zu sein. Er muss nur die Augen schließen und sich auf Hören, Tasten und Riechen verlassen. Wer das tut, könnte von sich glauben, er trete in die alterslose Welt der Pflanzen und der augenlosen Tiere ein. Wenn er mit allen Sinnen außer dem einen Liebe macht, spielt er eine alterslose Melodie auf der Harfe des Fleisches, und wie dem Harfenspieler sind ihm alle Saiten gleich wertvoll, die sanft gespannten wie die straffen. Sie fühlen sich nur anders an, weicher und dumpfer, aber ohne sie wäre das Instrument ärmer, sie gehören dazu, runden den Ton ab, klingen länger nach.

Vor die Wahl gestellt, alterslos zu erblinden oder sehend zu altern, entscheiden wir uns doch wieder für die Qualen der Wahrnehmung. Aber es tut gut, zwischendurch die Augen zu schließen und in eine alterslose Welt einzutauchen, zu werden wie Bäume, die doch wachsen und sich wiegen, die Erde und Himmel durchdringen in zähem, geduldigem Vorwärtsstreben. Wie die Bäume können auch die Alten lange Monate ruhen und doch wieder austreiben, in Blatt und Blüte explodieren, wenn es an der Zeit ist, ohne sich um dürre Äste zu sorgen.

Wir sehnen uns vergeblich nach der Welt der Primitiven, die ihr Alter nicht nennen können und keinen Spiegel haben außer den unzuverlässigen der Quelle. Was dem Zivilisierten als tröstliche Lüge gesagt wird, dass er so alt sei, wie er sich fühle, das gilt unter solchen Lebensumständen tatsächlich. Wir aber sind immer auch so alt, wie wir uns wissen, uns sehen, uns vergleichen, uns fantasieren – und wie erfolgreich wir darin sind, solche Bedrängnisse zu verdrängen. Erst dann sind wir so alt, wie wir uns fühlen.

Was den Erwachsenen einem animalischen Zustand näherbringt, bewahrt ihn auch vor der Angst, genauer: vor dem intensiven, quälenden Angsterleben, das zu einem seelischen Schmerz eigener Art wird und sich in weiten Bereichen mit depressiver Unruhe überschneidet. Wir haben die Bedeutung von Ablenkung schon erwähnt. Sie lässt sich ergänzen durch die angstlösende Wirkung realer Probleme in der Außenwelt. Wer handeln muss, grübelt nicht.

In diesen Kontext gehört die Anekdote eines 1944 an die Ostfront versetzten Nervenarztes, der sich in einem Unterstand unter Artilleriebeschuss plötzlich neben einem schwer angstkranken Patienten aus seiner Berliner Praxis findet und vor dem Feuer mehr Angst hat als dieser. »Seit ich an der Front bin, haben die Angstanfälle aufgehört«, sagt der Kranke. Die Regression auf einen archaischen Zustand hat ihn von seinem neurotischen Druck entlastet.

Zu Hause verbot er sich jede Aggression gegen Menschen, die zu lieben er für seine Pflicht hielt; hier gibt es Feinde, die er hassen darf, und Gefahren, die er meiden muss. Viele Menschen sind auf die periodische Abfuhr der Triebenergie aus dem Wut-Kampf- und Angst-Flucht-System angewiesen. Nur ausgewogene Naturen können eine friedliche Welt ertragen. Für die anderen gilt: Genieße den Krieg, denn der Friede wird fürchterlich.

Die Rede vom »Naturmenschen« ist wissenschaftlich angreifbar, weil der Mensch immer durch Sprache und Kultur charakterisiert ist und der Natur sozusagen gegenübersteht. Wenn »Naturmensch« heißt, dass der Abstand zu den Ursprüngen geringer ist, wird dieser Begriff wieder sinnvoll. Suche ich ein Bild für die animalische Ruhe, mit der man dem Alter entgegengehen kann, ohne sich zu fürchten und ohne es zu wünschen, denke ich an den analphabetischen Hirten, einen Nachbarn, den ich in den Sechzigerjahren in einem vom Tourismus ganz unberührten Tal der Toskana kennenlernte.

Er war über achtzig und zog jeden Tag und bei jedem Wetter mit den Schafen über die verlassenen Felder, die sein Sohn gepachtet hatte. Am Abend bestand er darauf, dass ein Feuer im offenen Kamin brannte, auch wenn der Küchenherd ausreichend Wärme spendete. Sein Frühstück bestand aus einigen Zwiebeln, die er im Garten ausgrub; wenn er nahe beim Hof blieb, brachten ihm seine Enkel Essen auf die Weide, sonst reichten ihm ein Stück Brot und eine Flasche Wein den Tag über. Einmal traf ich ihn mit dicker Backe und fieberglänzenden Augen. Ein Zahn hatte sich entzündet. Da müsse er doch zum Arzt, meinte ich. »Ich gehe zu keinem Arzt ... Es wird vorbeigehen«, erwiderte er.

Tun, als ob nichts wäre, sich in die Höhle der Gewohnheit zurückziehen und abwarten, das ist die urtümlich-zweckmäßige Reaktion auf den Schmerz. Die Ablenkung wird ihn verkleinern, schließlich ist er nicht mehr da – wozu sich Sorgen machen?

Die Techniken der Meditation dienen dazu, die Bindung an den Spiegel zu lockern. Dem Meditierenden kann klar werden, dass die Dinge, die er bisher so wichtig nahm, nicht wichtiger sind als still zu sitzen, zu atmen und die Gedanken weiterziehen zu lassen. So nähert er sich einem Zustand vor der Sprache, vor den Prägungen durch Liebesbedürfnisse, zu denen auch die Selbstliebe zählt. Er gibt die Sehnsucht auf, das Bild des Spiegels zu schönen und dafür zu sorgen, dass es mehr Bewunderer findet.

Die Siege der Meditation, der Autosuggestion, der Ablenkung über Schmerz und Angst sind unzuverlässig. Wie das Kunstwerk können sie gelingen – oder auch nicht. Sie können nach der Ergänzung durch die ein Stockwerk tiefer eingreifenden Medikamente gegen den Schmerz verlangen oder am

Ende zu dem Entschluss drängen, doch den Chirurgen aufzusuchen. Es ist bei allem ernstlichen Bemühen ein Spiel mit unsicherem Ausgang. Die psychische Übung kann die Gefahr vertreiben, aber ihr Erfolg ist unsicher – und sie muss auf jeden Fall wiederholt werden. Es hat seinen guten Grund, dass alle Rituale zur Austreibung böser Geister durch Glockenläuten, Gesang und Wohlgeruch diese nicht ein für alle Mal verjagen können. In einem der treffenden Bilder Jesu kehren die vertriebenen Geister gestärkt in das gereinigte Haus zurück.

Schmerzbehandlung und Lebensqualität

Bei stolzen und mutigen Menschen ist oft die Angst ausgeprägt, vom Schmerz überwältigt zu werden. Sie glauben, Stärke zu beweisen, indem sie etwa auf chemische Mittel verzichten. Ich kann darin neben dem gewiss anerkennenswerten Versuch, Disziplin zu üben, auch eine Überschätzung des Intellektes finden. Unser Geist kann uns nicht über die Materie heben, aber er kann uns helfen, sinnvoll mit der Materie umzugehen, aus der wir bestehen und die uns umgibt.

Schmerzmittel sind ein Teil dieser Materie. Nicht nur die Ärzte, sondern wir alle sollten mit ihnen umgehen und sie einschätzen können. Der pseudospirituelle Kranke und der inkompetente Arzt können sich auf eine qualvolle Weise ergänzen: der Kranke, indem er seine Schmerzen herunterspielt und anbietet, sich zusammenzureißen; der Arzt, indem er schwach dosierte oder ungeeignete Mittel einsetzt, weil er beispielsweise die wohltuende Wirkung der Opiate aus Ängsten vor deren Suchtpotenz auch schwer leidenden Kranken vorenthält.

Die Zukunft der Schmerzbehandlung sollte jenen technischen und pharmakologischen Entwicklungen gehören, in denen dem Kranken die Kontrolle zurückgegeben wird. Ein Weg sind tragbare Injektoren, die vom Patienten bedient werden können, sodass er das von ihm gewünschte Maß der Betäubung regulieren kann.

Schon meine ich, die Standesvertreter der Medizin von Missbrauchsgefahr, Sucht und gar Förderung der Euthanasie unken zu hören. Aber meine Herren! Ich unterstelle doch auch nicht jedem Arzt, dass er an seinem Honorar und seiner Macht mehr interessiert ist als am Wohl der Kranken. Daher ist es doch am besten, den Segen der Schmerzmittel den Patienten in die Hand zu geben und den Missbrauch zu bekämpfen, wenn er sich bemerkbar macht, nicht aber a priori und pauschal.

In den eigentlich sehr seltenen Fällen, in denen wir nicht mehr in der Lage sind, unseren Ärzten oder Angehörigen mitzuteilen, was wir wollen, ist eine Patientenverfügung (oft übertrieben »Patiententestament« genannt) nützlich. Sie sollte eigenhändig geschrieben oder vor Zeugen beziehungsweise notariell beglaubigt unterschrieben sein; wenn wir sie einer oder mehreren Personen geben, die uns nahestehen und die mit den behandelnden Ärzten sprechen werden, ist das für alle Beteiligten hilfreich.

Darin steht detailliert (es gibt vorformulierte Texte im Internet), dass im Fall einer unheilbaren Erkrankung lebensverlängernde Maßnahmen wie künstliche Beatmung, Behandlung mit Antibiotika oder Notfalloperationen unterlassen werden sollen. Schmerzlinderung und Grundpflege sind selbstverständlich. Ob der Arzt für eine ausreichende Schmerzlinderung in Kauf nimmt, dass ein Sterbender früher stirbt, geht niemanden etwas an.

Polemiken gegen den hilfreichen Tod beruhen auf Feindbildern, die mehr mit dem Narzissmus der Debattierenden als mit der Realität Todkranker zu tun haben. Am Krankenbett einigen sich konstruktive und wohlwollende Personen in aller Regel rasch. Angehörige, die ihrer eigenen Entscheidung sicher sind, finden meist auch Ärzte, mit denen sie vernünftig sprechen können.

Im hippokratischen Eid steht nichts davon, Patienten sinnlos zu quälen. Für jeden technikbesessenen Mediziner, der für eine Lebenserhaltung um jeden Preis die Lebensqualität seiner Patienten missachtet, finden sich andere, die sich auf ein Gespräch über dieses Thema einlassen können und sich mit dem Kranken und seinen Angehörigen auf das optimale Vorgehen verständigen wollen.

Persönlich war ich zweimal in diesem Grenzgebiet unterwegs gewesen, was gewiss eine ganz andere Nähe erzeugt als die theoretische und selbst die Auseinandersetzung in Psychotherapien. Es ging um das Sterben meines Sohnes Urs zu Beginn des Jahres 1987 sowie das meiner Mutter Ende 1988. Urs war noch nicht elf, meine Mutter fünfundsiebzig. Sie hatte den Tod ihres Enkels mit tiefer Unruhe verarbeitet, sie fand, es sei einfach nicht in Ordnung, dass die Enkel vor den Großeltern stürben. Urs litt an einem Herzfehler, einem winzigen Loch in der Herzscheidewand. Er hatte gerade eine Herzentzündung überstanden, das Herz versagte, er wurde reanimiert, erwachte aber nicht mehr aus dem Koma. Der Schaden durch den Sauerstoffmangel im Gehirn war zu ausgeprägt.

Sowohl bei Urs als auch bei meiner Mutter ging es um das Sterbenlassen; in beiden Fällen war ich an einer Entscheidung beteiligt, sich dem Tod nicht in den Weg zu stellen. Bei Urs entschieden seine Mutter und ich zusammen mit den Ärzten, die Beatmung abzubrechen, als sich das Gehirn nicht erholte.

Meine Mutter sagte einige Tage vor ihrem Tod am Telefon, ich solle ihr etwas bringen, irgendein Mittel, sie wolle sterben. Ich war sehr aufgewühlt, fühlte mich ohnmächtig, tröstete sie mit einem griechischen Zitat, *theōn en gounasi keitai*, es liegt im Schoß (genauer: auf den Knien) der Götter, das zu entscheiden.

Die alten Sprachen verbanden uns, wenn auch oft nur in der Form, dass sie mich wegen meiner geringen Kenntnisse scherzhaft schalt. Sie beruhigte sich und starb vier Tage danach. Die Ärzte waren einverstanden, ihr Dahinschwinden am rapiden Wachstum eines inoperablen Sarkoms nicht aufzuhalten.

In beiden Fällen fand ich die beteiligten Mediziner verständnisvoll und gesprächsbereit. Wir waren uns einig, den Tod zu akzeptieren und keinen quälenden Kampf zu führen; ich hatte den Eindruck, dass unsere entschlossene Ruhe in diesem Punkt auch die Ärzte beruhigte. Und doch finde ich heute das Vertrauen in das informelle Gespräch zwischen den Ärzten und den Betroffenen naiv. Es sollte nicht am glücklichen Zufall liegen.

Wir müssen den Tod als das Herz der Schmerztherapie von der gegen ihn gerüsteten Medizintechnik zurückerobern, und sei es in der Gestalt des oben erwähnten Injektors, der dem Patienten die Möglichkeit gibt, das Schmerzmittel so hoch zu dosieren, dass er sich selbst erlösen kann. Die mögliche Verfügung über dieses Gerät wäre ein Trost, wertvoller als alle Versprechungen der Theologie und der Palliativmedizin. Es würde der Heimlichtuerei ein Ende machen, die mich empört hat, wenn mir erzählt wurde, wie ein befreundeter Arzt verstohlen das hilfreiche Mittel besorgte und die Beteiligten sich gegen einen Staatsanwalt wappneten, der in dieser Situation – Krebs im Endstadium – nun wirklich nicht das Geringste verloren hat.

Inzwischen liegt ein Urteil des deutschen Bundesverfassungsgerichtes vor, das die schon lange in der Bevölkerung vorherrschende Position unterstützt: Es steht dem Staat nicht zu, einem Kranken, der lieber sterben als ohne Aussicht auf Wiederherstellung weiterleben will, den Tod zu verweigern und den Ärzten zu verbieten, in diesem Fall den Wunsch des Patienten zu unterstützen.

Allerdings hapert es nach wie vor mit der Umsetzung. Ärztefunktionäre und führende Politiker haben ihren hinhaltenden Widerstand keineswegs aufgegeben.

Vor wenigen Tagen suchte eine Freundin, die an ALS im Endstadium leidet und nicht mehr schlucken kann, ihren Hausarzt auf und bat ihn, ihr beim Sterben zu helfen. Er reagierte schroff, das mache er nicht, und verschrieb ihr ein Antidepressivum. Ich erlebe das als Feigheit angesichts der immer noch mächtigen militaristischen Haltung der konservativen Kirche und Politik.

In weniger autoritär geprägten Nationen wie in Holland und Belgien funktioniert die Unterstützung des Sterbewillens schon lange und vollständig ohne die beschworenen Katastrophen, wie die »Entsorgung« alter Menschen, weil ihre Kinder sie nicht pflegen wollen.

Wie kalt das politische Denken ist, lässt sich mit einem Umkehrschluss begründen: Wer will von Angehörigen betreut werden, die das nur tun, weil der Staat sie dazu zwingt? Von einer Familie gepflegt zu werden, die den Bedürftigen als lästig empfindet und ihm klammheimlich den Tod wünscht, ist wahrhaft unzumutbar, während das offene Gespräch und die Möglichkeit, sich frei für eine von zwei Richtungen zu entscheiden, die Menschenwürde bewahren. Vor allem aber würde die vom Gericht ausdrücklich befürwortete Freiheit, im Sterbenwollen ebenso unterstützt zu werden wie im Weiterleben, sehr viele Ängste lindern, die sich mit dem Worst-Case-Szenario verbinden: an ein Leben in Einschränkung und Schmerz gefesselt zu sein, weil ein Arzt den handlungsunfähigen Sterbewilligen behandelt wie ein Kommandant seinen Soldaten und ihn mit Gewalt daran hindert, zu desertieren.

Abstoßend empfinde ich den Vergleich einer humanen Praxis der Sterbeunterstützung mit den Praktiken des Mordes an Wehrlosen während der NS-Zeit. Diese Mordaktionen haben das Wort »Euthanasie« beschmutzt, das im ursprünglichen Sinn meint, was sich doch alle wünschen: den guten Tod.

WARUM FÜHLEN WIR UNS SCHULDIG?

Nach einer Lesung spricht mich eine junge Frau an. Als ihre letzte Beziehung schiefgegangen sei, habe sie sich vorgenommen, Trauerarbeit zu leisten. Sie wisse jedoch nicht, was sie tun solle, um das richtig zu machen. Ganz intensiv nachdenken? Weinen und schreien? Wann sei das abgeschlossen? Und vor allem: Gebe es ein Mittel, die Trauerarbeit über die augenblickliche Erleichterung hinaus zu verbessern? Es gehe doch darum, fuhr sie fort, die Trauer zu einem Ziel, einem wirklichen Abschluss und einer neuen Sicherheit zu führen.

Die Frage der Zuhörerin zeigt die Macht der Wörter. Trauer*arbeit*, das verspricht Erfolg durch Anstrengung. Vom Psychologen wird erwartet, dass er diesen Ablauf optimieren kann.

Freud hat mit dem Wort »Trauerarbeit« etwas von dem Bild verraten, das er von der Tätigkeit des menschlichen Ich hatte. An sich ist Trauer eine ohne unsere bewusste Absicht geschehende Leistung der Psyche, welche Stück für Stück der verlorenen Person – verloren durch das Ende einer Beziehung oder den Tod – die an sie gebundene Liebe entzieht. Der Verlust ist ein zu großer Brocken für die seelische Verdauung, er muss in Stücke zerlegt und verarbeitet werden. Diese Verarbeitung kann auch misslingen. Das Ergebnis sind Formen verlängerter Trauer, bei denen etwa dem Toten noch nach vielen Jahren sein Stuhl am Esstisch reserviert und sein Gedeck aufgelegt wird, oder aber verleugneter Trauer, wie im Fall des Stalkers, der nicht wahrhaben kann, dass ein begehrtes Objekt verloren ist. Manchmal geht dieser innere Kampf gegen die Trauer nach einer Trennung oder angesichts von Ablehnung so weit, dass das Objekt geschädigt, ja getötet werden muss, um die Kränkung über den Verlust nicht zu betrauern, sondern ihre Ursache zu beseitigen.

In kulturellen Traditionen ist Trauer oft durch Brauch und Ritual geordnet, hat ihre Kleidung und ihren Schmuck, ihren Anfang und ein kalendarisches oder in Metaphern gefasstes Ende.

Die Frage der jungen Frau belegt den Mangel an Riten, die uns einen Verlust erträglich machen. Angesichts solcher Defizite greift das Ich nach Halt. Freud fand ihn in der respektabelsten Denkfigur seiner geistigen Welt: in der Arbeit. In manchen Regionen Afrikas schnitzt man dem Toten eine Gedenkfigur (oder lässt diese vom Dorfbildhauer machen). Diese Figur wird wie ein Lebender gewaschen, gepudert, gefüttert und gepflegt. In anderen Gegenden wird diese Figur ins Freie gestellt; der ruhelose Totengeist kann in ihr wohnen und schadet, so gebannt, den Lebenden nicht. Fault und zerfällt die Figur, findet auch der Geist seine Ruhe.

In der Totenpuppe haben Trauernde die Möglichkeit, sich auf den Toten zu konzentrieren und etwas für ihn zu tun, was einen Anfang und ein Ende hat. Die Frage der Zuhörerin wurzelt auch im Mangel an solchen Handlungen. Sie würde sich gern entlasten, denn sie fühlt sich schuldig, dass die Beziehung nicht gelungen ist. Der Begriff der Trauerarbeit zeigt, wie sich Verlust und Versagen verknüpfen und so Trauer auch zur Arbeit an Schuldgefühlen wird.

Trauer gehört zu der für eine normale Entwicklung notwendigen Bereitschaft, sich damit abzufinden, dass sich nicht alle Lebensträume realisieren lassen. Die Trauer stellt dabei eine Phase der Schonung, der Rücksicht, der Vorsicht im Angehen neuer Aufgaben her, aus der sich ein Reifungsschritt ergeben kann.

Trauer ist jedoch nur *eine* mögliche Reaktion auf einen Verlust. Andere Reaktionen sind um Aggression und Wut zentriert. Der Säugling schreit wütend, wenn er die Brust nicht bekommt, und nicht weniger wütend (vielleicht sogar wütender), wenn sie ihm entzogen wird, ehe er genug hat. Trauer scheint sich dann einzustellen, wenn es chancenlos erscheint, das Verlorene zurückzugewinnen, und niemand sonst für den Verlust verantwortlich gemacht werden kann. Wenn einem Kind die Schnur seines Luftballons entgleitet, bricht es in Tränen aus – es kann aber auch wütend auf die Mutter losgehen, die das nicht vorausgesehen und verhindert hat.

Der Traurige kann untätig oder tätig sein. Das hängt damit zusammen, ob er einen anderen Menschen sucht, der ihn trösten kann, oder dazu nicht bereit ist. Er sitzt stumm da, lässt sich gestisch und mimisch hängen. Wartet er auf Zuwendung und Trost? Manche Trauernde sind dankbar dafür, andere wehren Hilfe ab und wollen ihre Ruhe haben. Die Passivität des Trauernden hängt damit zusammen, ob er glaubt, dass seine Selbstheilungskräfte ausreichen, um über den Verlust hinwegzukommen. Sie ist anders zu bewerten als heftige Aktivität und auch anders als Lähmung und Resignation.

Trauer ist eine partielle Resignation: Das Verlorene ist noch nicht ersetzt, aber es ist nicht alles verloren. Sie muss von der vollständigen Resignation unterschieden werden, die depressive Zustände auszeichnet. Zum Trauerprozess gehört eine Vorstellung der Schuldlosigkeit. Sie ist umso schwerer herzustellen, je höhere Anforderungen der Betreffende an seine individuelle Tüchtigkeit richtet. Daher können Kinder am schönsten trauern – Regen, der den Himmel reinigt und der Sonne Platz macht.

Erwachsene haben gelernt, nach Schuld suchen. Wo etwas fehlt, finden sie auch einen Fehler, einen eigenen oder fremden. Dann wird die Trauer durch fieberhafte Aktivität ersetzt. Der Mechanismus von Manie und Depression kommt ins Spiel: In der Manie glaube ich, alle Quellen von Trauer aus meinem Leben entfernen zu können. In der Depression bin ich nichts mehr, bin wertlos.

Der Gegenpol der Trauer ist die Freude, der Gegenpol der Depression die Manie. Während in dem Paar Trauer und Freude die Aggression gebunden bleibt, ist sie in Depression und Manie gehemmt beziehungsweise enthemmt. Der Depressive erscheint wehrlos, apathisch, der Manische ist lästig, reizbar, latent oder offen aggressiv.[30]

Manie und Depression sind Extremvarianten von Freude und Trauer. In ihnen geht das Maß verloren: betrübt, aber nicht zu Tode; jauchzend, aber nicht himmelhoch. In der Trauer ist die Freude als Erlebnismöglichkeit nicht undenkbar geworden wie in der Depression; in der Freude ist die Trauer nicht so ausgeschlossen wie in der Manie.

Solche Überlegungen bereiten darauf vor, in der Entstehung von Trauer und Freude einen relativ komplexen Reifungsprozess zu vermuten, der mit einer gewachsenen Toleranz für gemischte Gefühle zusammenhängt. Diese Toleranz ermöglicht ein stabiles Bild der Realität unseres Lebens und unserer Gefühlsbeziehungen, in denen sich Süßes und Bitteres meist mischen.

Der Gegenpol dieser Toleranz ist die Spaltung. In diesem Fall können Beziehungen nur durch Idealisierung aufrechterhalten werden, der Partner muss ganz gut sein, alles Negative an seinem Bild wird abgespalten und in die Latenz geschickt. Kann diese Spaltung nicht aufrechterhalten werden, verwandelt sich der positiv idealisierte Partner in einen negativ idealisierten. Seine Schlechtigkeit wird nun ebenso depressiv vertieft, wie seine Güte manisch überhöht war.

Als die Idealisierung verloren geht, kann Shakespeares Othello nicht trauern. Er kann nicht über sein Leid sprechen, sondern er muss Desdemona töten. Das Liebste zu morden, rückt ihn in die Nähe des Depressiven, der an Selbstmord denkt. Wenn das eigene Ich nicht bewundernswert ist, ist es schlecht und verdient nicht zu leben.

Trauer hängt mit einem Erleben erträglicher Ohnmacht zusammen. Im Gegensatz zur Depression sind in ihr Möglichkeiten des Handelns und der Verantwortung erhalten. Trauer kann sich erst dann entwickeln, wenn das Kind erlebt, dass es Beziehungen selbst gestalten und verantworten kann.

In reifen emotionalen Reaktionen mischen sich Trauer und Freude fast ständig. So entsteht die relativ ausgeglichene Stimmungslage des gesunden Erwachsenen während entspannter Perioden seines Lebens, wenn er sich nicht verliebt und niemanden verliert, wenn die körperliche Gesundheit mit kleinen Schwankungen stabil ist und die soziale Situation keine unmittelbaren Bedrohungen enthält.

Wenn ich über die Straße gehe und einer anziehenden Frau begegne, sieht die gemischte emotionale Reaktion so aus, dass ich mich über diesen Anblick freue und gleichzeitig traurig bin, dass es bei dieser diskreten Freude aus der Ferne bleiben muss, weil ich meine Ehefrau weder kränken noch verlieren will. Wesentlich für die Verarbeitung dieser Situation ist, dass diese Legierung von Freude und Trauer stabil bleibt und keine Regression eintritt, in der sich die Affekte entmischen und die unerwünschten Folgen von Gier und Aggression abgespalten, verdrängt oder verleugnet werden.

Die Gier würde mir sagen, dass ich doch jederzeit die attraktive Frau haben kann und das Problem mit der Ehefrau später schon irgendwie lösen werde. Die Aggression richtet sich entweder gegen die fremde Schönheit, die mich derart aus der Ruhe bringt, soll sie brennen, die Hexe. Oder, zivilisierter, sie richtet sich gegen mich selbst. Irgendetwas ist in meinem Leben falsch gelaufen. Meine Ehefrau ist die verkehrte, ich hätte es schon immer wissen müssen, aber ich kann mich nicht trennen, die Scheidung würde mich ruinieren, sie würde die Kinder noch neurotischer machen, als ich es bereits bin. Wer soll das verantworten?

Im Alter lassen sich ähnliche Vorgänge angesichts körperlicher Leiden betrachten. Wenn ich zu einer Fernwanderung aufbreche, muss ich damit rechnen, dass das menschliche Knie nach sechzig Jahren nicht mehr so belastbar ist wie nach dreißig. Wenn ich nun den Weg der Trauerarbeit einschlage und akzeptiere, dass meine Knie nicht mehr so viel aushalten wie einst, längere Pausen mache und die Etappenziele reduziere, kann es sein, dass die Tour ein Erfolg wird. Wenn ich aber bei den ersten Schmerzen den Weg der manischen Abwehr wähle und mich nicht schone, kann es sein, dass ich Tage später die Tour abbrechen und einige Wochen herumhumpeln muss, von Fantasien geplagt, als Invalide im Rollstuhl zu enden.

Während Trauer um Gefühlsqualitäten der Einschränkung, um ein »Es ist schade« kreist, enthält die Depression Schuldgefühle und Abwertungen – ich bin ein Versager, die Welt ist schlecht, das Leben ist wertlos. Daher wird sie in der psychoanalytischen Theorie mit einer gegen das eigene Ich gerichteten Aggression verbunden. Der Depressive behandelt sich selbst rücksichtslos und hasserfüllt, während der Traurige schonend mit sich umgeht.

Die Depression ist gegenwärtig das häufigste Symptom, das Kranke in psychiatrische oder psychologische Behandlung bringt. In der Forschung geht man von einer Ergänzungsreihe körperlicher und seelischer Einflüsse aus, wobei sich sehr schwere (psychotische) Depressionen von den leichteren (reaktiven und neurotischen) nur graduell unterscheiden.

Dass ein schweres Leiden den gesamten Stoffwechsel beeinflusst, ist klar. Daher lässt sich nicht sagen, ob Veränderungen der Botenstoffe (Neurotransmitter) im Gehirn Ursache oder Folge der Depression sind. Tiefenpsychologische Forscher vermuten, dass die Krankheit durch eine Störung in der Aggressionsverarbeitung entsteht. Die Aggressionen können nicht nach außen gerichtet werden, weil die betreffenden Personen fürchten, dann die Liebe ihrer Mitmenschen zu verlieren.

So lässt sich auch eine Persönlichkeitsstruktur auffinden, die – noch ohne manifeste Depression – irgendwann in ihrem Leben eine Depression erleiden wird. Diese depressive Persönlichkeit trägt in sich die Größenfantasie, kraft ihrer Tüchtigkeit harmonisch ihr Leben zu meistern. Wenn diese Größenfantasie zusammenbricht, manifestiert sich die Depression. Ein Ich, das sich seiner fundamentalen Schwächen nicht bewusst werden darf, muss sich nach Niederlagen schuldig fühlen.

Dieser Zusammenbruch wird oft zunächst nicht bemerkt. Er wird bagatellisiert – es ist nichts geschehen! Es hat nichts zu bedeuten, dass mein alter Chef in Rente ging und wir jetzt eine Teamleiterin haben, die keine Ahnung hat, das passiert doch überall. Mein Hund ist gestorben, aber es war ja auch Zeit, er ist fünfzehn Jahre alt geworden. Wer geübt ist, Schmerz und Trauer von sich fernzuhalten, sich »nicht anzustellen«, Konflikte wegzuerklären, den überwältigt der Zusammenbruch des Selbstgefühls wie ein schleichendes Gift der Freud- und Energielosigkeit.

Die ständige Unterdrückung von Wut und Angst hat die seelische Leistungsfähigkeit ausgehöhlt. Die Erklärung der Depression durch eine Wechselwirkung genetischer, sozialer und individueller Faktoren passt auch am besten zu der Beobachtung, dass Depressionen sich überall auf der Welt dort ausbreiten, wo die zivilisierten Arbeitsbedingungen gesteigerte Aggressionskontrolle verlangen, traditionelle Werte verloren gehen und die Ansprüche an das eigene Leben, gerade im Alter, wachsen.

WIE KÖNNEN WIR DER WEISHEIT DES KÖRPERS VERTRAUEN?

Säugetiere entstehen aus zwei Zellen, dem Ei einer Mutter und dem Samen eines Vaters. Beide tragen einen Bauplan in sich, der bei der Zeugung den Impuls zu einem gemeinsamen Projekt erhalten hat: dem Organismus, der aus diesen beiden Zellen wächst, wobei er zu Beginn die größten Schritte macht, gegen Ende des Wachstums die kleinsten. Bei der Geburt ist aus der befruchteten Eizelle ein System von vielen Milliarden Zellen geworden, die sich alle so organisieren können, dass sie unterschiedliche Aufgaben erledigen, Sauerstoff aus der Atmosphäre holen, Blut durch den Körper pumpen, Wasser und Nahrung verwerten, Energie produzieren und Abfälle entsorgen.

Wenn wir unsere gegenwärtigen technischen Fähigkeiten betrachten, vertieft sich unsere Ehrfurcht vor dem Können des Lebens, das aus zwei winzigen Klümpchen Schleim Zähne, Muskeln, ein Skelett und ein Gehirn schaffen kann, das sich über diesen Prozess wundert.

Journalisten, die über Biochemie oder Genetik schreiben, behaupten gern, das Geheimnis des Lebens sei entschlüsselt oder in dem DNA-Katalog, der das Genom darstellt, sei der Bauplan des menschlichen Lebens erfasst. Man ist versucht, die alte Geschichte vom Kind zu erzählen, das mit einer Muschelschale zuversichtlich das Meer ausschöpft. In Wahrheit wissen wir nur über winzige Fragmente Bescheid. Wer eine Weiche versteht, kann keine Lokomotive bauen.

Die DNA steuert, welche und wie viele Aminosäuren Bestandteile von Proteinen sind. Diese Aminosäuren sind wie die Buchstaben eines Alphabetes – Wörter, Sätze, Buchseiten, Bücher. Die unterschiedlichen Proteine kontrollieren die Zellfunktionen. In einer einzigen Säugetierzelle gibt es ungefähr eine Milliarde Proteine, die untereinander und mit den Proteinen der vielen Milliarden anderer Zellen vernetzt funktionieren.

Das Leben hat für den menschlichen Geist alle Qualitäten eines Wunders. Zu den ungelösten Problemen der Evolutionstheorie gehört die absolute Unwahrscheinlichkeit, dass die zweckmäßige Vielfalt des Lebens allein durch zufällige Mutationen und Selektionen entstanden sein soll. Die neuere Chaostheorie versucht, dieses Dilemma durch die These von Vernetzungen und Synergien in lebenden Systemen zu überwinden. Psychologisch bedeutungsvoll ist die ausgeprägte Schwierigkeit, sich in die Biochemie hineinzudenken. Unsere Modelle für psychische Vorgänge sind mechanisch (wie die Verstärkung, die Verdrängung, die Spaltung, die Introjektion oder die Projektion) oder hydraulisch (wie der »Triebdruck«), manchmal lehnen sie sich an die anorganische Chemie an (wie »Sublimierung«) oder orientieren sich an physikalischen Konzepten wie dem Energiefeld mit Vektoren und der Rückkopplung (Gestaltwahrnehmung).

Es ist ein Wunder und ein Rätsel, wie aus einem Gewimmel von Proteinen, chemischen und elektrischen Bauplänen, Kopien und Verdoppelungen das Ich-Bewusstsein entstehen kann. Aber es ist nun einmal da, und wir können auch rudimentäre Vorstellungen entwickeln, warum es da ist: Es dient den Interessen des Zellsystems, wenn es einen Chef gibt, der die Bewegung des Ganzen und sein Verhalten gegenüber der

Außenwelt bestimmt – ob ein heißer oder ein kühler Ort aufgesucht werden soll, welche Flüssigkeiten und festen Stoffe zugeführt werden, wie der Organismus sich vermehren soll und wie er sich vor Feinden schützen kann.

Auch in menschlichen Staaten werden die bei Weitem meisten Entscheidungen in Subsystemen getroffen, in der Familie, dem Betrieb, vom Bürgermeister, Pfarrer oder Landrat. Aber es gibt auch ein Parlament, in dem die großen Fragen diskutiert werden – wie bereiten wir uns auf die Zukunft vor? Welche Außenpolitik dient unseren Interessen? Dieses Parlament entspricht dem Ich-Bewusstsein; ein demokratisch im Volk verwurzeltes Parlament wird Entscheidungen treffen, welche mehr oder weniger dem Wohl der individuellen »Zellen« dienen, die es gewählt haben.

Im griechischen Mythos gibt es ein Bild, das den Unterschied zwischen der biologischen Geburt des Menschen und der Geburt des Ich-Bewusstseins erfasst. Während Götter und Menschen hilflos geboren werden und auf eine Amme angewiesen sind, entspringt Pallas Athene in glänzender Rüstung, mit Schild, Helm und Speer, dem schmerzenden Haupt des Zeus, das dieser sich mit einer Axt spalten lässt. Als Unsterblichem schadet ihm das nicht dauerhaft; seine Tochter aber ist ohne Mutter, ohne Amme, ohne Abhängigkeit, voll gerüstet, die Klügste, Kunstfertigste, Tapferste. Sie ist Symbol des Ich-Bewusstseins und seiner Selbst-Überschätzung. Es gibt eine Szene in Homers Epen, wo Athene den zürnenden Achill am Schopf packt, um seinen Jähzorn zu stoppen und ihn an einem taktischen Fehler zu hindern.

Das Ich-Bewusstsein entwickelt sich parallel zum Organismus und erreicht in der Adoleszenz seine volle diktatorische Bedeutung. Ein Beleg dafür sind Aussagen Jugendlicher, die ohne Verständnis für die Macht von Verletzlichkeit und Abhängigkeit sind. »Wir saufen, bis der Notarzt kommt!«,

»Rauchen schadet mir nicht!« Oder: »Der hat Schiss, Motorrad zu fahren!«

Wenn Erwachsene respektvoller mit Einschränkungen umgehen, erreichen sie das nicht durch eine grundlegende Strukturveränderung, sondern durch Kompromisse, welche die primitive Grandiosität begrenzen. Sie bleibt aber erhalten und macht sich bemerkbar, wenn das Selbstgefühl in Not gerät. Die Qualität von Argument und Emotion, mit der ein siebzigjähriger Berufspolitiker leugnet, dass er sich falsch verhalten habe, unterscheidet sich kaum von den Ausreden eines siebzehnjährigen Gymnasiasten.

Das bewusste Ich ist überzeugt, dass ihm ein jugendlicher, voll funktionstüchtiger Körper zusteht, der darauf wartet, Befehle auszuführen und seinen Willen Gestalt annehmen zu lassen. Daher die schon beschriebene Mühe des Alternden zu glauben, dass das Gesicht im Spiegel wirklich er sein soll. Wir selbst sehen uns im Spiegel jünger, als wir sind; unsere Veränderung wird durch das triumphierende Bild der Jugend wie unter einem zarten Schleier verborgen. An anderen sehen wir hingegen ganz genau, wie alt und grau sie geworden sind.

Zellen und Zellfunktionen sind entweder da oder nicht da. Der Schmerz, dass etwas nicht da ist, was da sein sollte, der den Kern der Altersangst bildet, fehlt auf der zellulären Ebene.[31] Ein Ich-Bewusstsein, das sich auch auf dieser Ebene organisieren könnte, würde die Angst nicht kennen, wie auch ein Computer keine Angst hat, weil einige Chips ausgefallen sind. Er funktioniert einfach mit den restlichen Chips, und wenn zu viele ausfallen, ist es mit seinen Funktionen zu Ende. (Stanley Kubricks Filmszene über den Tod des Computers HAL in *2001: Odyssee im Weltraum* ist eine konsequente Fortführung dieser Vermenschlichung. Der Computer beginnt, kurz bevor er abgeschaltet wird, »Hänschen klein« zu singen.)

Die großen Unsicherheiten des Alters entstehen wie Wirbel in einer Strömung an Orten, wo sich das adoleszent gebliebene Ich-Bewusstsein an der Tatsache reibt, dass nicht alle Zellsysteme den Zustand aufrechterhalten können, in dem das Ich-Bewusstsein entstanden ist. Wäre es möglich, das Ich noch einmal – diesmal auf der Ebene der realen Leistungsmöglichkeiten des Körpers – entstehen zu lassen, würden wir so gelassen altern wie die Tiere.

Das Ich hat sich auf dem Höhepunkt der körperlichen und geistigen Leistungsfähigkeit gebildet. Wie Thomas Becket, der sich – weil er zum Bischof von Canterbury geweiht worden war – aus dem zügellosen Höfling in einen politischen Gegner des Königs verwandelte, erhebt sich das menschliche Ich über den Körper, formt ihn, verändert ihn, hasst ihn, wenn er nicht dem Bild entspricht, welches das Ich entworfen hat.

»Im Anfang war die Tat!« Das Motto des *Faust*-Dichters zeigt, dass Goethe viel von Ängsten verstand. Er hat sich von seiner Höhenphobie geheilt, indem er so lang auf der ausgesetzten Spitze eines gotischen Domturmes ausharrte, bis sich sein inneres Zittern milderte und er ohne Schrecken in die Tiefe blicken konnte.

In der Regel schwinden Ängste, wenn wir uns ihnen stellen; es ist der Unterschied, ob ein Schiff angegriffen wird, in dem disziplinlose Piraten nach durchzechter Nacht schlafen, oder eines mit wohltrainierter Mannschaft, in dem binnen weniger Minuten alle Mann auf Gefechtsposition stehen. Wer im Bett liegt und am liebsten alle Aufgaben delegieren möchte, außer der, sich die Decke über den Kopf zu ziehen, fürchtet sich vor Kleinigkeiten, die er – einmal in Schwung – problemlos meistert.

Eben diese Erfahrung ist eine Quelle der Altersangst: Wir fürchten, durch das Alter genau jene Kompetenzen zu verlieren, mit deren Hilfe wir uns gegenwärtig gegen unsere

Ängste behaupten: die Fähigkeit, uns zu bewegen, etwas anzupacken, zu planen, zu entscheiden, anderen Personen wehrhaft zu begegnen, sodass sie nichts mit uns machen können, was wir nicht wollen.

Die geistige Beweglichkeit, die Lenkbarkeit von Gedanken, von Erinnerungen, die Fähigkeit, über das richtige Wort, die richtige Geste zur rechten Zeit zu verfügen und uns selbst den Eindruck zu schenken, wir seien mit dieser oder jener kniffligen Situation gut fertiggeworden, sind Lernerfahrungen der Jugend, aus denen sich schließlich das selbstbewusste Ich entwickelt.

Es ist ärgerlich, in der Kassenschlange hinter Alten zu stehen, die Minuten brauchen, um einen Centbetrag aus ihrem Beutel zu kramen, zu warten, weil ein Greis mehrmals hintereinander dieselbe Frage stellt und sich offenbar durch eine Versicherung über etwas gänzlich Selbstverständliches doch nicht beruhigen kann. Ich kann mich beherrschen, meinen Unmut gegen solche sozialen Bremsklötze zu äußern, aber sie nerven mich mehr, seit ich selbst einer geworden bin.

In jedem Umgang mit Alten (und auch in dem Umgang der Alten mit sich selbst) steckt etwas von der frühen Konkurrenz des Kleinkindes mit dem Baby, des Zweitklässlers mit dem Erstklässler. Hier ging es immer darum, schneller zu sein, beweglicher, etwas selbst zu machen, anderen zu zeigen, dass man mehr wusste, besser konnte.

Das Alter böte die Möglichkeit zu erkennen, wie schwach ein Selbstbewusstsein ist, das sich an Vergleichen festhält. Sobald wir eine Ebene erreichen, in der das Bedürfnis schwindet, sich etwas zu beweisen, vermindert sich auch die Angst. Denn nur wo festgehalten wird, kann Überlegenheit dokumentiert werden; wo nicht festgehalten wird, fallen alle Blätter in ihrem Tempo vom Baum, und es kreischt nicht das eine zum anderen: »Ich bin schneller als du.«

Vor der Erfindung des Buchdruckes wurden Texte von Kopisten abgeschrieben. Je öfter das geschah, vor allem, wenn es Kopisten waren, die eine Sprache gar nicht verstanden, die sie abschreiben sollten, desto mehr häuften sich Fehler. Ähnliche Mängel in der genetischen Reproduktion von Zellen gelten als Ursache des Alterns. Das dynamische System des Organismus reagiert und ersetzt beispielsweise, wenn die Muskelzellen sich nicht mehr so flink teilen, dass ihr Bestand konstant bleibt, einen Teil durch Fettzellen, die auch nützlich sein können, aber zur Kraftlosigkeit des Ganzen beitragen.

Unser Gedächtnis funktioniert nicht nach dem Prinzip der festen Lettern, die Eingegrabenes für immer behalten. Es beruht darauf, dass Wesentliches permanent abgeschrieben wird. Das Leben geht ökonomisch vor; in der Evolution werden immer möglichst die schon vorhandenen Materialien genutzt, es wird nichts vergeudet, sondern notfalls ein Zusatz angebaut, um das Ziel zu erreichen.

Wenn wir es Torheit finden, ein funktionstüchtiges Haus abzureißen, weil wir mehr Platz brauchen, übernehmen wir dieses Prinzip. In der biologischen Evolution bleibt das Alte erhalten, das Neue wird um es herum aufgestockt und angebaut. Unser Langzeitgedächtnis funktioniert vermutlich ähnlich wie die Überlieferung der Erbinformation. Es werden spezifisch veränderte Proteinmuster wieder und wieder kopiert.

Jugendlich ist, wer die Augen des Luchses mit dem Gedächtnis des Elefanten verknüpft. Wer aber weder Luchs noch Elefant geblieben ist und nicht ahnt, wer es sein soll, der ihn gerade vertraulich angesprochen hat, zögert doch, das zuzugeben. Er fantasiert – *Ja, ja, ich erinnere mich genau, wir haben ein sehr interessantes Gespräch geführt, aber jetzt muss ich leider los, vielleicht trifft man sich wieder einmal* ... Fliehen, etwas beschämt über die eigene Konfabulation, wie gut, dass wir auch sie bald vergessen.

Manches spricht dafür, dass die Qualität der Vorlagen, die unser Gedächtnis kopieren soll, im Lauf der Zeit immer schlechter wird. Das passt durchaus in das Modell der Abschreiber, die nicht genau verstehen, was sie da abschreiben, und die besser arbeiten, wenn sie noch jung und motiviert sind, während sie im Alter routinierter und mürrischer werden.

So sind die Vorlagen, die in der Kindheit und Jugend gefertigt werden, noch stark und klar, während andere, in jüngster Zeit gemachte, wie mit schlechter Tinte auf zerknülltes Papier geschrieben sind. Ungern begibt sich dann der Kopist an die Arbeit, das Ich-Bewusstsein blättert lieber zurück in Zeiten, in denen alles noch verständlich und eindrucksvoll war. So kommt es zu einem Dialog wie diesem zwischen einem 1944 geborenen Vater und seinem 1970 geborenen Sohn: »Der Vietnamkrieg war wichtig, da wurde Geschichte gemacht. Dieses Gedöns um die Wiedervereinigung Deutschlands kapiere ich nicht!« gegen: »Die Wiedervereinigung war das wichtigste Ereignis nach 1945; wen interessieren Stellvertreterkriege?«

Jugendliche haben gesündere Gelenke und ein besseres Gedächtnis für Telefonnummern und Geheimzahlen, aber wenn es darauf ankommt, können sie gerade so starrköpfig sein wie ein Greis. Wer Starrsinn den Alten zuordnet, hat offensichtlich vergessen, wie es sich anfühlt, mit einem trotzenden Kind oder einem finster entschlossenen Teenager zu verhandeln.

Was aber ist Starrsinn wirklich? Wenn wir uns mit unseren Werten und unseren Freunden im Einklang finden, ist unser Selbstgefühl flexibel, wir können neue Beziehungen aufnehmen, Fehler korrigieren, uns zugestehen, dass andere Personen ebenso gut im Recht sein können wie wir selbst. Starrsinn ist ein Schutzmechanismus. Man kann ihn mit einem geistigen Totstellreflex vergleichen. Droht unserem Selbstgefühl eine Gefahr, die uns übermächtig scheint, erstarren wir. Wir werden lernunfähig, wiederholen immer dieselben Argumente, ziehen uns »bockig« zurück.

Diese Reaktion ist ebenso universell wie unheimlich. Eine ihrer ergreifendsten Schilderungen stammt von Heinrich von Kleist. Er hat in Michael Kohlhaas einen Mann beschrieben, der über einem eindeutigen Unrecht, das zwei seiner Pferde betraf, zum Rächer, Räuber und Mörder wurde und schließlich auf dem Schafott starb. Kohlhaas fürchtete, sein Selbstgefühl durch Nachgiebigkeit einzubüßen. Er konnte nicht anders handeln.

Die Rede vom Altersstarrsinn erzeugt, was sie zu erkennen vorgibt. Wenn der Alte grundsätzlich der Starrsinnige ist, wird das zur Prophezeiung, die sich selbst erfüllt. An seinem Alter kann er nichts ändern. Es ist ein Totschlagargument, das jeden Einwand blockiert. Wer so niedergeknüppelt wird, fühlt sich verkannt und bedroht. Kein Wunder, wenn er mit allen Fasern seine Macht festhält und lieber das Schiff auf die Sandbank steuert, als einen Lotsen an Bord zu lassen.

Nützlich für den Umgang mit dem Starrsinn ist die alte Fabel vom Wettstreit zwischen dem Wind und der Sonne. Die beiden waren sich nicht einig, wer der Stärkere sei. Die kluge Sonne schlug nun vor, den Wettstreit darüber auszutragen, wer von ihnen einen Wanderer zuerst dazu bringen könne, seinen Mantel abzulegen. Der Wind steigerte sich zum Orkan, tobte und pfiff, zog und zerrte. Der Wanderer wickelte sich nur fester ein. Die Sonne aber schien freundlich und wärmte ihn, und alsbald befreite er sich von seiner Hülle.

WIE LÄSST SICH ZWANG IN FREIHEIT VERWANDELN?

In dem Kampf zwischen Altersangst und Lebensmut spielt der Tod die Rolle des unabhängigen und schwer einzuschätzenden Bündnispartners. Wem es gelingt, ihn auf seine Seite zu ziehen, der gewinnt für diesmal das Treffen. Solche inneren Kämpfe bestimmen unser Fantasieleben. Wir sollten dessen Macht nicht unterschätzen; seine Bilder entscheiden, ob wir uns elend oder glücklich fühlen, ob wir einen Schmerz belanglos oder unerträglich finden, ob uns eine Angst beflügelt oder lähmt.

Wenn im Hinduismus gelehrt wird, durch Techniken der Meditation ein idealisiertes Nicht-Sein vorwegzunehmen, erinnert mich das an eine Stelle aus der Geschichte von Mark Twain über Tom Sawyer und Huckleberry Finn. Tom ist von seiner Tante, die mit der Aufgabe betraut ist, ihn zu erziehen, wegen eines seiner Streiche verpflichtet worden, an einem Sommertag den Gartenzaun zu streichen. Andere würden sich zähneknirschend und hastig dieser Aufgabe unterziehen, um danach endlich ihre freie Zeit zu haben.

Tom beschließt, aus dem Zwang nicht nur Freiheit, sondern auch eine höhere Bestimmung zu machen. Das kann er den Freunden, die vorbeikommen und ihn erst einmal höhnisch bemitleiden, derart überzeugend vermitteln, dass sie am Ende nicht nur für ihn den Zaun streichen, sondern ihn auch noch nach ihren Möglichkeiten dafür belohnen, dass er sie das tun lässt. Tom ist durch seine erzwungene Aufgabe nicht gefangen, während sie frei sind, sondern er befreit sich von seinem Zwang, indem er ihnen diesen als sinnvolle Erlösung von ihrer Freiheit preist. Ähnlich sitzen in der Zen-Meditation Erwachsene viele Stunden in völliger Stille und bemühen sich, den Tod vorwegzunehmen, in dem das Erlöschen der geistigen Tätigkeit billig zu haben ist.

Es mag paradox klingen, wenn ich hinzufüge, dass ich großen Respekt vor Religionen und gerade vor den Lehren Buddhas habe, auch wenn ich mich nicht zu den Gläubigen rechne. Ich finde die Zeit nicht vertan, die ein Mensch meditierend zubringt. Diese Suche nach einem kleinen Tod und darin nach einer großen Erlösung, als die ich mir dieses Verhalten begreiflich mache, hat den Charme der Tätigkeit, der Aktivität, der Auseinandersetzung, des Bewusstmachens, der uns von unseren Ängsten ablenkt.

Ablenkung wird in unserer Leistungsgesellschaft gern verteufelt, weil sie das Wesentliche nicht erreicht, sondern Zeit auf Unwesentliches, nicht Zielführendes wendet. Aber Ablenkung ist doch das Beste, was wir angesichts unserer Ängste und Schmerzen leisten können. Kunst, Wissenschaft und Religion sind große, von vielen Menschen und ehrwürdigen Traditionen gestützte Systeme der Ablenkung. Als solche dürfen wir sie weder unter- noch überschätzen.

Mein kleines Paradox – die ironische Distanz, die ich bei allem Respekt vor Christus, Buddha oder Mohammed durch meinen Vergleich mit Tom Sawyer herstelle – spiegelt sich in dem großen Paradox, dass gerade die Versuche, einen prophetischen Einfall, einen religionsstiftenden Impuls zu bewahren, ihn durch Priesterkaste und heiliges Buch vor dem Verfall zu schützen, diesen Verfall einleiten. Deshalb müssen immer neue Inkarnationen von Jesus oder Franziskus gegen Großinquisitoren oder Päpste auftreten. So werden Religionen stets aus der einen Erstarrung gerissen, um alsbald in die nächste zu verfallen.

In dem Buch *Zen in der Kunst des Bogenschießens* beschreibt Eugen Herrigel eine Szene, die er der japanischen Geschichtensammlung *Hagakure* entnommen hat. Einer der Leibwächter des Shoguns kam eines Tages zu Yagyu Tajima-no-Kami, einem Lehrer der Schwertkunst und Zen-Meister. Er bat ihn um Unterricht.

Der Meister betrachtete den jungen Mann lange und sagte dann: »Wie ich sehe, scheint Ihr selbst ein Meisterfechter zu sein. Bitte, teilt mir mit, welcher Schule Ihr angehört! …«

»Zu meiner Beschämung muss ich bekennen, dass ich die Kunst nie erlernt habe«, entgegnete der junge Krieger.

»Wollt Ihr mich verspotten? Ich bin der Lehrer des ehrwürdigen Shoguns selbst und weiß, mein Auge kann nicht trügen.«

»Es tut mir leid, wenn ich Eurer Ehre zu nahe trete«, wiederholte der junge Mann. »Aber ich besitze wirklich keine Kenntnisse.«

Diese Entschlossenheit stimmte den Schwertmeister nachdenklich. Schließlich erwiderte er: »Wenn Ihr es sagt, muss es so sein. Aber ganz sicher seid Ihr in irgendeinem Fache Meister, wenn ich auch nicht genau sehe, worin.«

»Ja, wenn Ihr darauf besteht«, sagte der Leibwächter, »will ich Euch Folgendes berichten … Als ich noch ein Knabe war, kam mir der Gedanke, als Samurai dürfte ich unter gar keinen Umständen mich vor dem Tode fürchten, und seither habe ich … mich fortwährend mit der Frage des Todes herumgeschlagen, und zuletzt hat diese Frage aufgehört, mich zu bekümmern. Ist es dies, worauf ihr hinauswollt?«

»Genau dies«, rief Tajima-no-Kami, »das ist's, was ich meine. Es freut mich, dass mein Urteil mich nicht betrog. Denn das letzte Geheimnis der Schwertkunst liegt auch darin, vom Gedanken an den Tod erlöst zu sein. Ich habe viele Hunderte meiner Schüler im Hinblick auf dieses Ziel unterwiesen, aber bis jetzt hat keiner von ihnen den höchsten Grad der Schwertkunst erreicht. Ihr selbst bedürft keiner technischen Übung mehr, Ihr seid bereits Meister!«

Ich habe diese Geschichte das erste Mal mit einer Art Schauder gelesen, wie ich ihn manchmal spüre, wenn ich eine tiefe narzisstische Befriedigung (so nenne ich dieses Gefühl in meiner psychoanalytischen Sprache) in der Begegnung mit einem Kunstwerk erlebe.

Verhaltensforscher verbinden dieses wohlige Rieseln (»Es lief ihm heiß und kalt über den Rücken«) mit dem Aufstellen und Anlegen der Körperhaare und Veränderungen der Durchblutung, die in den Schaukämpfen der großen Affen eine Rolle spielen.

Georg Groddeck, der Urvater psychosomatischer Fantasie, hätte vielleicht von einer symbolischen Erektion gesprochen, die den ganzen Körper erfasst und exhibitionistisches Glück spendet. »Genieße das«, sagt die Vernunft, »es dauert ohnehin nicht lange!«

Dennoch glaube ich, dass diese Geschichte nicht mehr in unsere Zeit passt. Der Tod kann in der modernen Gesellschaft nicht auf dieselbe Weise überwunden werden wie im feudalen Japan. Er beschäftigt uns, je älter wir werden, immer wieder, und unsere Ausdauer in dieser Beschäftigung führt zu keinem Erfolg, ihn zu überwinden, uns von ihm zu erlösen und zu befreien. Im Gegenteil: Der Selbstvorwurf und die Schuldzuschreibung, welche unser verzagtes Beharren auf dieser Beschäftigung zu einem Hinweis auf unseren Mangel an Kraft, Konzentration oder geistiger Übung machen, verschlimmern die Sache noch.

Vielleicht ist es ja der tiefere Sinn der Zen-Übungen, ertragen zu lernen, dass die Erleuchtung *nicht* kommt, und wenn sie gekommen ist, wieder spurlos verschwindet. Satori ist etwas für Kinder; die Meister wissen längst, dass sie nicht wissen, wie und ob sie die Erleuchtung erreichen können und wie schnell sie dieses Gefühl wieder verlieren werden, wenn sie es einmal erlebten. Sie sind aber bereit, mit diesem Mangel an Sicherheit und Kontrolle über die eigene Existenz, kurz mit diesem Scheitern im Streben nach Macht über das Geheimnis – zu leben.

Das Zen-Bild der Überwindung des Todes ist vielleicht gerade deshalb im Westen so beliebt, weil es ein Bild einer individuellen, vom Einzelnen in einsamer Übung geleisteten, vom Meister beurteilten Bewältigung ist. Aber der Tod, genauer: das Sterben, ängstigt uns vor allem deshalb, weil wir mit ihm den Verlust von Liebesbeziehungen verbinden. Wir verlieren Menschen, die wir nicht zurückgewinnen können; wir versuchen, diese Verluste dadurch auszugleichen, dass wir Erinnerungen an unsere verlorenen Lieben pflegen.

Wir fürchten uns vor dem Schmerz dieser Verluste. Diese Empfindungen knüpfen sich an den Tod. Er trifft nicht nur unsere Feinde, um die es nicht schade ist, sondern auch unsere Freunde, in denen immer ein Stück von uns selbst mitstirbt. Und wenn wir nicht mehr da sind, dann ist doch unsere Fantasie in der Zeit vorausgeeilt. Sie hat nach unseren Freunden, nach unseren Partnern oder Kindern gesucht und sich probehalber mit ihnen identifiziert. Wie wird es ihnen gehen, wenn wir nicht mehr da sind? Schlecht! So geht es auch uns schlecht. Es kränkt uns, dass sie durch unseren Tod so leiden werden, wie wir durch den ihren.

Die »normale« Stimmung entsteht in der gegenwärtigen Gesellschaftsform nicht aus einer gesunden Natur, die sich von einer kranken grundsätzlich unterscheidet, sondern aus der Balance von zwei »kranken« Extremen, von Manie und Depression. Diese Form der Beschreibung hat gegenüber der

Einteilung in »gesund« und »krank« den Vorzug, dass sie uns darauf vorbereitet, zu erkennen und auch zu akzeptieren, dass unser seelisches Gleichgewicht prekär und leicht zu erschüttern ist, aber – wenn wir es nicht dabei stören – stets auch die Möglichkeiten behält, sich zu regenerieren.

Der unwissende Schwimmer vertraut allein auf seine Kraft. Er erschöpft sich dabei, weil er gegen jede Welle von Anfang an kämpft. Hingegen kann der wissende die Kraft der Wellen so lange nutzen, wie sie ihn trägt. Erst im letzten Moment wendet er sich gegen sie und nimmt noch den Schwung der Gefahr zu Hilfe, um ihr zu entrinnen.

WAS KANN MIR SICHERHEIT GEBEN?

Höhere Säugetiere – Schimpansen, Gorillas und Elefanten – reagieren auf den Tod von Artgenossen. Sie behandeln sie eine Weile wie Schlafende, versuchen sie zu wecken und erkennen schließlich die Fruchtlosigkeit ihrer Anstrengungen. Damit erlischt ihr Interesse oder macht anderen Instinkten Platz. Stirbt das Baby einer Leopardenmutter, wird sie es erst durch Stupsen mit Schnauze und Pfote wachrütteln wollen; misslingt das, kann es geschehen, dass sie es nach einiger Zeit auffrisst. Zum Leben gehört die Abwesenheit des Todes. Allein der erwachsene Mensch macht hier eine Ausnahme. Für ihn ist der Tod auch im Leben gegenwärtig.

Für diese seelische Vergegenwärtigung des Todes ist der Selbstmord ein wichtiges Signal. Nur der Mensch vollzieht ihn. Das kann bereits im späten Kindesalter geschehen und ist ein wenig beachteter Hinweis von seelischer Reifung. Wir sind geneigt, den Selbstmörder zu entmündigen, aber wenn wir ihn ernsthaft betrachten, müssen wir zugestehen, dass seine Tat ein Ausdruck von Wissen ist.

Ein Suizid zeigt, dass jemand die Verantwortung für sein Leben in die eigenen Hände nimmt und den Entschluss fasst, es zu beenden. Je weniger wir die Gründe für diese Entscheidung nachvollziehen können, desto mehr Schrecken jagt sie uns ein.

Wenn eine Zwölfjährige mit ihrer besten Freundin von einem Hochhausbalkon springt, richtet sich ein taktlos vorgebrachter Vorwurf gegen die Eltern. Was haben sie versäumt oder getan, um ihr Kind so wenig an das Leben zu binden? Eine Antwort ist kaum zu finden; viel leichter zu durchschauen ist die Oberflächlichkeit solcher Fragen. Sie gehen aus dem Versuch hervor, einen Fehler der Eltern zu identifizieren und sich durch den Abstand von ihm zu vergewissern, dass die eigenen Kinder nicht springen werden.

Die Tat des »Kindes« zeigt jedoch, dass es sich selbst aus der Kindheit entlassen hat und sich von der Ruhe im Tod stärker angezogen fühlte als von der Lust am Leben. Die Eltern trifft keine Schuld, die darüber hinausginge, dass sie Teil einer sozialen Welt sind, die keine Lust weckte, sich in sie hineinzuwagen. Sie haben dem Kind das Leben ebenso geschenkt wie aufgezwungen; sie können es nicht hindern, die Gabe zu retournieren.

Bereits in der Antike hat sich ein Argument gegen die Todesangst ausgebildet, das Epikur zugeschrieben wird: Wo der Tod ist, bin ich nicht mehr; wo ich noch bin, ist der Tod nicht – weshalb sich vor etwas fürchten, was mir nicht begegnen kann? Es wurde schon erwähnt, dass diese rationalistische Perspektive Tod und Sterben in eins setzt. Sie verkennt, wie wir mit dem Tod unserer Lieben selbst sterben. Der Tod ist vor allem ein Zeichen – für Endlichkeit, für eine Grenze, für etwas, das nicht wieder gut wird, das nicht mehr heilt. Damit wird jede schwere Erkrankung ein Ringen zwischen Leben und Tod.

Diese Metaphorik ist in der Moderne enorm verstärkt worden, weil wir immer bessere Möglichkeiten der Diagnostik und der Therapie haben, sodass der früher im Dunkel des Körperinneren verlaufende Kampf zwischen Leben und Tod, zum Beispiel bei einem Gefäßverschluss, einer Blutvergiftung oder einem Tumor, bewusst wird und seine Verarbeitung die Psyche belastet. Ist der Tumor »operabel«, hat das Leben mithilfe des Chirurgen gewonnen; ist er es nicht, siegt der Tod. Die Maßnahmen sind dann palliativ, beschwichtigend, stützend. Besonders drastisch ist diese Dynamik bei den »brandigen« Gliedmaßen. Die am lebenden Körper »tote« Zehe, der tote Fuß, das tote Bein müssen amputiert werden, um den Rest des Körpers am Leben zu erhalten.

So kann Epikurs Argument das moderne Bewusstsein nicht beruhigen: Der Tod ist für uns im Leben da, wir lassen, unsere Angst mehr oder weniger gut beherrschend, den Arzt in unserem Leib nach ihm suchen. Zeigt die Mammografie einen Schatten? Verrät verborgenes Blut den Tumor im Darm? Sind die Zellen des Abstriches verdächtig? Wir sind ein Mosaik aus Leben und Tod, und wir wissen genau, dass irgendwann der Widerstand der farbigen Splitter gegen die Düsternis erlischt, die sie aufzehrt, einen nach dem anderen, bis keiner mehr übrig ist.

Herr T.: »Früher konnte es mir so schlecht gehen, wie es wollte – war ich an einem Tag in den Bergen, um Ski zu fahren, ging es mir gut. Das ist jetzt vorbei. Es bringt mir nichts mehr. Ich fahre noch fast so gut wie früher, es liegt nicht daran, dass die Knochen schmerzen. Es ist einfach nicht mehr so, dass ich alles vergessen kann – ich kann nicht vergessen, dass so viel vorbei ist, und dann ist auch die Freude am Schnee und an der Sonne vorbei.

Angefangen – wann hat es angefangen? Vielleicht als ich merkte, welche Hexe meine zweite Frau ist. Es ging nur noch um die Frage: Zerstört sie mich oder entkomme ich ihr? Und als ich das bemerkte, habe ich meine Freundin kennengelernt und mich endlich trennen können. Inzwischen gab es den Bruch mit ihr, ich dachte, jetzt ist alles aus, aber es ging dann doch weiter, wenn auch reduziert. Vor drei Jahren ist dann meine Mutter gestorben, einundneunzigjährig, das ist dann nicht mehr schlimm. Ein Jahr später meine jüngere Schwester an Brustkrebs, das war sehr schlimm. Meine Praxis hat nach der Gesundheitsreform plötzlich Verluste gemacht – ich habe nur noch die Hälfte von dem bekommen, was ich früher verdiente, da musste ich das Haus aufgeben und in die kleine Wohnung über der Praxis ziehen.«

Aus den Worten des sechzigjährigen Arztes spricht eine Depression. Ergibt sie sich daraus, dass wir mit dem Älterwerden auch Unheilerinnerungen sammeln? Das wäre ein voreiliger Schluss. Die Therapie ergab in diesem Fall, dass die Depression mit frühen Verletzungen durch einen cholerischen Vater zusammenhing, der den Sohn unbarmherzig schlug, sodass dieser den frühen Tod des Tyrannen als Erleichterung empfand, aber in seinen Frauenbeziehungen an einer Gegenidentifizierung scheiterte: Herr T. tat alles, um seine Partnerinnen zu bestätigen und zu befriedigen, aber wenn sie ihn enttäuschten, verlor er jede Zuneigung zu ihnen und zog sich vollständig zurück.

In der Therapie lernte er, mehr auf seine eigenen Wünsche zu achten und sich so früh abzugrenzen und auseinanderzusetzen, dass er Konflikte nicht mehr durch Rückzug und Entwertung der Beziehung verarbeitete. Parallel dazu verloren auch die deprimierenden Erinnerungen an Kraft; er wusste zwar, wie sehr ihm vor allem der Tod seiner Schwester zugesetzt hatte, aber er hatte seine Lebensfreude zurückgewonnen.

Im Leben des Jugendlichen, des Erwachsenen mit vitalen Eltern ist der Tod nahestehender Menschen fern, er erlebt sich als geschützt. In den modernen Gesellschaften mit ihrer durchschnittlichen Lebenserwartung von rund achtzig Jahren begegnen die meisten von uns der eigenen Karrieregrenze gleichzeitig mit der wachsenden Hinfälligkeit ihrer Eltern. In einer Zeit, in der die Ruhebedürfnisse wachsen und die Kränkung zu verarbeiten ist, dass wir den Zenit möglicher Leistungen und Erfolge durchschritten haben, stoßen wir plötzlich auf eine Aufgabe, die uns überrascht und oft überlastet: Unsere Eltern sind gealtert, sie brauchen Pflege, wir müssen uns um sie sorgen.

Durch den Tod der Eltern verlieren wir Schutz, aber er kann uns auch befreien. Elterngebundene Kinder packen plötzlich Dinge an, die sie sich bisher nie zugetraut haben, sie heiraten, wechseln den Beruf, machen eine Fernreise, erlernen einen Sport, hören auf zu rauchen oder zu trinken, nehmen ab. So kommt eine neue Jugend auf sie zu. Ähnlich ist es mit schwersten Krankheiten, wie Herzinfarkt oder Krebs: Werden sie überwunden, sind die Kranken oft gesünder und leistungsfähiger als zuvor.

»Etwas Besseres als den Tod findest du überall«

Suizid ist in Mitteleuropa rund zehnmal häufiger als Mord. Für Therapeuten gehört er zu den Ereignissen, die ihr Selbstgefühl am meisten bedrohen. Es tröstet im Einzelfall wenig, wenn gesagt wird, dass die Behandlung jeder schweren Depression von dieser Gefahr begleitet ist und kein Patentrezept vor ihr schützt.

Je mehr sich das Selbstgefühl durch bestandene Prüfungen und erreichte Erfolge festigt, desto bedrohlicher scheint auch der Zusammenbruch des Erreichten. Was wir aufbauen, zwingt uns in ein Korsett. Was uns Sicherheit gegeben hat, wird in seinem drohenden Verlust nicht nur diese, sondern jede denkbare Sicherheit rauben. In diese Unsicherheit hinein hat Goethe sein »Stirb und werde!« aus seinem Gedicht »Selige Sehnsucht« (1814) gesprochen.

Ich erinnere mich an einen Arzt, einen schlanken, sportlichen Typ, Familienvater, unternehmungslustig, mit einer Neigung zu teuren Oldtimern. Er hatte mit Freunden eine Burg in Südtirol gepachtet und zu einem Feriendomizil ausgebaut. Dann wurde er tot aufgefunden; er hatte die Abgase seines Sportwagens manipuliert.

Es stellte sich heraus, dass eine Summe verschwunden war, die er von der Freundesclique für die weitere Instandhaltung der Burg kassiert hatte. Er hatte in riskante Aktien investiert und verloren. Seine Freunde hätten ihm den Betrag problemlos gestundet, er hätte ihn in Raten zurückzahlen können, aber es war für ihn unerträglich, die Unterschlagung zuzugeben.

In solchen Taten wird die ausgeprägte Selbstbezogenheit des Depressiven deutlich: Er sieht nur seine eigene Scham und seinen Schmerz. Dass er durch seinen Tod Angehörigen und Freunden Schmerz zufügt, blendet er aus; er überzeugt sich selbst, auch sie wären erleichtert, wenn eine kaputte Existenz wie er nicht mehr sei.

Das Erleben einer Sackgasse, aus der es keinen Ausweg gibt, kann Menschen auch beflügeln. Dann folgen sie einem der schönsten Motive des deutschen Märchens: »Etwas Besseres als den Tod findest du überall«, sagt der ausgemusterte Esel zum schlachtreifen Hahn in den »Bremer Stadtmusikanten« der Brüder Grimm.

Das Märchen vermittelt uns mit gebührender Ironie, wie lächerlich unsere Erwartungen sind – sei es die Erwartung an den Wohlklang einer Kapelle, die durch Lautstärke ersetzt, was ihr an Musikalität abgeht, sei es die an das Leben selbst, an die Dankbarkeit einer Umgebung, die uns doch bitte mit unveränderter Zuwendung begleiten soll. Esel, Hund, Katze und Hahn haben treue Dienste geleistet, aber jetzt ist es mit der Sicherheit vorbei. Immerhin stellt sich ihnen aber niemand in den Weg, wenn sie losziehen und ihr Glück suchen.

Entwicklung erfüllt Erwartungen – und enttäuscht Erwartungen. Das beginnt in der Kindheit, verschärft sich in der Pubertät: Im guten Fall sind die Eltern zufrieden mit ihrem Kind, so wird auch das Kind mit den Eltern zufrieden sein – und beide werden aneinander Freude haben. In den Zivilisationen des 21. Jahrhunderts wiederholt sich die Pubertät an der Schwelle zum Alter mit umgekehrten Vorzeichen, aber nicht weniger aufgewühlten Gefühlen: Während sich die Adoleszenten mit der Suche nach ihrem Platz in der Berufswelt herumschlagen, kämpfen die Älteren mit der Frage, wie viel Regression in neue Abhängigkeiten sie ertragen müssen.

Wir machen uns selten klar, wie absolut neuartig unsere moderne Kindheit ist. In Jägerkulturen und bei traditionellen Ackerbauern wurden und werden Kinder nach ihren Kräften in die Tätigkeit der Familie einbezogen. Wenn Wasser geholt, Früchte gesammelt, Unkraut gejätet oder Ziegen gehütet werden, sind Kinder dabei, kleine an der Seite der Eltern, größere selbstständig. In diesen Kulturen würde die Klage eines erwachsenen Kindes, »Meine Eltern haben nie mit mir gespielt«, auf Unverständnis stoßen. Es gibt schlechterdings die Aufgabe nicht, ein Kind mit Mitteln gegen Langeweile zu versorgen.

In unseren Zivilisationen sollen Kinder die Träume erfüllen, die wir als Erwachsene nicht verwirklichen konnten, sie müssen unsere guten Eigenschaften haben, aber nicht genug damit: Sie sollen uns angesichts einer von Krisen bedrohten Zukunft Sicherheit geben.

Es ist eine einfache Rechnung: je höher die Ansprüche, desto geringer die Zufriedenheit. Oft habe ich von älteren Paaren gehört: »Wir könnten es so schön haben, wenn mein Mann nur endlich zufrieden wäre!« Oder »meine Frau«. Wer solche Situationen untersucht, erinnert sich an die Dynamik des Kolonialismus. Auch aus der Sicht einer Kolonialmacht würden paradiesische Zustände herrschen, wenn die Eingeborenen zufrieden wären, in den Plantagen zu arbeiten und Steuern zu zahlen! Beziehungen können aber nicht gedeihen, wenn Mangelzustände durch ein Zufriedenheitspflaster überklebt werden sollen.

Thomas Forster[32] ist dreißig Jahre alt, als er Hilfe sucht. Er hat zwei Studiengänge abgebrochen und quält sich jetzt mit einem Jurastudium, obwohl ihn Musik viel mehr interessiert. Es fehlt ihm hierfür aber, wie der gut aussehende, etwas übergewichtige Mann gesteht, »ein wenig der Biss«. Er leide an einem chronischen Müdigkeitssyndrom, habe schon einige Internisten und Hormonspezialisten konsultiert, die organischen Befunde seien nicht eindeutig, deshalb sei ihm eine Psychotherapie empfohlen worden.

In den Gesprächen stellt sich heraus, dass Thomas der einzige Sohn eines Unternehmers ist, der sich als Handwerksmeister hochgearbeitet hat. »Mein Vater wird nie verstehen, dass ich keine Lust habe, seinen Job zu machen«, sagt Thomas. »Er ist so stolz auf den Betrieb, ständig behauptet er, er hätte sich gefreut wie ein Schneekönig, wenn ihm jemand die Möglichkeiten angeboten hätte, die ich habe: studieren, den Doktor machen, den Betrieb übernehmen, fortführen, was er aufgebaut hat. Er hat ja recht. Ich schäme mich, dass ich es einfach nicht schaffe, ihm die Wahrheit zu sagen – oder endlich das Studium anzupacken!«

Etwas Besseres als diese Sackgasse finden wir überall. Sie entstand durch ein Angstdrama, in dem zur tödlichen Gefahr wird, was sich in ruhiger Betrachtung als kleineres Übel entpuppt. Thomas ist auf dem Weg, nicht nur sich, sondern auch seinen alternden Vater unglücklich zu machen. Weil er fest glaubt, nicht zu seiner inneren Wahrheit stehen zu können, nämlich das väterliche Projekt nicht zu seinem machen zu können, verhindert er die Suche nach einem geeigneten

Nachfolger. Er gleicht einem Arzt, der eine Krankheit nicht behandeln will, weil er sich fürchtet, der Patient würde sich über die Diagnose ärgern.

Wie sehr Thomas den Vater durch die Brille seiner unterdrückten Wut und Enttäuschung gesehen hat, zeigte sich, als der Vater Kontakt mit dem Therapeuten seines Sohnes aufnahm und diesen kennenlernen wollte. In dem Gespräch zu dritt überwand der Sohn endlich seine Scheu vor der Wahrheit – und der Vater reagierte weit vernünftiger, als der Sohn es erwartet hatte. »Natürlich hätte es mir gefallen, wenn du als Jurist in die Firma einsteigen würdest. Aber das Wichtigste ist doch, dass du einen Beruf findest, der dir Freude macht! Ich dachte immer, es ist diese Krankheit, und du willst den Abschluss genauso wie ich.«

Picasso soll die knurrige Reaktion eines Künstlers auf zudringliche Fragen mit dem Schild im Omnibus erklärt haben: »Es ist verboten, während der Fahrt mit dem Fahrer zu sprechen.« So betrachtet, sind die Bremer Stadtmusikanten mit ihrem Aufbruch ins Ungewisse heute ebenso ein Märchen für Jugendliche wie für Alte.

Liebeskrisen um die Lebensmitte

Die Adoleszenzkrise, in der die Erwartungen der Eltern enttäuscht werden, um den eigenen Weg zu finden, belebt sich heute in den Entwicklungskrisen jenseits der Lebensmitte, wenn Kinder erwachsen werden und den elterlichen Haushalt verlassen. Die zentrale Frage in dieser Situation lautet: Meistern die Partner die Aufgabe gemeinsam und unterstützen sich in einer Neuorientierung – oder beginnen sie einander zu entwerten, weil das nicht klappt und sich beide Seiten alleingelassen fühlen?

Frau Mayer macht sich Sorgen, weil ihr Ehemann so wortkarg und schroff geworden ist. Am Wochenende ist er oft nicht da, er macht lange Touren mit einem Rennrad, bei denen sie nicht mehr mithalten kann. Als sie in ihn dringt, erklärt er, er sei im Burn-out, die Arbeit mache ihm nicht mehr so viel Freude wie früher; anders als sie könne er sich überhaupt nicht darauf freuen, bald Großvater zu werden.

Die einzige Tochter der Eheleute hat vor Kurzem geheiratet und ist jetzt schwanger; Frau Mayer will halbtags arbeiten und ihre Tochter unterstützen, die ihren Beruf nicht aufgeben soll. Inzwischen hat Frau Mayer ein schlechtes Gewissen, dass sie öfter gespottet hat, ihr Mann könne nicht alt werden, er bilde sich ein, mit fünfundfünfzig noch schneller über einen Gebirgspass zu radeln als mit dreißig. Da er partout nicht allein zu einem Therapeuten gehen mag, will sie mit ihm zusammen eine Paartherapie machen, zu der auch zwei Einzel-Vorgespräche gehören.

In diesem Vorgespräch gesteht Herr Mayer, er habe seit einem Jahr eine Geliebte, die ähnlich sportbegeistert sei wie er. Er habe es bisher nicht gewagt, das seiner Frau zu sagen, aber eine Paartherapie ohne diese bittere Wahrheit – das könne er sich auch nicht vorstellen. Die nächste Sitzung endet in vielen Tränen und dem energischen Vorschlag der Ehefrau, Herr Mayer solle sich eine andere Wohnung suchen. Er bleibt ruhig und zugewandt, will erst einmal in sein Büro ziehen, wo er schon lange eine Schlafgelegenheit hat. Frau Mayer sitzt da, ein Häufchen Elend. »So habe ich mir meine Zukunft nicht vorgestellt«, flüstert sie.

Liebeskummer verbinden wir mit den Leidenschaften des frühen Erwachsenenlebens. Doch wer den Liebeskummer der Paare in der zweiten Lebenshälfte miterlebt und sich bemüht, den Ängsten und Depressionen nach dem Verlust eines vertrauten Partners entgegenzutreten, muss wissen:

Die späten Trennungen sind eine neue Geschichte, sie sind der Schatten an sich erfreulicher Veränderungen: der höheren Lebensqualität und besseren Gesundheit im Alter und der größeren Freiheit vor allem der Frauen, eigene Entscheidungen zu treffen.

Oft ist die Liebe für eine Seite erloschen, die Trennung aufgeschoben, weil sie den noch unselbstständigen Kindern nicht zugemutet werden sollte, während die andere Partei diese Liebe in einem Schneewittchenschlaf träumt: Sie liegt wohlbewahrt im gläsernen Sarg und wird aufwachen, wenn sich die Gelegenheit ergibt, die Ablenkung durch die Pflichten gegenüber den Kindern wird schwinden.

Zu einer Liebesenttäuschung, die mit jedem Jahr gemeinsam gelebter und verbunden geglaubter Partnerschaft schwerer zu wiegen scheint, tritt die Angst, im fortgeschrittenen Alter nicht mehr die Kraft für eine neue Beziehung zu haben, zu vereinsamen. Es bietet sich an, im Zorn gegen den Ehebrecher oder die Ehebrecherin alle Schuld außen zu verorten, Kinder, Freunde und Verwandte zu mobilisieren. Aber diese Lösung führt in eine Sackgasse, denn je weniger ich meinen eigenen Anteil am Scheitern einer Beziehung erkenne, desto mehr fühle ich mich einer im Grund unberechenbaren, von Monstern erfüllten Welt ausgesetzt.

Dann wird es schwer, die schönste Lösung einer Liebesenttäuschung zu finden: die neue Liebe. Denn wem kann ich noch trauen, wenn sich mein Urteil als so fehlerhaft erwiesen hat, dass es doch gescheiter gewesen wäre, noch vor dem Standesamt die Flucht zu ergreifen?

Der Therapeut ist angesichts solcher Krisen erleichtert, wenn die Partner im Gespräch bleiben und bereit sind, die Verarbeitung der Trennung gemeinsam anzugehen. Dann kann es gelingen, dass sich die Erkenntnis Raum verschafft: Wir waren gute Eltern, aber um unsere Liebe haben wir uns nicht gekümmert. Wir haben über die Kinder gesprochen, aber nicht über unsere Gefühle, wir haben uns voneinander zurückgezogen und geglaubt, dass irgendwann ein Wunder geschieht und wir uns wieder nahekommen.

Wir haben eine Periode des Lebens gemeinsam gemeistert; die nächste müssen wir wieder allein bewältigen – und es gibt viele andere, denen es nicht anders ergangen ist und ergehen wird. Freunde zu bleiben, das wäre zu viel erwartet, aber Respekt ist angebracht – und Optimismus, denn wenn ich schon einmal einen respektablen Partner gefunden habe, warum soll es mir misslingen, das noch einmal zu tun?

Moderne Paare leben aus individuellen Schicksalen, die sich für einen Lebensabschnitt verbinden; wenn sich die Bindung löst, wird sie zur Geschichte. Und es gehört zu den schönen Dingen dieser neuen Beziehungswelt, dass wir uns solche Geschichten erzählen und aus ihnen wieder Vertrauen schöpfen können, dass wir uns für einen gemeinsamen Weg verbünden können. Und dieser wird nicht armseliger, sondern reicher, wenn wir vorher andere Wege mit anderen Partnern gegangen sind.

Frau Schmidt sucht in einer schweren Depression Hilfe. Ihr Mann, ein erfolgreicher Anwalt, hat sie wegen einer Liaison mit einer zwanzig Jahre Jüngeren verlassen. Sie lebt jetzt allein in dem Familienhaus am Stadtrand mit Garten, hat jede Lebensfreude verloren, kann nur mit großer Mühe ihren Haushalt führen, die Post öffnen, einkaufen.

Sie fährt mit der U-Bahn in die Praxis des Therapeuten und denkt jedes Mal, wenn der Zug einfährt, was es für eine Wohltat wäre, sich auf die Geleise zu stürzen. »Aber das will ich den Kindern nicht antun«, sagt sie entschlossen. Der Therapeut vertraut auf die rettende Macht dieses Gedankens und versucht herauszuarbeiten, was seine Patientin in diese Lage gebracht hat. Sie wollte eigentlich Sprachen studieren, gab aber dem Drängen ihres Vaters, eines Juristen, nach und studierte Jura. Sie brach das ungeliebte Studium ab, als sie schwanger wurde. Ihr Ehemann war damals einer ihrer Dozenten; sie bekam noch zwei weitere Kinder und »hielt ihm den Rücken frei«. Inzwischen sind die Kinder erwachsen und außer Haus.

Frau Schmidt fühlt sich manipuliert. »Mein Mann erklärt mir immer, dass er ein schrecklich schlechtes Gewissen hat. Soll ich ihn vielleicht trösten, dass er fremdgegangen ist? Er wohnt in einer scheußlichen Wohnung, sagt er jedenfalls, und ich hätte das schöne Haus behalten dürfen, als ob mir das etwas bedeuten würde! Aber mir fällt nichts ein, was ich ihm antworten kann, wenn er so jammert, wie schwer er es hat. Nicht einmal in Ohnmacht kann ich fallen!«

Der Scherz war ein Zeichen, dass Frau Schmidt anfing, sich zu erholen. Sie fand eine Arbeit, die ihr Freude machte, half einer Freundin, die einen Kinderbuchverlag leitete. Dann begann sie, selbst Texte zu schreiben und zu illustrieren. Sie hatte schon immer gern gezeichnet, aber sich bisher nie die Zeit dafür genommen.

»Es war grausam«, fasst sie ihr persönliches *Stirb und Werde* nach drei Jahren zusammen, »aber eigentlich muss ich meinem Mann dankbar sein, dass er abgehauen ist. Sonst hätte ich ihn weiter als grüne Witwe versorgt und mich zu Tode gelangweilt. Aber ich denke nicht daran, ihm dankbar zu sein, das hat er nicht verdient.«

Die zweite Adoleszenz der Eltern setzt ein, wenn das jüngste Kind den gemeinsamen Haushalt verlassen hat. Sie greift nach Themen der ersten Adoleszenz. Wer sich von einem vertrauten Partner löst, lernt ähnliche Ängste, Ausbrüche von Enttäuschung und Wut kennen, wie sie die Kämpfe der Pubertät prägen. Eifersucht soll bewältigt werden; Heimlichkeiten können ertragen werden oder werden zum unheilbaren Vertrauensbruch dramatisiert.

Die Schmetterlinge der Liebe haben sich auf den Kindern niedergelassen. Sie fliegen auf und suchen einen neuen Ruheplatz, wenn die Kinder erwachsen werden und ihre eigenen Wege gehen. Ob sie aber zu dem Partner zurückkehren, mit dem die Kinder gezeugt wurden und herangewachsen sind? Zur Zeit unserer Urgroßeltern spielte diese Frage kaum eine Rolle. Wir müssen gesund sein und voller Appetit auf Leben, um diese Schmetterlinge wahrzunehmen. Wer das tut, dessen Leben ist im Alter reicher, aber auch riskanter.

WIE BLEIBT DIE EROTIK LEBENDIG?

In den unbewussten Gleichungen, die unsere Stimmung prägen, sind Leben, Eros, Jugend und Lust ebenso verknüpft wie Tod, Kastration, Alter und Angst. In der Sexualität werden Erfahrungen aus der frühesten körperlichen Bindung an die Mutter belebt. Entsprechend mächtig ist auch die Angst, die Möglichkeit zu verlieren, im sexuellen Austausch die Ich-Grenzen aufzulösen. Im Folgenden der innere Monolog einer Frau über die selbstvergessenen Qualitäten der Erotik im Alter:

Sie hatte von Liebenden gelesen, die geschlossenen Auges seufzend den Geliebten verrieten, indem sie sich einen ganz anderen Mann vorstellten als den, der sie eben umarmte. War das wirklich Verrat? Wenn sie an junge Männer dachte, an die Reihen der Nuba-Krieger, die sie begrüßten, nackt bis auf den Hüftriemen, dann war das weniger ein Verrat als eine Beschwörung. Sie träumte von Männern, die sie stärker anzogen als er, und träumte darin doch auch von ihm. Hinter diesen Träumen war doch wieder er. Sie beschwor erregende Bilder für ihn, ähnlich dem Katholiken, der die vierzehn Nothelfer nennt, oder dem Schamanen, der Pflanzen- und Tiergeister ruft, der Zähne, Knochen, Samen und trockene Blüten aus seinem Beutel kramt, um Schutz zu haben auf seiner Reise in die Geisterwelt.

Was geschah denn, wenn eine Frau und ein Mann über viele Jahre hin verbunden waren, wenn sie mit fast derselben Häufigkeit, mit der es Tag wird oder Nacht, sich umarmten und ineinander glitten und sich vermischten? Es war ein Hafen in einer zersplitterten Welt, und von allen Erfahrungen, die zwei Menschen miteinander machen konnten, war es doch diese Verbundenheit, in der etwas geschah, was auch eine Zweifelnde so erleben konnte, als ob Fleisch seinen materiellen Charakter einbüßen und sich vergeistigen könnte.

Es wäre töricht, Veränderungen zu leugnen, welche die sexuellen Erlebnisse durchgemacht hatten. Ihr Begehren hatte viel von seinem Triebhaften eingebüßt. Es gab vor allem diese gegenseitige Anziehung, das vielmals Wiederholte hatte eine eigene Kraft.

Irgendwann in ihrer Jugend war dieser andere Körper gekommen, aber er bedeutete lange Zeit mehr Verpflichtung und Druck und heimliche Angst vor einem großen Versagen. Er war auch nicht eindeutig der eines Partners, sondern etwas, das erst erprobt wurde und gehalten wie ein Reptil, das man doch fortwerfen will, ehe es beißt. Das Beglückende an der Lust war nicht die Lust, sondern die Erleichterung, dass sie wieder einmal erreicht und bewältigt war, ohne das Gesicht zu verlieren, die Nichtfrigidität bewiesen, das Ziel gewonnen war.

Es war gut, nicht allein zu sein mit dem alternden Körper. Wenn eine Melodie von zwei Instrumenten getragen wird, bleibt sie länger und nachdrücklicher hörbar. Wenn jedes dieser Instrumente davon bedroht ist, brüchig zu spielen oder auszusetzen, kann zur gemeinsamen Stimme zurückfinden, wenn unbeirrt der einmal eingeschlagene Weg weiterverfolgt wird. Was sie für diese gemeinsame Liebe taten, glich der Instandhaltung eines Gebäudes. Hier wurde ein zerbrochener Ziegel ersetzt, dort ein Schaden im Verputz ausgebessert, es fiel so wenig auf wie der Hauswart, der mit dem Ölkännchen herumwandert und Türscharniere oder Schlösser instand hält. Es gefiel ihr, sich zärtliche Gesten, die auch Falten oder Speckwülste in den Bannkreis der Erotik zogen, als etwas vorzustellen wie das Reinigen einer verstopften Dachrinne, das Zurückschneiden von Efeu, der über die Fenster wuchert, oder die Pflege der Kletter-

rosen. Jede Wiederholung gab der nächsten ein wenig Kraft und Mut und fügte etwas zur körperlichen Bindung hinzu, was diese davor bewahrte, zu verkümmern.

Alles konnte vergessen werden in der Liebe. Denn macht es wahrhaft einen Unterschied, die erste oder zweite nach der hundertsten, tausendsten Wiederholung zu beachten? Sie wollte sich keine Illusionen machen und widerstand der Versuchung, die Haare zu färben, zurück in eine inzwischen falsche und doch ihrem Gefühl nach nur allzu gut erhaltene, alterslose Zeit, die sie jetzt »Jugend« nannte. Es wäre treffender gewesen, sie die Zeit der selbstverständlichen Gewissheiten zu nennen.

Viel von dem, was einst selbstverständlich war, schien es immer noch. Aber sie wurde den Eindruck nicht los (und dieser war wohl die entscheidende Veränderung), dass es jederzeit vorbei sein könnte. In glücklicheren Augenblicken, die erntet, wer geduldig genug die unglücklichen übersteht, war sie heimisch und ganz zufrieden in diesem faltigeren und schlafferen Körper. Er war stärker durchdrungen von ihren Gedanken und ihrem Leben, alles klang vertraut und fand sich leicht, wenn sie sich umarmten.

Sie stürzte nicht mehr bergauf dem Orgasmus entgegen, spannte sich nicht so weit, dass die Entladung unausweichlich wurde. Sie wandelte durch eine längst gezähmte und doch natürlich wirkende Landschaft, wo die Sümpfe angelegt und die Ruinen entworfen waren, im Urwald die Ruhebank stand, durch Schatten und Licht, an Wasserfällen vorbei, zu ihrem vertrauten Ziel, von dem sie doch immer vergessen hatte, wie es sich nun genau anfühlte.

Nahe genug war es bald; der Zwang, es zu erreichen, war aber geschwunden, ihre Liebe war ohne viel Umstände mit kleinen glücklichen Seufzern durchseelt, als zöge eine magnetische Kraft das Blut zu den Orten, an denen sie einander begegneten.

Je älter sie wurde, desto empfindlicher war sie für den Wechsel der Jahreszeiten geworden. Sie meinte fast, das Knarren eines großen Rades zu hören, das sich nach seinem eisigen Tiefpunkt wieder nach oben wandte. Als Kind schien ihr schon die Spanne zum nächsten Sonntag unermesslich, jetzt, da die Zeit so viel rascher kam und ging, fingen sich in den größer gewordenen Maschen die Jahre, sie rollten durch ihr Leben. Die zwölf Speichen, mit den Symbolen der Sternzeichen geschmückt, zogen an ihr vorbei, verschieden gekleidete Gestalten, das Wunder war nun nicht mehr, wie sich die Zeit dehnte, sondern wie verlässlich nach dem Frost der Frühling kam. Unmerklich wuchs auch die Trauer, dass beide großen Jahreszeiten, der Sommer und der Winter, so rasch vergingen und weiterwanderten. Die Weinranken hatten doch eben noch in ersten Windungen die Drähte erklommen, und jetzt waren sie abgeerntet, nur noch abgerissene Fühler erinnerten an die erreichte Höhe.

Die Erotik hatte ein anderes Gesetz, sie war immer unvollendet und konnte gerade in ihren tiefsten Erregungen an keine Kindheitserlebnisse anknüpfen, die ihr Halt gegeben hätten. Sie war etwas wie das Erbe der Kindheit, eine Entschädigung für den Verlust an Intensität. Dieser Gewinn war jedoch immer infrage, und je mehr lustvolle Erinnerungen sie hätte speichern können, desto weniger Halt fand sie an ihnen und fürchtete sich deutlicher vor dem endgültigen Verlust, wie jemand, der viel Mühe darauf verwendet hat, seine kostbarsten Augenblicke in Bildern festzuhalten, sich davor fürchtet, den Zugang zu seinem Museum nicht mehr zu finden, in dem er die vagen Schemen in seinem Gedächtnis auffrischen und beleben kann.

So schien ihr das Alter ohne besondere Qualität, ohne eigene Würde, ohne ein Gewicht, das hinzukommt, das war doch ein Gedanke von Kindern. Wo sind Alte so schön und ehrwürdig wie in Kinderträumen? Das Alter war für sie gerade durch die Abwesenheit aller besonderen Merkmale und Eindrücke gekennzeichnet, durch eine Abschwächung und Entwertung aller neuen Spuren durch die bereits getretenen und gebahnten, durch die verborgene oder offene Überzeugung, dass alles Wiederholung ist und an etwas gemessen werden muss, das einmal eindrucksvoller gewesen war, bunter, bewegender. Und doch war gerade in diesem Überblick, den die Möglichkeit zur Rückschau gibt, auch etwas Neues, eine Ruhe und Zuversicht, vielleicht nicht Weisheit, dieses abgeschmackte Wort, sondern Respekt vor etwas, das über ihr Wissen hinausging.

Sie spürte jetzt oft, wie wenig Gerechtigkeit das eigne, klare und starke Gefühl enthalten kann, im Recht zu sein und sich um jeden Preis durchsetzen zu dürfen. Sie konnte verzeihen, was ihr einst unverzeihlich schien. Sie ertrug die Hinfälligkeit ihres Wissens und die Grenzen ihrer Voraussicht. Wie Diogenes im Anblick des Hirtenknaben erkannte sie, dass ihre Weisheit zur Not gerade groß genug war, um die größere des Kindes, des Narren oder der Pflanze zu erkennen, dass sie aber auch gerufen war, mit ihren begrenzten und leise gewordenen Mitteln das Kind, den Narren und die Pflanze zu schützen und zu bewahren, denn ihnen fehlte doch jedes Bewusstsein für die Wunder, die sie in sich trugen.

Wer einen Garten erhalten will, steht vor einer ganz anderen Aufgabe als jener, der ihn anlegt. Es geht nicht dramatisch vorwärts. Gefährlich wäre es, Pflege zu entwerten, weil keine neuen Ziele, kein Fortschritt sichtbar werden. Ebenso gefährlich: im Gefühl des Erreichten nachlässig zu werden. Kleine Mängel können ohne viel Mühe behoben werden. Kümmert sich aber niemand um sie, wird es zu Schäden kommen, die sich nur mit Mühe und einer Störung des Gedeihens beheben lassen.

Achtsamkeit lässt sich in stabilen (sexuellen) Beziehungen beobachten. Die Paare kooperieren und tauschen sich aus; sie versuchen, sich gegenseitig zu bestätigen, und gehen mit Kritik vorsichtig um. Gutes Gelingen wird gefeiert, weniger Gelungenes übergangen, es sei denn, es gibt eine Möglichkeit, daraus zu lernen.

Eine alltagstaugliche Erotik ist undramatisch und daher in Schauspiel, Oper und Roman wenig präsent. In der Literatur und in den optischen Medien sind erotisch »erfolgreiche« Männer und Frauen Eroberer beziehungsweise Erobererinnen. Den bekanntesten Helden der Liebe misslingt jede glückliche Dauer: Don Giovanni fährt zur Hölle; Casanova verzehrt im Alter einsam sein Gnadenbrot als Bibliothekar; Carmen fällt einem enttäuschten Liebhaber zum Opfer. Wir sollten hellhörig werden, wenn jemand die These vertritt, dass die sexuelle Attraktivität nach einigen heißen Monaten ganz grundsätzlich nachlasse. Solche Positionen drücken aus, dass Erotik nicht als Kulturaufgabe, sondern als Eroberung erlebt wird. Erobertes zu erobern, ermüdet. Lebendiges zu erhalten, ist eine unendliche Aufgabe, die noch nach Jahrzehnten Früchte tragen kann, wie der *Cereus peruvianus*, der nach zwanzig Jahren sorgsamer Pflege zum ersten Mal blüht.[33]

Bei gut eingespielten, einander sorgsam pflegenden Liebespaaren nimmt die Intensität des Erlebens nicht ab. Sie steigt aber auch nicht. In Wahrheit ist es gleichgültig, was war und was sein wird: Der Akt, mit dem sie beschäftigt sind, ist der einzige, der zählt; er muss nichts beweisen und nichts widerlegen. Für sie ist die Erotik ein Magmakanal zu den tieferen Schichten des Lebens. Sie gehört zum Alltag und überschreitet ihn.

Dabei spielen Fantasien eine wichtige Rolle. Die Partner begehren nicht nur die reale Person, sondern ebenso ihr Bild im eigenen Inneren. Die in diesem Bild gespeicherten Erfahrungen gewinnen eine eigenartige Kraft. Nicht selten berichten Paare, dass Selbstbefriedigung in ihrem Alltag nicht mehr vorkommt; wenn einer von ihnen längere Zeit allein ist, lässt sie sich mühsam wieder aktivieren, ist aber längst nicht so selbstverständlich wie die gemeinsame Erotik.

Während den von sexuellen Idealen getriebenen und angespannten Jugendlichen die Last schier erdrückt, seine Qualitäten als Liebhaber zu beweisen, haben Liebende, die zusammen alt werden, unendliche Möglichkeiten, sich wirklich nahezukommen und sich auch in ihren Schwächen zu verständigen.

Dann erweist sich die erotische Fantasie als unerschöpflich: Jedes Stück, das zugelassen und mit einem Partner geteilt wird, entpuppt sich als Angel, die neue Wünsche aus einer unergründlichen Tiefe zieht und sichtbar macht, die man fördern kann oder verwerfen, beides aber voller Achtung vor der Quelle dieser Wünsche.

Wird die Erotik ein Teil der Kraft, die ein Paar verbindet – oder schwächt die Angst, sexuelle Konflikte könnten die Bindung gefährden, das erotische Band? Im zweiten Fall berichten Paare, dass spätestens nach einem Jahr die sexuelle Aktivität weitgehend verschwunden ist. Sie wird allenfalls im Urlaub oder angesichts eines Kinderwunsches reanimiert. In solchen Entwicklungen lässt sich eine unbewusste Entwertung der Sexualität beobachten, die durch Überschätzung kompensiert wird. Die Liebe der schnell Enttäuschten wird so idealisiert, dass sie nur unter »aufregenden« Bedingungen befriedigt werden kann. Sie darf nicht Alltag werden, sie muss etwas Besonderes sein. Auch wenn sich die Liebenden anfangs darüber nicht einig sind und eine Hälfte es sich durchaus wünscht, die Erotik in einen liebevollen Alltag zu integrieren, dominiert am Ende die These, lieber gemeinsam zu verzichten, als mit den unvermeidbaren Disharmonien zwischen dem romantischen Ideal (beide wollen genau das Gleiche) und individuellen Bedürfnissen umzugehen. Wie schon gesagt: Das romantische Ideal ist in sich so widersprüchlich, dass es nur im Schutz von Humor gedeihen kann. Nähe und Distanz lassen sich ohne Aggression nicht regeln, die Lösung ist nicht die Unterdrückung der Aggression, sondern die Unerschütterlichkeit im Begehren und der Verzicht darauf, länger als ein paar Stunden beleidigt zu sein. Dann kann es dabei bleiben, dass Eros selbst bindet und löst, nicht ein Urteil über »gute« Beziehungen und »richtige« Partner.

»Wir streiten zu viel, so geht das nicht weiter!« Das ist die häufigste Klage, mit der Paare in die Therapie kommen. Noch nie habe ich erlebt, dass ein Paar klagt: »Wir streiten zu wenig!« Obwohl das nicht selten angebracht wäre, denn dann hätten die jetzt schier unüberwindbaren Verteidigungsanlagen erst gar nicht gebaut werden müssen, hinter denen sich die Partner verschanzt haben. Man hat sich, beispielsweise, angesichts von aufkommenden Differenzen im Bedürfnis nach Zärtlichkeit oder Sex nicht gestritten, sondern gewartet und gewartet, während die Entfremdung immer tiefer wurde.

Nicht der Streit schadet einer Beziehung, sondern seine Eskalation in Perioden der Versöhnungslosigkeit. Je stärker sich dieser beleidigte Rückzug ausprägt, desto wahrscheinlicher ist auch, dass in dem betroffenen Paar liebevolles Verhalten über längere Zeit hin entwertet und bestraft wird. Es macht die Beziehung einfach nicht besser, wenn die Seite, die den lieblosen Zustand schlechter erträgt, nur mit dem bitteren Beigeschmack zur Versöhnung aufrufen kann, klein beizugeben, sich zu erniedrigen, *zu Kreuze zu kriechen*, wie in einem tiefen Missverständnis der christlichen Botschaft gesagt wird.[34]

Der bei günstiger Gelegenheit ausgetragene, aber ohne nachhaltige Beleidigung geführte Streit bedeutet für die Liebe das Gleiche wie ein Saunagang oder eine kalte Dusche für das Immunsystem. Ich werde aus meinem lauen Behagen herausgerissen und einem Reiz ausgesetzt, der erst einmal nicht angenehm ist. Wer die Zone seiner Bequemlichkeit grundsätzlich nicht verlässt, versäumt es auch, die körpereigene Abwehr zu trainieren.

Zwei Professoren der Universität Greifswald, der Pharmakologe Hugo Paul Friedrich Schulz und der Psychiater Rudolf Arndt, entwickelten um 1899 eine vielfach (aber nicht durchweg) gültige Regel: Schwache Reize fachen die Lebenstätigkeit an, mittelstarke Reize fördern sie, starke hemmen sie, stärkste heben sie auf. Für den Streit in der Liebe gilt das auf jeden Fall: Er belebt in kleiner Dosis und lähmt, wenn nach dem Kampf die Versöhnung ausbleibt.

Dem romantischen Ideal ganz und gar gerecht zu werden, ist hoffnungslos und darf deshalb nicht ernst genommen werden. Ohne Ironie ist der Widerspruch zwischen Reibung an der Differenz und Sehnsucht nach Verschmelzung nicht zu bewältigen. Ich habe kein Problem mit dir, denn ich liebe dich so, wie du bist – schön wär's. Aber ich habe doch ein Problem, wenn du schnarchst oder schmatzt, wenn du für Unsinn Geld ausgibst, wenn du trödelst, wenn du deine Socken auf dem Teppich liegen lässt und deine Haare in der Dusche ...

Die Kunst des Streitens läuft darauf hinaus, beides in der Schwebe zu halten, die Liebe und die Störung, den Konflikt weder zu leugnen noch so anwachsen zu lassen, dass er zerstört, was doch halten sollte, vertreibt, was bleiben müsste.

Streit in guter Dosis belebt eine Beziehung. Wir spüren Liebe und Wärme stärker, wenn wir uns nach Ärger und Rückzug versöhnen. Wenn ein Paar die Möglichkeiten und Gefahren bewältigen soll, die durch den Verlust der Berufstätigkeit und durch die Loslösung gemeinsamer Kinder entstehen, wird das ohne Streit selten gelingen. Er zeigt, dass ich aufmerksam bin für mein Gegenüber und Freude daran habe, mich an ihm zu reiben. Dieser Streit ist unbehaglich, aber nicht bedrohlich, er verträgt sich schlecht mit Geschrei und gar nicht mit körperlicher Gewalt. Er muss nicht kränkungsfrei sein, das kann nicht funktionieren, aber er sollte dem Paar helfen, die Kränkungsverarbeitung des Gegenübers zu prüfen, genauer einzuschätzen und schließlich zu stärken. Und immer muss die Bereitschaft, um Entschuldigung zu bitten und sich zu versöhnen, stärker sein als die Neigung, sich beleidigt zurückzuziehen und zu schmollen.

Das setzt voraus, dass der Beziehungspapst abgeschafft wird, der exkommunizieren und so den Gang nach Canossa erzwingen kann. Wenn es einem der Streitenden zu viel ist, wird jede Bitte um Frieden erfüllt, aber auch nicht nach einem Bösewicht gesucht, der die Schuld am Streit auf sich nehmen soll. Wer beleidigt ist, verdient Verständnis, mögen sich Verursacher oder Verursacherin der Kränkung noch so sehr im Recht fühlen. Wer um Verzeihung gebeten wird, muss sie gewähren, ehe es Nacht wird. Das wäre dann ein kleines Zeichen dafür, dass Liebende in je unterschiedlichen Welten leben. Sie können einander nicht passend formen, aber sie können sich kennenlernen und herausfinden, wo die Reibungspunkte sind.

Diese Punkte brauchen Aufmerksamkeit, denn sie sind ein wichtiges Übungsfeld. Kluge Paare ahnen das und nutzen sie, um herauszufinden, wie sie Differenzen einerseits zulassen, auf der anderen Seite aber auch überbrücken können. Die Phase der Verliebtheit zu Beginn unserer erotischen Bindungen ist deshalb riskant, weil in Überschwang und grenzenloser Bewunderung geblähte Liebesgefühle wie eine Seifenblase platzen, wenn die Illusion grenzenloser Harmonie nicht mehr funktioniert.

Wer sich aus Verlustangst verbietet, über solche Enttäuschungen zu sprechen, ist auf einem gefährlichen Weg. Wenn er oder sie sich genötigt fühlen, jede kleine Schwäche abzulegen, um die Harmonie nicht zu stören, gerät die Liebe unter wachsenden Druck. Es gibt dann keine harmlosen Liebesfehler mehr, sondern nur noch Katastrophen. Wenn ich mich ständig bemühe, finde ich den entspannten Partner, der immer wieder alle Fünfe gerade sein lässt, bald unerträglich. Er macht es sich bequem, wo bleibe ich?

Wenn der kleine Ärger ausgedrückt werden kann, begreifen Partner, dass es auch in der Liebe Ärger gibt. Sie verarbeiten die Krise und lernen sich besser kennen – sie finden mehr Sicherheit in ihrer Beziehung, denn sie erfahren, dass ihre Zuneigung stärker ist als der eine oder andere Konflikt. Das Paar, das *nie* streitet, ist unterirdisch mit dem Paar verbunden, das *nur* streitet. Denn dieses kann nicht aufhören zu streiten, weil jede Seite absolut überzeugt ist, ganz genau zu wissen, wer die Paarharmonie kaputt macht und die Schuld daran zu tragen hat.

Tiere und Kinder sind ein für erwachsene Liebende kaum erreichbares Vorbild, was die Vereinbarkeit von Liebe und Streit angeht. Kommt der Wolf der Wölfin zu nahe, knurrt sie und zeigt die Zähne. Sie sagt nicht, dass er uneinfühlsam oder sexsüchtig ist. Wie oft habe ich meinen zwei Jahre älteren Bruder angeheult, dass ich nie wieder mit einem so hundsgemeinen Kerl spielen will – und habe am nächsten Morgen doch wieder mit ihm gespielt.

Paare, auch ältere Paare, können viel von Wolf oder Kind lernen. Oft erleben sie eine Zurückweisung in der Liebe als Vorwurf und Hinweis auf einen Mangel an Anziehungskraft, vor allem, wenn die Zurückweisung mit Werturteilen begründet wird. Also beschließen sie stumm, von nun an ihr Gegenüber wochen- oder monatelang ebenso abblitzen zu lassen, wie es soeben ihnen passiert ist. Am Ende wird dann nicht mehr gestritten, aber auch nicht mehr geliebt.

Irdische Liebe schöpft ihre Kraft daraus, dass sie sich wie eine Blume aus jedem Schmutz erheben kann; ideale Liebe gedeiht nur unter genau kontrollierten, von jedem Flecken befreiten Bedingungen. Und sie gedeiht oft genug nicht, sie welkt wie eine Blume ohne Wurzeln.

Wer mit jungen Menschen über die Sexualität ihrer Eltern spricht, erntet häufig ungläubiges Staunen. Diese Menschen, hoch in den Vierzigern, sollen noch ein Sexualleben haben? Unvorstellbar, geradezu widerwärtig.

Die dreißigjährige K., eine hochintelligente, aber selbstunsichere und von sozialen Ängsten beeinträchtigte Lehrerin, kommt wegen nervöser Blasenbeschwerden in die Therapie. Während der analytischen Arbeit behauptet sie einmal, ihre Eltern hätten nach der Geburt ihres jüngeren Bruders kein Sexualleben mehr gehabt. Darauf hingewiesen, dass diese Vorstellung doch eine typische kindliche Fantasie sei (»Meine Eltern haben zweimal miteinander geschlafen, da wir zwei Geschwister sind«), erinnert sie sich plötzlich daran, dass sie beim Stöbern im Schlafzimmer der Eltern im Nachtkästchen Kondome gefunden hatte. Sie verdrängte den Fund, weil er nicht zu ihrem Elternbild passte.

Verleugnende Einstellungen gegenüber einer Sexualität, die ihren Fortpflanzungszweck nicht mehr erfüllen kann, drücken keineswegs nur eine veraltete, kirchliche Sexualmoral aus. Sie wurzeln in narzisstischen Fantasien von Kindern und Jugendlichen, welche die den Eltern zugeschriebene Würde, Verlässlichkeit und Ordnung nicht mit der leidenschaftlichen Auflösung von Ich-Grenzen im Sexualakt verbinden können.

Das ist nun aber nicht nur ein Problem der Jugend. Da alle Alten auch einmal jung waren, tragen sie selbst solche Fantasien in sich. Wer die Entwicklung der sexuellen Wünsche im Erwachsenenalter und weiterhin zum höheren Alter verfolgt, gewinnt den Eindruck, dass auch viele ältere Menschen unbewusst weit stärker von solchen Vorstellungen geprägt werden, als sie es wahrhaben wollen.

Bis ins hohe Alter sexuell aktiv

Empirische Studien zeigen, dass körperlich gesunde Menschen bis ins hohe Alter – also bis über achtzig – sexuell aktiv bleiben können. Die Statistik dokumentiert aber ebenso, dass die sexuelle Aktivität insgesamt im Alter abnimmt; sie hat ihren Höhepunkt in der Dekade zwischen dem zwanzigsten und dreißigsten Lebensjahr.

Die öffentliche Unsichtbarkeit der Alterssexualität kontrastiert zu dem dramatisch gestiegenen Interesse an einer Medizinalisierung der Sexualität durch Viagra (Sildenafil). Es wurde in den USA das (wirtschaftlich) erfolgreichste Medikament aller Zeiten. Angesichts der lebensrettenden Funktion anderer Medikamente – etwa Penicillin oder blutdrucksenkende Mittel – ist das erstaunlich.

»Ich habe Viagra jetzt doch probiert«, berichtet ein vierundsechzigjähriger Arzt, der nach längerer Depression in einen Tanzkurs gegangen ist und dort eine neue Partnerin gefunden hat. »Ich habe nicht gedacht, dass es so wirksam ist. Sie glauben gar nicht, wie das abgegangen ist. Es ist jetzt wieder alles wie früher und besser. Und ich habe es nicht lassen können, herumzuprobieren. Das Mittel ist schließlich teuer, ich kenne die Pharmaindustrie, die dosieren gern zu hoch. Ich komme mit einem Viertel der vorgeschriebenen Dosis genauso gut zurecht!«

Hat er einen Sparfuchstrick entdeckt oder die schon länger bekannte Macht der Einbildung, die seit je dem Liebestrank Erfolge schenkt? Potenzmittel können schaden, sobald sie aus dem Liebesspiel Liebesernst machen (daher habe ich das Spiel mit der Dosierung auch im Gedächtnis behalten). Das gilt vor allem dann, wenn ein Mann stumm bleibt und versucht, eine Partnerin mit seiner Supererektion zu beeindrucken, während diese sich eher eine offene Begegnung wünscht, die im zärtlichen Bereich bleiben oder je nach Lust und Laune über ihn hinausgehen kann. Oft kehrt nach einer kürzeren oder selbst längeren Phase der Erektionsschwäche auch ohne künstliche Hilfen die Potenz zurück, wenn ein Paar zärtlich und spielerisch mit dem Gemenge aus Gelingen und Misslingen umgehen kann, das alle emotionalen Beziehungen auszeichnet. Dass ein Mechaniker oder Chirurg perfekte Arbeit abliefern, ist wünschenswert. Der perfekte Liebhaber, die perfekte Geliebte aber sind Traumwesen, die zum Albtraum werden können.

Die empirischen Befunde über die Bedingungen, unter denen sexuelle Aktivität bis in hohe Alter möglich bleibt, laufen auf die Formel *»use it or lose it«* hinaus. Je sexuell aktiver ein Paar war, desto weniger wird es von den körperlichen Erschwernissen beeinträchtigt. Befragte Paare berichten, dass sie durch schonende Haltungen beim Verkehr und längeres Vorspiel die Verluste an körperlicher Performance subjektiv wettmachen können. Bei sexuell aktiven Frauen entwickelt sich auch jenseits der sechzig die Vaginalsekretion ebenso schnell wie bei jüngeren Frauen.

Wir leben heute in einer freizügigen Zeit, deren Selbstverständlichkeiten (wie fast nackt zu baden oder fast pornografische Szenen auf die Bühne staatlich subventionierter Theater zu bringen) Angehörige traditioneller Kulturen sehr befremden. Aber das bedeutet nicht, dass es leichter ist, über Sexualität zu sprechen, vor allem, wenn es darum geht, sich über Veränderungen auszutauschen und Wünsche zu äußern, die von dem Modell des »normalen« Koitus abweichen. In einer unbewussten Verunsicherung entwickeln Männer phallische Fixierungen wie zwanghafte Wünsche nach möglichst häufigem Geschlechtsverkehr. Nicht selten gehorcht die Kränkung dem tragischen Geschehen der narzisstischen Störung, die durch ihren Stolz verhindert, dass die Not erkennbar wird, nach deren Linderung sie hungert. Um das zu veranschaulichen, erzähle ich in Supervisionen manchmal eine Anekdote:

Ein Mann kommt zu Fuß in eine Autowerkstatt.

»Mein Wagen ist hin!«, sagt er zu dem Meister. »Er fährt nicht mehr!«

»Ja – und wo ist das Auto?«, fragt der Meister.

Der Mann, misstrauisch: »Ich weiß doch nicht, ob ich es Ihnen anvertrauen kann. Woher soll ich wissen, ob Sie es reparieren können? Vielleicht machen Sie mehr kaputt, als jetzt schon kaputt ist, und ich muss auch noch dafür bezahlen ...«

Die Szene spiegelt das Verhalten von Partnern, die in ihrer Beziehung nicht über schambesetzte Inhalte sprechen können. Ich habe Paare behandelt, bei denen ein Mann jedes sexuelle Interesse an seiner Frau leugnete, weil er sich unfähig fühlte, über Potenzprobleme zu sprechen.

Ein Paar, das über die Freude am gegenseitigen Begehren einig ist, wird ohne viel Mühe sexuelle Variationen entwickeln, die auf körperliche Einschränkungen Rücksicht nehmen. Sexualität ist ein spontanes, letztlich unberechenbares Geschehen. Wer das akzeptieren kann, wird die Veränderungen durch das Alter als Verwandlung erleben, nicht als Verlust, denn einen Verlust festzustellen, heißt doch auch, einen Maßstab, eine Norm zu haben. Wer aber sein erotisches Erleben an eine Messlatte legt, kann sich nicht bezaubern lassen.

Gegen die verhaltensphysiologischen Konzepte der US-amerikanischen Sexualforscher William Masters und Virginia Johnson, die ganze Generationen von Sexualtherapeuten geprägt haben, lässt sich einwenden, dass dort, wo Physiologen Ejakulatsmengen, Erektionsstärken und Vaginalsekrete messen, die Paradiesvögel der Leidenschaft fliehen. Auch in der körperlichen Liebe spielt die Fantasie eine überwältigende Rolle.

Wer Erektion und Orgasmus beschreibt wie die Funktion einer Dampfmaschine, verführt zur latent ängstlichen Überwachung des eigenen Erlebens. Männer sind hier die auffälligeren Opfer, denn sie können nicht einfach so tun, als ob alles gut funktioniere.

Ein älterer Mann, der seine geringere Erektion fürchtet und ängstlich wartet, ob sein Glied die richtige Steife gewinnt, kann durch diese Einstellung genau das beschwören, was er fürchtet. Das Alter ist ein Prüfstein dafür, wie belastbar das erotische Selbstbewusstsein ist. Wurzelt es in der Offenheit gegenüber der eigenen Sinnlichkeit oder in Vorstellungen, der beste Liebhaber, die verführerischste Frau zu sein? Im ersten Fall können Alternde kreative Lösungen finden; im zweiten werden sie enttäuscht ein Gebiet verlassen, in dem sie sich von einem Körper verraten fühlen, der ihre Ansprüche nicht mehr erfüllt.

Die sechzigjährige Brigitte berichtet über ein einst vielfältiges Liebesleben: Orgien, Swingerklubs, Partnertausch. Ihr vierundsechzigjähriger Partner Otto sei früher der beste Kamerad gewesen, habe alles mitgemacht, habe es genossen, ihr zuzusehen oder ihren ausschweifenden Erzählungen zuzuhören. Vor fünf Jahren habe sie eine Uterusoperation machen müssen und sei für ein halbes Jahr ausgefallen. Sie habe sich dann neu orientiert, keinen Alkohol mehr getrunken und sei nur noch ganz selten in einen Klub gegangen. Ihr Mann arbeite wie besessen, habe eine neue, internationale Stelle angenommen, die viele Reisen notwendig mache. Seither hätten sie zu keiner gemeinsamen Sexualität mehr gefunden. Es sei wie weggeblasen. Otto, mit dem sie bisher über alles reden konnte, werde unwillig, wenn sie das Thema anschneide. Er brauche keinen Sex, die Zeit sei vorbei, das sei doch ganz normal!

Otto hat an einer Therapie kein Interesse und zieht sich zurück, sobald Brigitte dieses Thema anspricht. Er rede mit ihr über jedes Thema, aber darüber wolle er nicht reden, und er wolle noch weniger darüber reden, warum er nicht reden wolle, und schon gar nicht wolle er das alles einem Therapeuten erklären. Er habe ja nichts dagegen, wenn sie zu so jemandem gehe, für ihn sei das nichts.

Allmählich wird deutlicher, dass Ottos Interesse an Brigitte intensiv war, solange er mit ihr über ihren Sex mit anderen Männern sprechen und sie in den Swingerklubs beobachten konnte. Als Brigitte an diesen Aktionen keinen Gefallen mehr fand und sich nur noch für ihn interessierte, verlor Otto seine Libido. Er hatte sich wegen einer leichten Leberschädigung entschlossen, künftig ebenfalls auf Alkohol zu verzichten und sich wie Brigitte vegan zu ernähren. »Soll ich ihm glauben, dass er wirklich nicht mehr in Stimmung kommt? Manchmal denke ich, er interessiert sich mehr für Männer. Aber ich kann mir nicht vorstellen, dass er schwul ist. Das wäre mir doch aufgefallen!« Wir sprachen über das homosexuelle Dreieck: Ein Mann schläft mit der Frau seines besten Freundes – nicht, um sie zu erobern, sondern um dem heimlich geliebten Mann näherzukommen.

Brigitte verlässt die Beratung zwar ohne Lösung, aber mit neuen Ideen und sichtlich selbstbewusster. Sie hat erkannt, dass sie Otto glauben kann, es sei nicht ihr Mangel an Attraktivität, wenn er sie nicht mehr begehre, sondern seine eigene Problematik. Sie kann auch die gemeinsamen Reisen und andere Unternehmungen, bei denen sie sich gut verstehen, wieder mehr genießen.

Ich habe es damals bedauert, dass Otto nicht bereit war, Brigitte zu begleiten und gemeinsam mit ihr zu verstehen, was zum Verschwinden der Erotik aus ihrer Ehe geführt hatte. Paartherapien werden öfter abgebrochen als Einzeltherapien oder kommen, wie bei Otto und Brigitte, gar nicht zustande. Wenn es aber gelingt, die Partner für einen positiven Regelkreis zu ermutigen, führen sie zu schnellen und nachhaltigen Veränderungen. Die Partner finden in einen Umgang zurück, der Verletzungen des Selbstgefühls heilt und dadurch die erotischen Funktionen wieder in ihre ursprüngliche, das Leben und die Gesundheit fördernde Bedeutung einsetzt.

In der therapeutischen Praxis fällt eher die Schattenseite der schönen neuen und scheinbar freien Sexualwelt im Internet auf. Durch die überoptimale Glätte der durch Bildbearbeitung überhöhten jungen Menschen sind alle dem Altersprozess Unterworfenen in ihrer erotischen Attraktivität verunsichert. In der angeblich hedonistischen Moderne sind viele Personen bereit, lieber auf jede Lust zu verzichten, als von einem perfektionistischen Bild abzulassen, wie denn der richtige Genuss mit dem richtigen Körper beschaffen sein soll.

Im Alter entscheidet es sich, ob ein Paar eine sexualfreundliche Kultur aufbauen konnte, in dem die sexuelle Lust triumphieren darf, auch wenn die optischen Signale unvollkommen sind. In den anderen Fällen ist mit jedem Jahr die Kälte gewachsen, die sich dann über die Erotik eines Paares legt, wenn immer wieder die- oder derjenige triumphiert, der lieber keine Lust als eine unvollkommene nimmt oder gibt.

Jenseits der Lebensmitte gehört eine Wohnung, die bisher mit Kindern geteilt wurde, wieder dem Liebespaar von einst. Rücksichten, die lange Jahre galten, was die unbekümmerte oder lautstarke Praxis der Sexualität anging, müssen nicht mehr genommen werden. Viel wäre möglich, aufgesparte, auf später verschobene Wünsche und Hoffnungen könnten erfüllt werden. Umgekehrt fällt aber auch eine Ausrede fort – ein Grund, Sexualität zu vermeiden, weil es doch Elternpflicht ist, Kindern jene Illusion über die Asexualität der Eltern zu vermitteln, von der wir gesprochen haben.

In den letzten vierzig Jahren hat sich die Zahl der Spätscheidungen um den einstigen Termin der Silberhochzeit (also nach fünfundzwanzig Ehejahren) verdoppelt. Ein typischer Fall: Helga und Klaus, beide vierundsechzig, wünschen eine Paartherapie. Genauer gesagt: Klaus wünscht sich diese, denn Helga will sich von ihm trennen. Sie will es jedoch auf eine unselbstständige und unentschlossene Weise. Am liebsten wäre es ihr anscheinend, wenn Klaus einsehen würde, dass es besser sei, die Ehe aufzugeben und mit vertrauter Tatkraft dieses Projekt auch umzusetzen.

Klaus hingegen behauptet apodiktisch, dass man sich in ihrem Alter nicht mehr scheiden lasse, wenn Helga das wolle, hätte sie zehn Jahre früher damit ankommen sollen, damals hätten sie beide noch eine Chance gehabt, sich etwas Neues aufzubauen.

Beide haben seit fünfzehn Jahren keine gemeinsame Erotik. Klaus erklärt, er habe sich damals zurückgezogen, weil Helga zu wenig auf ihre Figur achtete. Kurz nach der Berentung habe er eine andere Frau kennengelernt. Als Helga früher als geplant von einer Reise zurückkehrte, war Klaus nicht da; er kam erst am nächsten Morgen. Er war so verlegen, dass Helga ihm die Geliebte auf den Kopf zusagte.

Klaus behauptet, sie seien gute Kameraden, Helga habe gesagt, an Sex liege ihr nichts, das bräuchten Männer weit mehr als Frauen. Er kann sich ein Leben ohne Helga nicht vorstellen. Seine Ängste projiziert er zum Teil in die soziale Umwelt – was werden die Freunde, die Nachbarn sagen? –, zum Teil in die Bedürfnisse der (erwachsenen) Kinder. Diese dürfen nichts erfahren, sie sollen keine Scheidungskinder sein. »Die Freundin nimmt dir doch nichts weg«, sagt Klaus. »Ich würde sie jederzeit aufgeben, wenn du es von mir verlangst!«

»Darum geht es doch nicht«, stöhnt Helga. »Das wäre ja noch schöner, dann soll vielleicht ich dem Pascha wieder jederzeit zur Verfügung stehen!«

Klaus empfindet Helga als Teil seines Lebens, er fürchtet, dass alles zusammenbricht, was er aufgebaut hat. Er hat sie zwar kritisiert, sie aber seinen Freunden gegenüber stets verteidigt. Niemand wird verstehen, warum er ihr nicht treu geblieben ist, und er kann das auch niemandem erklären. Helga hingegen signalisiert noch in ihrem Anspruch, Klaus solle einsehen, dass die Ehe nichts mehr wert sei, wie sehr sie – ohne ihn dafür anzuerkennen – sich die ganzen Jahre auf seine Realitätstüchtigkeit verlassen hat.

Ähnlich ist die Krise von Nelly und Sam. Auch Sam hat eine Freundin, er ist Unternehmer und ermöglichte der Familie einen luxuriösen Lebensstil; Nelly hat nach der Geburt ihrer Tochter ihre Stelle als Ärztin in einer Klinik aufgegeben. Sam ist der uneheliche Sohn einer Magd, Nelly die Tochter eines Universitätsprofessors. Sam ist, wenn er mit Nelly allein verreist, ein aufmerksamer Begleiter. Aber er ist nie vor Bekannten zu ihr zärtlich, lässt sie auf einer Party stehen und flirtet mit anderen Frauen.

Während Klaus geradezu zwanghaft behauptet, seine Geliebte sei keine Gefahr für die Ehe, ist Sam hin- und hergerissen. Er behauptet, seine Familie über alles zu schätzen, plant dann aber wieder, mit der Freundin – einer geschiedenen Universitätslehrerin und gebürtigen Amerikanerin – in die Staaten zu gehen und ein neues Leben anzufangen.

Nelly hatte sich vor Sams außerehelicher Beziehung erotisch öfter verweigert, versucht jetzt aber, ihn zu verführen, indem sie nachts in sein Zimmer kommt und zu ihm ins Bett schlüpft. Sie behauptet, sie könne durchaus ertragen, dass da eine andere Frau in Sams Leben sei, aber sie würde es nicht akzeptieren, wenn er alles mit der Geliebten und nichts mit ihr teile. Sie droht schließlich mit Scheidung, spricht auch vage von »Schlimmerem«. Sam soll glauben, sie wolle sich umbringen, das aber – so klärt sie ihren Therapeuten auf – habe sie nicht wirklich vor. Kokett fragt sie, ob er denn solche Tricks schlimm fände.

Während Klaus und Helga zusammen in die Therapie kommen und die Initiative deutlich von Klaus ausgeht, kommt Nelly allein. Sam halte nichts von dem Psychogerede, erklärt sie. Zwei Jahre nach Beginn ihrer Therapie leben Klaus und Helga in Scheidung. Nelly und Sam haben einen gemeinsamen Urlaub in Rom verbracht und sind so begeistert von der Stadt, dass sie überlegen, ob sie nicht dort eine Wohnung nehmen und ihren Lebensabend in Trastevere verbringen wollen.

Der Therapeut hat in beiden Fällen mit ähnlichen Interventionen gearbeitet: mehr Bewusstsein für kränkendes Verhalten, Aufbau von Verständnis und Rücksicht für die Eigenheiten des / der anderen, Verknüpfung des eigenen Verhaltens in der Ehe mit früheren Erfahrungen, um Distanz zu eingeschliffenen Reaktionen zu finden und Alternativen zu entwickeln.

Auf den ersten Blick sahen die Voraussetzungen für Klaus und Helga besser aus. Beide waren für eine Therapie motiviert, Klaus sogar bereit, seine Geliebte aufzugeben, während Sam immer wieder (und zu Nellys tiefster Kränkung) forderte, sie solle ihn endlich loslassen und ihren eigenen Weg finden.

Was bei Klaus und Helga wie Stabilität wirkte, entpuppte sich als Starre. Was bei Sam wie ein Aufbruch zu neuen Ufern aussah, beruhte auf der Überschätzung der Bereitschaft seiner Geliebten, sich in einer ähnlich liebevollen und zärtlichen Art auf seine cholerische Persönlichkeit einzulassen, wie es Nelly seit vielen Jahren getan hatte. Die entscheidende Qualität, die Sam und Nelly half, ihre Krise zu überwinden, war die Bereitschaft beider zur Wiedergutmachung.

Nicht die vorliegenden Kränkungen, Spannungen und Konflikte gaben den Ausschlag, sondern das Interesse, einander zu trösten, sich gemeinsam von etwas Vergangenem zu distanzieren, etwas zusammen zu genießen.

Klaus beharrte auf seinem Recht ebenso wie Helga auf dem ihren. Die Kränkungen konnten sich nicht auflösen; es gab hier im besten Fall ein Beschweigen, einen Waffenstillstand. Beide Partner waren überzeugt, dass nur der / die andere den Konflikt lösen könne. Sam hingegen hatte Nelly zwar sehr verletzt, aber er bemühte sich auch, ihr zu zeigen, dass er sein Verhalten bedauere, gab zu, dass sie es nicht leicht mit ihm hätte. Nelly ihrerseits hatte nicht aufgehört, ihn zu begehren, und konnte sein neues Interesse an ihr annehmen.

Sam hatte Nellys Versuchen widerstanden, seinerseits therapeutische Hilfe zu suchen, statt rastlos zu arbeiten, hektisch eine Zigarette nach der anderen anzuzünden und zu viel zu trinken. Der Therapeut tat gut daran, Nelly nicht beizupflichten, als sie ihren unkooperativen Partner zu einem reaktionären Tölpel machen wollte. Da sonst niemand für Sam sprach, Sam aber eine wichtige Figur in der Therapie war, musste der Therapeut eher versuchen, die Entwertung Sams zu mäßigen und möglichst respektvoll und sachlich aufzunehmen, was von ihm erzählt wurde.

Ein Therapeut bearbeitet ambivalente Beziehungen, er agiert nicht in ihnen. Das bedeutet beispielsweise, dass er nach Antworten auf die Frage sucht, weshalb Nelly gerade Sam geheiratet hat, was sie an ihm fasziniert hat und warum sie die Eigenschaften, die ihr einst so viel bedeuteten, jetzt an ihm nicht mehr auffinden kann.

Lob des Schweigens

Die menschliche Seele vereint eine pflanzliche, eine animalische sowie eine Schicht, die an Vernunft und Sprache gebunden ist. Während nun die Vernunft alle Teile der Psyche heimsuchen kann, genügen sich das pflanzliche und tierische Leben selbst, sie bleiben entweder stumm (wie das Vegetative) oder beschränken sich auf Seufzer, Schreien und Stöhnen, kurz auf jene Äußerungen, aus deren Lautmaterial während der ersten Jahre unseres Lebens die Sprache gemeißelt wird.

Das Schweigen ist der würdevollste Umgang mit den Grundlagen unseres Lebens in der unerschöpflichen Welt des Chlorophylls, die uns kleidet und nährt. Stöhnen und Seufzen hingegen sind der würdevollste Umgang mit der animalischen Welt, mit dem Affen und dem Wolf, die in uns stecken und uns antreiben, zärtlich miteinander zu sein, zu erobern, zu lieben, festzuhalten, einzudringen, zu umschließen.

J. R. R. Tolkien hat beschrieben, wie die alten Wälder die menschliche Stimme ersticken. Bäume mögen kein Geschrei. Wie er die Ents[35] sprechen lässt, das zeigt sein Gefühl für das Vegetative: Diese brauchen sehr lange, um etwas zu sagen, sie tauschen sich, wenn sie ihre eigene Sprache sprechen, die außer ihnen niemand beherrscht, viele Stunden über Sachverhalte aus, die ein Hobbit in einer Minute sagen kann.

Alle wollen reden, keiner will zuhören. In den Talkrunden gehört es dazu, sich ins Wort zu fallen. Pflanzen würden sich schämen. Auch in der Liebe gibt es den schlechten Ton, Gefühle »korrekt« auszudrücken; Tiere würden sich schämen.[36] Sagen nicht Geste und Seufzer genug? Warum den Schwung einfrieren, um Worte zu machen? Wer in einer Vernunftwelt spricht, bewegt sich harmonisch in ihr. Wer aber in der animalischen Welt spricht, muss sie erst zum Stillstand bringen, wie der Anatom, der ein Präparat fixiert, um zu mikroskopieren.

Wir können den weisen Gebrauch der Vernunft darin sehen, die Grenzen rationaler Diskurse zu erkennen und zu respektieren. Kommunikation ruht auf Verbundenheit und muss sich vor dem Zudringlichen hüten. Das Vegetative dominiert die Zärtlichkeit, die selbstverständliche Nähe und Berührung, die stumme Freude am Dasein des Gegenübers und an der Verbindung mit ihm. Das Animalische dominiert den Sex, die Erregung, die anwächst und schwindet, die neugierig, aber auch fluchtbereit ist. Die Vernunft ermöglicht und schützt die Räume, in denen sich das Vegetative und das Animalische entfalten. Sie sollte in der Erotik dem Wirt gleichen, der Speis und Trank bereitstellt, das Bett mit frischer Wäsche bezieht und dann geräuschlos verschwindet.

Es ist eine Illusion, dass die modernen Gesellschaften auf dem Weg zu einem akzeptierenden Umgang mit den erotischen Lustquellen in allen Menschen sind, in Männern und Frauen, Jungen und Alten, Kranken und Gesunden, Behinderten und Nichtbehinderten, Schwulen, Lesben, trans, cis und queer. Überall wird reglementiert, gerade auch bei den Alten.

Freud hat die Ärzte seiner Zeit schockiert, als er seine Beobachtungen in der Formulierung zusammenfasste, das Sexualleben sei von Anfang an polymorph angelegt, vielgestaltig und nicht an dem kulturellen Ideal einer Erotik orientiert, welche den Beischlaf zwischen einem zeugungsfähigen Mann und einer empfängnisbereiten Frau zum Leitbild macht. Mit dieser Hypothese hat er ein grundlegendes Prinzip der neuropsychologischen Entwicklung auf die Erotik angewendet: Die reifen Funktionen des Nervensystems werden nicht *aufgebaut*, sondern durch Hemmung *ausgewählt*. Unsere geistigen und emotionalen Strukturen reifen durch Blockade des Störenden. Die Entwicklung schreitet nicht vom Einfachen zum Komplexen, sondern vom Komplexen zum (funktionierenden und so »bekräftigten«) Einfachen. Menschen können grundsätzlich zu diesen vielgestaltigen Strukturen zurückkehren und aus ihnen neue Gestalten schöpfen.

Wer in einer sexualfreundlichen Umgebung aufgewachsen ist und ohne Traumatisierung die Schritte von der Autoerotik zur homoerotischen wie heterosexuellen Fantasie und Praxis zurücklegen konnte, wird sich seiner erotischen Wünsche und Angebote nicht schämen, sondern sie für das Selbstverständlichste der Welt halten. Aus diesem Grund ist die vorherrschende Dynamik zwischen sexuell freien und sexualfeindlichen Kulturen das Missverständnis – etwa zwischen den puritanischen Kolonisatoren und den Frauen der Indigenen in Kanada und den USA, zwischen Polynesierinnen und britischen Matrosen in Tahiti, zwischen dem Afrikaner und der Touristin in Kenia.

Die Pflege der erotischen Kultur fordert von beiden Partnern, ihre Bedürfnisse zu zeigen, sie erfreulich zu finden und nach Möglichkeit zu erfüllen. Wenn das gelingt, bleibt etwas wie eine gemeinsame Libido länger erhalten, als es bei den erotischen Interessen von Singles der Fall ist. Statistiken in diesem Feld bestätigen die Vitalisierung alternder Paare, die mit ihrer Beziehung zufrieden sind: Sie bleiben auch, verglichen mit allen anderen Gruppen, bis ins hohe Alter erotisch aktiv.[37]

Diese späte Erotik hat ganz eigene Qualitäten. Beide Geschlechter bleiben ihr Leben lang empfindungsfähig, wenn sie sich dessen nicht schämen. Es ist für Menschen grundsätzlich komplizierter, *keine* Sexualität zu haben und *nicht* an sie zu denken. Da Männer im höheren Alter nicht mehr so ausgeprägte Erektionen haben, tritt das phallische Element zurück und mit ihm die latente Nähe zur Gewalt.

Die letzte Erektion

In der Jugend haben die Dinge einen Anfang, im Alter ein Ende. In der Jugend gibt es die famosen »ersten Male« (der erste Kuss, der erste Orgasmus, der erste Rausch, die erste Krankheit, die erste Liebe), zum Alter gehören die Endpunkte. Wenn wir die drei Schichten des Lebens betrachten – vegetativ, animalisch, geistig –, endet die pflanzliche Existenz mit dem Tod, die rationale in der Demenz, während die animalische sich zwischen markanten Anfangs- und Endpunkten entfaltet.

Die Kulturentwicklung überformt das animalische Geschehen. Wie wenig sie es außer Kraft setzt, wird im Nachdenken über das Alter offenbar. So kann eine Kultur zwar definieren, ob ein Mädchen bei seiner ersten Periode gefeiert oder in eine abgelegene Hütte gesperrt wird, an der Tatsache der ersten Periode ändert das nichts. Sie zeichnet einen Anfangspunkt der Geschlechtsreife, der sich bei Männern sozusagen verzettelt: Bartwuchs, Ejakulation und tiefe Stimme entwickeln sich unmerklich, der Junge wird zum Mann, ohne dass sich eine Schwelle erkennen lässt.

Umso intensiver greifen kulturelle Konzepte nach diesem Übergang. Bei australischen Ureinwohnern wurden die heranwachsenden Männer durch eine Subinzision (Spaltung) des Penis den menstruierenden Frauen angeglichen. Auch die Beschneidung war ursprünglich ein Mannbarkeitsritual und wurde erst während der Pubertät vollzogen. Viele schriftlose Kulturen kennen solche einschneidenden, nicht selten gefährlichen Riten des Überganges für junge Männer, die oft in Tabu und Geheimnis gehüllt sind. Die noch erhaltenen Rituale der Firmung, Konfirmation und Jugendweihe sind vergleichsweise blass.

Das Ende der Generativität, der Fortpflanzungsfähigkeit, wird kulturell weit weniger akzentuiert als ihr Beginn; er ist eher von Spott als von Faszination umgeben. Dieses Ende beschäftigt Frauen früher und heftiger als Männer. Ist diese Schwangerschaft meine letzte? Das kann ein ebenso heißes Thema sein wie: Wann ist es zu spät für ein Kind? Verglichen damit sind die erste und die letzte Zeugung weniger markant. Auch wird eine Frau nicht Jahre später herausfinden, dass sie sich in Bezug auf eine Schwangerschaft getäuscht hat, während Männer oft genug von Kindern erfahren, die ohne ihr Wissen ausgetragen wurden, oder umgekehrt entdecken, dass ein leiblich geglaubtes Kind gar nicht von ihnen ist.

Die Biologie gewährt Männern eine längere Periode, in der sie Kinder zeugen können. Aber sie rüstet die Frauen mit sehr viel mehr und nachhaltigeren Möglichkeiten aus, ihr sexuelles Selbstgefühl zu stabilisieren. Verglichen mit der Schwangerschaft kann auch größter rhetorischer Aufwand den Zeugungsakt nicht mit vergleichbarer Bedeutung aufladen. Die Schwangere muss sich ihre Potenz nicht beweisen, sie trägt sie in sich. Rastlosigkeit und Unersättlichkeit in der Bestätigung der eigenen Potenz sind grundsätzlich ein menschliches, gegenwärtig aber doch noch ein vorwiegend männliches Risiko.

Wie der Tod wird auch das Ende der Generativität verdrängt. Ein Riss in der Verdrängungsdecke trifft beide Geschlechter hart. Ich habe Frauen kennengelernt, die im Alter von achtundvierzig Jahren beteuerten, sie hätten bisher noch nie darüber nachgedacht, dass sie, wenn endlich der *richtige* Partner gefunden sei, nicht mehr schwanger werden könnten.

Umgeben von Kindern und Enkeln zu altern, verehrt, aber nicht gefordert, ist wahrhaftig keine Kunst. Allerdings erscheint dieses Bild wohl nur denen in leuchtenden Farben, die keine Kinder haben. Ob die Gebote jemals verlässlich gegriffen haben, die in traditionellen Welten der älteren Generation Respekt sichern sollen, ist schwer herauszufinden. Aber wir denken gern, dass es früher selbstverständlich war, dass Kinder für ihre Eltern sorgen und Eltern kindliche Fürsorge annehmen, ohne zu fürchten, zur Last zu fallen. Und wie auch immer es früher gewesen sein mag und ob es bis heute in traditionellen Nischen funktioniert (in denen die Lebenserwartung meist kürzer ist als hierzulande) – in der modernen Familie schwindet diese Selbstverständlichkeit.

Wer keine Kinder hat, muss damit fertigwerden, dass er eine seiner existenziellen Möglichkeiten nicht verwirklicht hat. Am schwersten fällt ihm das, wenn er ein romantisches Ideal nicht mäßigen kann. Kinder beschenken und berauben, beglücken und lassen verzweifeln. Wer keine hat, wird leiden, wenn er sich das Gartenlaubenbild der Großfamilie vor dem Weihnachtsbaum vergegenwärtigt.

Wer sich von solchen Bildern distanzieren kann und mit Freunden feiert, schützt sich vor dem emotionalen Absturz jener Eltern, die vergeblich auf Anrufe und Besuche ihrer Kinder warten. Ihm bleiben die Bauchschmerzen erspart, wieder einmal den Vorwurf unterdrücken zu müssen, dass die Enkel keine Lust auf eine Feier mit Oma und Opa haben, ebenso wie die noch schlimmeren Herzschmerzen, wenn erwachsene Kinder jede Dankbarkeitspflicht leugnen, weil Vater und Mutter gravierende Erziehungsfehler begangen haben.

Beginnen Sie sich zu fragen, warum dieser Abschnitt mit »Die letzte Erektion« überschrieben ist? Ich könnte die mythische Gleichung Freuds anführen, wonach im Unbewussten Kind = Penis = Geld ist. Die Erklärung ist aber einfacher: Die letzte Erektion ist ein Symbol, das die Ambivalenz des Alterns in der Moderne erschließt; es steht auch für die spezielle Verwundbarkeit des angeblich »starken« Geschlechtes, das folgerichtig in seiner Schwäche doppelt schwach ist.

Während Frauen ihre erotische Erregbarkeit bis ins höchste Alter behalten, ist der Penis ein Organ mit Launen. Auch im sexuell aktivsten Alter kann die Erektion versagen, ein Ereignis von kränkender Macht. Die Angst vor Impotenz wird durch phallisches Gehabe, Amulette und Produkte der pharmazeutischen Industrie abgewehrt. Während die letzte Periode einer Frau ihre erotische Aktivität nicht antastet, ja durch den Wegfall der Gefahr einer Schwangerschaft sogar befreit, versucht der Mann das gefürchtete Ereignis möglichst hinauszuzögern, erlebt aber mit fortschreitendem Alter, dass es unvermeidlich ist.

Dieses Thema prägt eine der bekanntesten »freudschen Fehlleistungen«, das Vergessen des Namens Signorelli, ausführlich beschrieben in der Abhandlung über die *Psychopathologie des Alltagslebens*.[38] Freud erinnerte sich partout nicht an den berühmten Maler, dessen Fresken im Dom von Orvieto einen tiefen Eindruck auf ihn gemacht hatten. Er sammelte die Einfälle, die anstelle des Gesuchten hartnäckig zwei andere Maler, Botticelli und Boltraffio, in seinem Gedächtnis haften ließen.

Es ging um den Tod eines Patienten und einen Türken, der ihm auf einer Bahnfahrt in Bosnien (daher Boltraffio) gesagt hatte: »Du weißt ja, Herr (Signore), wenn das nicht mehr geht, hat das Leben keinen Wert.« Diese unverblümte Äußerung muss auf den Entdecker der Psychoanalyse einen tiefen Eindruck gemacht haben. Er wollte buchstäblich nichts davon wissen – und damit auch nichts von dem Namen Signorelli.

Verglichen mit der Fülle an Beschwörung und Magie, welche den Verlust der Erektion aufhalten sollen, sind vergleichbare Bemühungen um die weibliche Sexualität nicht aufzufinden. Unzählige Tiger, Nashörner, Haie und Schlangen müssen bis heute ihre Leben lassen, weil Männer glauben, durch Schlangenwein, Haifischflossensuppe, Pulver aus dem Tigerpenis oder dem Horn des Rhinozeros das Schwinden ihrer Erektionen aufzuhalten.

An sich bietet dieser Verlust dem erotisch verbundenen Paar neue Möglichkeiten. Mann und Frau werden sich ähnlicher, die Sexualität kann buchstäblich weicher werden, zärtlicher, friedvoller. Paare, die gelassen und humorvoll mit pharmazeutischen Erektionskrücken umgehen können, hätten an sich auch gute Voraussetzungen, die letzte Erektion als Naturphänomen stehen zu lassen und sich um sie herum weiter zu lieben. Soll die Erektionshilfe allerdings dazu dienen, die Scham über eine Veränderung zu verdrängen und Gespräche über sie zu vermeiden, versäumen die betreffenden Männer eine Chance, die Einseitigkeit einer phallischen Fixierung aufzugeben.

Wer ein kostspieliges Medikament einwirft, will auch einen Erfolg auskosten. Die Partnerin findet den entstehenden Leistungsdruck unromantisch, will ihm aber den Spaß nicht verderben. Die spielerische Selbstvergessenheit, das Vitamin der Erotik, ist dahin. Er bemerkt das und verliert die Lust, es noch einmal zu versuchen.

Der Paaranalytiker lernt hochgebildete Männer kennen, die sich über komplizierte Fragen aus ihrem Arbeitsbereich eloquent austauschen und doch jedes Gespräch über ihre Sexualität verweigern. Früher hat es geklappt, jetzt eben nicht mehr, ich mag nicht drüber reden, es interessiert mich nicht mehr, bitte reite nicht darauf herum, wir sind eben nicht mehr jung.

Die schwindende Möglichkeit, wie bisher den Höhepunkt zu erreichen, wird als so kränkend erlebt, dass die Erotik geopfert wird. Wenn in der Adoleszenz die phallische Abwehr zum Zwang geworden ist, macht ihr Zusammenbruch die Sexualität im alternden Paar zur No-go-Zone. Das Paar verliert eine wichtige Möglichkeit, sich zu entspannen, sich nahe zu bleiben, Konflikte zu entschärfen.

Die in der strikten katholischen Lehre gepflegte These, sexuelle Aktivität an die Fortpflanzungsfunktion zu binden, kann Paaren die Auseinandersetzung mit einem Umbau erotischer Rituale abnehmen. Die Eheleute beenden aus freien Stücken und im Glanz eines von Gott so gewollten Gebotes, was ihnen noch viele Jahre Lust hätte schenken können. So verlieren sie erotische Möglichkeiten, ersparen sich aber auch die Konflikte, die in der Ungleichzeitigkeit der erotischen Einbußen im Alter wurzeln.

Während in dieser asketischen Antwort das Paar im Verzicht verbunden bleibt und sich darin durchaus trösten kann, passt eine in den letzten Jahrzehnten zu beobachtende Lösung zur digitalisierten Gesellschaft. Seit Erfindung des *Playboys* ist der reiche Mann in seinen immer besten Jahren, den junge Frauen mit ausgeprägten Geschlechtsmerkmalen umwerben, ein Verkaufsschlager. Dass die Auflage der Zeitschrift zurückgegangen ist, spricht nicht dafür, dass ihr ideologischer Einfluss schwindet, im Gegenteil: Er ist so allgemein geworden, dass er trivial ist und niemand mehr für Hochglanzbilder Geld ausgeben mag, die er im Internet gratis haben kann.

Während der *Playboy* als Medienfigur weitgehend verschwunden ist, hat sich die zugrunde liegende Psychodynamik verbreitet. Im Vordergrund stehen die Angst vor einer Bindung und die Abwertung älterer Frauen. Den betroffenen Männern missglückte die Ablösung von der Mutter. Sie fanden kein väterliches Bild, das ihnen genügend Halt gab, um Frauen anders zu begegnen als durch den Wechsel von Dominanz und Vermeidung. Sie finden keine Freude an einer Partnerschaft, in der sich Nähe entwickelt und eine erotische Bindung im Austausch reift. Sie sind auf die Rivalität mit anderen Männern fixiert. Die unbewusste Angst vor der mütterlichen Übermacht wehren sie durch eine Blockade erotischer Gefühle gegenüber »Müttern« ab, die in vielen Fällen alle Frauen aus dem erotischen Fokus rückt, die nicht mehr zwanzigjährig sind oder zumindest so aussehen.

Manche dieser Männer tun alles dafür, dass nie eine Frau von ihnen schwanger wird. Andere lassen es darauf ankommen, fühlen sich überfordert, wenn die Geliebte schwanger wird, distanzieren sich von ihr. Sie sind oft bereit, finanziell für das Kind zu sorgen, aber Vater zu sein und bei der Mutter zu bleiben, das können sie sich nicht vorstellen.

Die Beschwörung des jungfräulichen Körpers hilft, die Angst vor der intimen Begegnung mit mütterlichen Bildern abzuwehren. Es lassen sich zwei Ausformungen dieser Abwehr beobachten. Im ersten Fall wird eine Familie gegründet; nach der Geburt des Kindes schwindet das sexuelle Interesse des

Vaters an der Mutter. Je nachdem, wie es den Partnern gelingt, diese Situation zu verarbeiten, bleiben sie asexuell verbunden oder trennen sich. In der Untersuchung der Motive von Spätscheidungen hat sich gezeigt, dass die erotische Bindung bereits nach der Geburt des ersten Kindes gelitten hatte und sich nach der Geburt des jüngsten Kindes auflöste. Allein die Bindung an die Kinder verband die Eltern. Oft plant ein Elternteil schon geraume Zeit, die Scheidung einzureichen, sobald das jüngste Kind volljährig ist.

Im zweiten Fall kommt es gar nicht zu einer Familiengründung. Die Männer erobern jüngere Frauen, verlassen diese oder werden selbst verlassen, suchen die nächste Gelegenheit. Diesen Typus haben Lorenzo da Ponte und Wolfgang Amadeus Mozart in der Oper *Don Giovanni* auf die Bühne gebracht. Die letzte Erektion des Helden ist sein Aufbäumen gegen den steinernen Gast.

Der siebzigjährige Michael A. hat sich von jeder Frau getrennt, die »mich an die Kette legen wollte«. Eine seiner Partnerinnen wurde schwanger. Er wollte das Kind nicht, die Liebesbeziehung zerbrach, er sorgte dann aber finanziell für seinen Sohn und erkrankte an einer Depression, als seine Ex-Geliebte mit einem anderen Mann zusammenzog.

Der neunundsechzigjährige Norbert L. sucht Hilfe in einer beruflichen Krise. Er ist seit dreißig Jahren verheiratet und hat eine erwachsene Tochter. Nach der Geburt hätten er und seine Frau sexuell nicht mehr zueinandergefunden; anfangs habe sie das noch manchmal kritisiert, aber inzwischen hätte sie sich damit abgefunden. Er gehe gelegentlich in ein Bordell und finde inzwischen die Selbstbefriedigung beim Konsum von Pornos optimal. Später berichtet Norbert mit gespielter Gleichgültigkeit von sexuellem Missbrauch durch seine Mutter.

Der dreiundsechzigjährige Karl S. kommt in Behandlung, weil er, wie er sagt, »pornosüchtig« sei. Seine Ehefrau wurde nach dem Tod ihrer Mutter depressiv und verlor das Interesse an Sexualität. Karls Behandlungswunsch beruht auf der Drohung seiner Frau, ihn zu verlassen, wenn er »diese Schweinerei« nicht aufgebe, auf die sie ihr Sohn aufmerksam machte, der das Passwort von Karls Notebook entschlüsselt und den Browserverlauf verfolgt hatte.

Die phallische Abwehr hat bis heute in patriarchalischen Strukturen und den entsprechenden religiösen Überzeugungen mächtige Verbündete. Zwar sind gleiche Rechte für Männer und Frauen aus der Moderne nicht mehr zu vertreiben. An Versuchen mangelt es aber nicht, angefangen von den Angriffen auf die weibliche Selbstbestimmung in den USA bis hin zum Terror gegen Mädchenschulen in Nigeria und Afghanistan.

Das emotionale Angebot der Erektion ist – Kalauerverdacht – ein zweischneidiges Schwert. Sie ist ein bezauberndes erotisches Symbol und steht in vielen kulturellen Traditionen für den Frühling, wenn die Vegetation strotzt, die Burschen einen grünen Zweig an den Hut stecken und einen Maibaum aus dem Wald holen, um den dann getanzt wird. Die Erektion ist ein launisches Geschenk des Animalischen an das bewusste Ich. In ihrer Überschätzung kann das männliche Ich sich selbst blenden, dass die Erektion *sein* Werk ist, ein Symbol der Macht. Der Phallus wird zur narzisstischen Waffe gerüstet, die Zögernde überzeugt und Ahnungslose beeindruckt.

So wird der in traditionellen Kulturen überwiegende Respekt vor der weiblichen Fruchtbarkeit in sein Gegenteil verkehrt. Die patriarchalische Illusion lässt sich in Freuds Modell der weiblichen Sexualität auffinden, wonach das Mädchen glaubt, dass ihm etwas fehlt, und den Jungen um den Besitz des Penis beneidet.

Anderseits hat Freud in dem Essay »Das Motiv der Kästchenwahl«[39] seine heimliche Verehrung der dreifaltigen Muttergöttin angedeutet und ihre entwaffnende Überlegenheit erfasst. Die Erektion ist verwundbar und gefährlich; das Phallische kann zärtlich sein oder zur zerstörerischen Waffe werden. Das ist trivial, spielt aber in den Gefühlen von Ohnmacht, Entwertung und stillem Dahinschwinden eine Rolle, mit dem Männer ihre letzte Erektion erwarten: Sie erleben sich kastriert, das vermeintlich unentbehrliche Mittel zum erotischen Austausch fehlt, sie sind wehrlos, abschätzigem Spott ausgeliefert. Dieser wird auf Frauen projiziert, von denen er aber nur ganz ausnahmsweise kommt.

Es ist nun auch nicht so, dass dieses Ende plötzlich eintritt. Eine ganze Weile ist das Glied nur schwerer zu wecken, wenn es sich endlich doch aufrichtet, wird es aus dem Kontrast heraus sogar als besonders herrisch und mächtig erlebt. Im Grunde genügt es, dass ein Hauptdarsteller auf der erotischen Bühne wiederholt ausfällt. Dann lässt sich der Gedanke nicht mehr abweisen: Wir können uns nicht mehr auf ihn verlassen. Wir müssen uns darauf vorbereiten, dass er nicht kommt. Jetzt entscheidet es sich, ob das Ensemble sich zusammenfindet und das Stück umschreibt. Kann es auf diesen Darsteller (im deutschen Stegreiftheater figurierte er als Hanswurst) verzichten und doch Spaß haben?

WER BRAUCHT IM ALTER NOCH PSYCHOTHERAPIE?

In Gullivers Abenteuern landet der Held auf seinen Reisen einmal in einem Königreich der Liliputaner, einmal in dem Reich der Riesen. Auch wer an den Küsten der Psychotherapie landet, findet sich in Welten voller Widersprüche. Ist die Landschaft übervölkert oder verlassen? Gibt es zu viele Therapeuten oder zu wenige? Zwingen sie ihre Behandlungen den Gesunden auf oder lassen sie die Kränksten im Stich?

Verwandt damit ist die Frage, wann der rechte Zeitpunkt gekommen ist, es mit einer Therapie zu versuchen. Es soll nicht zu früh sein, denn dann werden die Kräfte geschwächt, mit eigenen Mitteln etwas zu erreichen. Es soll aber auch nicht zu spät sein, denn dann gibt es zu viel aufzuarbeiten, während sich die Wahlmöglichkeiten des Lebens bereits verengt haben.

Die Entdecker der Psychotherapie konzentrierten sich auf Adoleszente und junge Erwachsene. Die großen Krankengeschichten der Psychoanalyse haben ihren Schwerpunkt in diesem Bereich. Schon in der ersten Generation nach Freud entwickelten Melanie Klein und Anna Freud die Kinderanalyse. Eine vergleichbare Neuerung ist die Therapie älterer Menschen nicht. Sie hat sich schrittweise und wie von selbst ergeben. Heute ist sie selbstverständlich. Freuds Vermutungen, dass im Alter Einschränkungen der Entwicklungsfähigkeit und Überfülle biografischen Materials den Prozess erschweren, werden nur noch zitiert, um sie zu entkräften.

Die meisten Therapeuten würden zugestehen, dass auch bei Menschen im Rentenalter seelische Entwicklungen möglich sind und gefördert werden können, die weit über die schon immer zugestandene »stützende Therapie« hinausreichen. Oft heißt es: Wesentlicher als das Alter des Patienten ist das Alter der Symptome. Ein Sechzigjähriger, der seit zwei Jahren an Panikattacken leidet, hat bessere Aussichten, mithilfe einer Psychotherapie zu genesen, als eine Dreißigjährige, die seit dem fünfzehnten Lebensjahr mit einer Essstörung kämpft.

Die Zahl qualifizierter, gut ausgebildeter, auf anspruchsvolle Berufe hin orientierter Personen ist im letzten Jahrhundert kontinuierlich gewachsen; parallel dazu auch das Bedürfnis nach Beratung in den unterschiedlichsten Formen. Diese Veränderungen betreffen nicht nur die Psychotherapie, aber sie erklären, weshalb sich die Zahl der Therapeuten seit den Gründerzeiten derart vermehrt hat. In einer deutschen Großstadt wie München findet man mehr praktizierende Therapeuten (weit über tausend) und mehr Ausbildungsinstitute (über zehn) als zu Lebzeiten Freuds in ganz Europa. In modernen Biografien sind Krisen häufig und eher die Regel als die Ausnahme. Es sind individuelle Krisen im Gegensatz zu den kollektiven Krisen der Vergangenheit, in denen Seuche, Krieg oder Hungersnot die ganze Bevölkerung traf.

Die Maxime Freuds zur psychischen Gesundheit – »lieben und arbeiten können« – signalisiert die Probleme. Die Liebesbeziehungen sind nicht mehr so haltbar und nicht mehr so von Verpflichtungen geprägt wie in Zeiten, in denen Traditionen noch gültiger, Individualisierungen weniger ausgeprägt waren. Das gilt für Partnerschaften ebenso wie für Eltern-Kind-Beziehungen. Parallel dazu hat auch die Verlässlichkeit der Arbeitsbeziehungen abgenommen.

Zu alt und jung genug

In Goethes *Faust I* treffen sich Faust und Mephistopheles im Studierzimmer, es ist die Pakt-Szene, und Faust sagt:

Ich bin zu alt, um nur zu spielen,
zu jung, um ohne Wunsch zu sein.

Wenn von *(zu) alt* die Rede ist, führt dies in der Regel zu unscharfem Denken und der Vermeidung von Auseinandersetzung. Bei einem älteren Mitarbeiter denkt der Vorgesetzte nicht über eigene Führungsfehler nach: unflexibel, weil »alt«. Der Arzt spart sich eine ordentliche Diagnose – die Schmerzen kommen »vom Alter«. Ein Zahnarzt, den ich gottlob gerade noch rechtzeitig wechselte, erklärte mir Zahnfleischbluten als Alterszeichen und tröstete mich, bei anderen sei das noch weit schlimmer. Das Alter wird zur Ausrede, zum Energiesparmodell, nicht ganz so krass wie im *Faust*, aber im Prinzip nicht unähnlich wie im Gespräch zwischen Baccalaureus, einem ehemaligen Schüler von Faust, und Mephistopheles (*Faust II*, 2. Akt, 1. Szene):

Baccalaureus:
Gewiss! Das Alter ist ein kaltes Fieber
Im Frost von grillenhafter Not;
Hat einer dreißig Jahr vorüber,
So ist er schon so gut wie tot.
Am besten wär's, euch zeitig totzuschlagen.

Mephistopheles:
Der Teufel hat hier weiter nichts zu sagen.

Immer noch wird das »Alter« zur Ursache der verschiedensten Symptome gemacht, die mit ihm kaum etwas zu tun haben: Gelenkschmerzen, Muskelschmerzen, Infektionen, Blutdruckkrisen. Alte sind »verkalkt«, was überhaupt nichts erklärt: Der anatomische Befund gibt keine Auskunft darüber, ob ein Blutgefäß dem Körper eines Geistesgesunden oder eines Dementen entnommen wurde.

Viele Ärzte erleben die Verwüstungsspur nicht, die sie in den Seelen der ihnen Anvertrauten hinterlassen. Sie reden drauflos – oder sie schweigen sich aus, was nicht weniger schädlich sein kann. Sie haben von Psychologie wenig gelernt, das ihnen im Krankenkontakt nützt, vor allem haben sie nie etwas davon wirklich geübt, wie sie etwa Injektionen geübt haben. Es ist sicherlich einfacher, eine Nadel korrekt in eine Vene zu stechen, als eine Information über eine Krankheit so zu vermitteln, dass sie den Gesundungswillen fördert und die Realitätsorientierung stärkt.

Da die Ausbildung in der Pflege stark an medizinischen Modellen orientiert ist, wird auch unter Pflegenden ein Mangel an Dialogfähigkeit nur dann überwunden, wenn es entsprechende Anleitungen, Fortbildungen und kompetente Führung gibt.

Um die Einfühlung in alte Menschen zu stärken, wurde ein Anzug konstruiert, der alle Bewegungen behindert. Zusammen mit einer trüben Brille, einer atembehindernden Maske und dicken Handschuhen getragen, soll er das Gefühl vermitteln, wie es ist, alt zu sein. Ich weiß nichts vom Erfinder dieses erlebnispädagogischen Utensils, aber ich vermute, er ist nicht alt. Denn eine solche Hauruckbehinderung gibt kaum etwas von der verwirrenden Vielfalt, dem Mosaik aus Einbußen und Kompensationen wieder, die das Alter ausmachen.

Es existiert eine Weisheit des Körpers genauso wie eine der Seele und des Geistes. Wer das Alter nur als eine Art

Zwangsjacke ansieht, steht in der neuplatonischen Tradition vom Körper als dem Grab der Seele. Aber der Körper ist beseelt, und die Psyche zieht aus ihm großen Nutzen, wenn sie seine Ressourcen erkennt.[40]

Die von einer rasanten technischen Entwicklung geprägte Kultur der Gegenwart idolisiert schnelle Anpassung und körperliche Glätte. So treten die Möglichkeiten zurück, das Zerrbild eines defizitären Alterns im öffentlichen Erleben durch Hochschätzung von Erfahrungsreichtum, Besonnenheit und Weisheit zu ergänzen.

Die Langlebigkeit des Menschen hat ihren biologischen Sinn. Es nützt einer Gruppe steinzeitlicher Jäger, wenn es Personen gibt, die im Lebensrückblick vieles vergleichen und relativieren können. Seitdem Menschen Wissen speichern und sich Geschichten erzählen, können sie auch Überlebensvorteile daraus gewinnen, dass ein Mitglied der Gruppe über Kenntnisse verfügt, was vor vierzig Jahren in einer großen Dürre hilfreich war oder welche Orte nach einem Jahrhundertregen noch Zuflucht geboten haben. Alte erinnern sich an selten auftretende Ereignisse und mäßigen kurzsichtige Reaktionen.

Der einstige französische Präsident Aristide Briand antwortete auf die Frage, warum er so viele Achtzigjährige in Regierungsämter genommen habe: »Weil es nicht mehr genug Neunzigjährige gibt!«[41]

Angesichts der Schwankungen ihres Selbstvertrauens, ihrer Kräfte und ihrer Zuversicht suchen Menschen Halt bei etwas, das sich messen und zählen lässt. Seit wir unser Geburtsdatum wissen, ist das kalendarische Alter ein solcher Halt. Die Formulierung »Ich bin dafür zu alt« mischt subjektive und objektive Gesichtspunkte. So kommt sie einem wichtigen Abwehrmechanismus gegen seelische Veränderungen entgegen: der Rationalisierung. Da kalendarisches Alter unzweifelhaft objektiviert werden kann, scheinen die mit diesen Daten verknüpften Aussagen unangreifbar.

Die Aussage »Ich bin dafür zu alt« kann einen Reifungsschritt anzeigen, aber auch Widerstände gegen eine Veränderung und depressive Resignation. Eine fünfzigjährige Reiseleiterin, in ihrem Beruf voller Ideen und sehr beliebt, soll wegen ihrer Asthmaanfälle, eines hohen Blutdruckes und gelegentlicher Depressionen eine Psychotherapie beginnen. Sie erzählt in den ersten Sitzungen eine traumatische Vorgeschichte: Sie wurde während der Pubertät von einem Freund des Vaters sexuell missbraucht.

Seither hat sie in ihren Liebesbeziehungen viel Pech gehabt. Sie wurde ausgenutzt, ein Partner war Alkoholiker, ein anderer gebunden. Ihre Partnerwahl hängt nach dem ersten Eindruck mit ihren Selbstgefühlsproblemen zusammen. Seit sie ihre körperlichen Symptome hat, fühlt sie sich zu einer sexuellen Beziehung nicht in der Lage. Inzwischen sei sie für diese Dinge nach ihrem energischen Bekunden »viel zu alt«, eine Einstellung, die im Lauf der Behandlung aufgegeben werden kann.

Der fünfundvierzigjährige Angestellte hat bisher achtmal die Stelle gewechselt, weil er nicht in der Lage war, sich in eine Hierarchie einzufügen. Er beharrte beispielsweise darauf, dass seine Leistung ausgewiesen wurde, wenn ein Vorgesetzter ein Teamergebnis präsentierte. Da diese Rücksichtnahme in vielen Unternehmen nicht üblich ist, gelang es ihm zuletzt nur noch mit viel Mühe, einen neuen Arbeitsplatz zu finden. Er hatte nur dank seiner ausgeprägten und genau in das Anforderungsprofil passenden Qualifikationen eine Chance.

Inzwischen hatte er mit einer Psychotherapie begonnen. Als nun auch der neue Chef nicht ausdrücklich auf seine Fähigkeiten hinwies, sagte er nachdenklich: »Ich habe mich diesmal nicht mehr so aufgeregt wie früher. Vielleicht bin ich zu alt dafür, solche Eitelkeiten derart wichtig zu nehmen.«

Eine Achtunddreißigjährige leidet unter ihrer Einsamkeit. Sie berichtet davon in einer therapeutischen Gruppe. Die Mitglieder machen Vorschläge: Sie könne doch eine Anzeige aufgeben, im Internet suchen oder ein schönes Kleid anziehen und sich an einem Sommertag in ein Straßencafé setzen!

»Dafür bin ich zu alt«, lautet ihre Antwort. »Das kann man vielleicht mit zwanzig machen, aber doch nicht in meinem Alter, da denken ja alle: Seht euch die an, die hat keinen abgekriegt! Das ertrage ich nicht!«

Die gegenwärtige Mischung aus Gültigkeit und Ungültigkeit der Altersrolle befreit und verwirrt zugleich. Wo auf jeder Verpackung im Supermarktregal ein Verfallsdatum steht, sollen die Menschen nicht nach dem Geburtsdatum von Freunden oder Kollegen schielen und sich bitte nicht vergleichen? Wenn sich das subjektive Zeiterleben im Alter beschleunigt, liegt das nicht zuletzt daran, dass wir Wiederholungen weniger Aufmerksamkeit schenken. Daher erinnern wir uns an eine dreiwöchige Fernreise intensiver als an zehn Jahre Arbeit im Büro.

Angeblich ist die Mitte der *erlebten* Zeit bereits im Alter von zwanzig Jahren erreicht. Obwohl Objektivierungen in einem so subjektiven Erlebnisfeld nicht sonderlich aussagekräftig sind, sind Ältere der Ansicht, dass Tage und Wochen schneller vorbeiziehen. Was sich in der Kindheit schier unübersehbar dehnte, wird überschaubar; die Sonne steigt zum Frühlings- und Sommerpunkt, dann sinkt sie wieder; die Wege in der Heimatstadt, im vertrauten Urlaubsort sind dieselben. Erinnerungen haben es schwer, sich mit Jahreszahlen zu verbinden. Nur einschneidende Ereignisse, ein Todesfall, ein Hauskauf, die Geburt eines Kindes, ragen aus dem Einerlei heraus.

Und: Nur kritisch diskutierbare Erfahrung bereichert. Erfahrung, die sich autoritär verabsolutiert, drückt Selbstgefühlsprobleme aus und kann keinen Beitrag zu ihrer Lösung leisten. Dann wird Erfahrung zu Abwehr. »Haben Sie erst einmal meine Lebenserfahrung ...«

Erfahrung als Wiederholung stumpft ab; sie macht buchstäblich dumm. Wer eine Lösung anzubieten hat, wem ein origineller Einfall zufliegt, der wird es nicht für nötig halten, seine Erfahrung zu erwähnen. Menschliche Kreativität ist so flüchtig wie erotische Spannung. Es fruchtet nicht, ein Register anzulegen, wie es Leporello auf Geheiß seines Herrn tut. Das Zählbare wird gezählt, das Geheimnis bleibt. Es fällt schwer, sich von narzisstischen Klischees zu verabschieden, die zu Beginn unseres Lebens durch Altersklassen geprägt werden und nie ganz verschwinden. Wenn ein Älterer den Orden erhält, den ich verdient hätte, kann ich noch hoffen, ihn in seinem Alter auch zu bekommen. Wird aber ein Jüngerer ausgezeichnet, bin ich zu spät dran und fühle mich entwertet.

Je weniger das Rollenmuster in einer Therapie von dem sozial üblichen Vorbild in Erziehung, Belehrung und Führung abweicht, desto weniger wird auch das professionelle Bewusstsein geschärft. Ein Therapeut, der immer nur Personen behandelt, die jünger und weniger qualifiziert sind als er selbst, hat viel weniger Möglichkeiten, in Krisen und Verunsicherungen die eigene professionelle Aufgabe zu entwickeln. Er übt seine Fertigkeiten nicht mehr als ein Steuermann, der nur bei schönem Wetter in Sichtweite der Küste segelt. Erst angesichts älterer Menschen, die einen höheren sozialen Rang haben und mehr wissen als der Therapeut, kann dieser seine Professionalität finden und behaupten. Er kann sich und dem Klienten klarmachen, dass es nicht darauf ankommt, Überlegenheit zu beweisen, sondern in unterschiedlichen Rollen zusammenzuarbeiten, dass Rivalität nicht ausagiert, sondern benannt und auf ihre Sinnhaftigkeit geprüft wird.

Die Vorzüge des älteren Therapeuten? Er weckt vertraute Szenen von Zuflucht bei guten Eltern und neutralisiert Rivalität. Darin verbergen sich aber auch Nachteile: Der abgeklärte und schon ein wenig jenseitige Therapeut weckt weniger ödipale Fantasien; indem er die eigenen Kräfte schont, regt er eine ähnliche Haltung beim Patienten an.

Wir sind wenig geübt, emotionale Reaktionen vorherzusehen, am wenigsten vielleicht die auf einen Verlust. Wir gewöhnen uns an alles, was wir haben, seine erlebte Bedeutung schwindet. Sobald es aber verloren geht, wird es uns wieder wichtig. Wer in Mitteleuropa denkt daran, wie wichtig Trinkwasser und Elektrizität sind? Die Maxime der Steinzeit war: Wer auf dem Boden schläft, kann nicht aus dem Bett fallen. Wir schlafen im Hochbett und bemerken nur in der Katastrophe, wie schwindelerregend der Abstand zum Boden geworden ist.

Depressive Krisen im Zusammenhang mit der (Früh-)Pensionierung oder -Berentung hängen damit zusammen, dass die Berufsarbeit zwiespältig erlebt wurde. Der typische Patient, die typische Patientin haben schon vorher den realistischen Bezug zur Bedeutung ihrer Tätigkeit für ihr seelisches Gleichgewicht verloren. Sie haben nicht nur geklagt, die Arbeit sei lästig, die Kollegen seien mies, die Vorgesetzten unfähig, die Mitarbeiter untauglich. Sie haben das auch tatsächlich so erlebt. Was sie subjektiv an der Arbeit hielt, war die Verpflichtung, für die Familie zu sorgen oder eine wichtige Aufgabe keinem inkompetenten Nachfolger zu überlassen.

Erst nach dem endgültigen Abschied beschleichen sie die Verluste. An keiner der vor ihrer Berentung als inspirierende Alternative zur Arbeit erlebten Beschäftigungen, zu denen er – von der Tretmühle befreit – aufbrechen wollten, können sie noch etwas finden. Was bedeutet es schon, ob ich male oder töpfere, eine Sprache lerne oder mein Golfspiel verbessere?

Zugespitzt habe ich diese Situation bei einem damals dreiundsechzigjährigen Patienten kennengelernt. Nach seiner

Pensionierung war der Studiendirektor eines Gymnasiums an einer Depression erkrankt, gegen die er mit seinen Hobbys vergeblich anzukämpfen suchte. In einer seiner ersten Therapiesitzungen berichtete er, wie er bei schönstem Sommerwetter angelnd am Ufer eines oberbayerischen Gewässers saß. Er tat genau das, was er sich während seiner Tätigkeit immer als paradiesische Situation ausgemalt hatte. Jetzt aber fragte er sich: »Das soll der Sinn meines Lebens sein?«

Um die Thematik zu veranschaulichen, will ich diesem Fall ein wenig nachgehen. Der einstige Pädagoge hatte hoch engagiert an einer Gesamtschule gearbeitet. Er hatte gern unterrichtet, war beliebt bei Schülern und Kollegen, hatte die besten Beurteilungen. Verwaltungsarbeit, die mit der Beförderung zum Studiendirektor überhandnahm, machte ihm keine Freude. In den letzten Jahren war ihm bewusst geworden, dass er Stress schlechter verkraftete, er kränkelte und reagierte auf die Krebserkrankung einer Schwester mit hypochondrischen Ängsten.

Die Behörde hatte ein Programm zur Frühpensionierung eingeführt. Er hätte auch aus Gesundheitsgründen zurücktreten können und wäre dann mit voller Pension in den Ruhestand gegangen, aber das Angebot passte zu seiner Stimmung. Die Schule, in der er jeden Tag viele Stunden verbracht hatte, bedeutete ihm nichts mehr.

Sein Abschied wurde gefeiert, Reden wurden gehalten, ein Vertreter des Ministeriums trug ihm eine Forschungsarbeit an. Er freute sich schon darauf, endlich seinen Wünschen nach einer erfüllten Freizeit nachgehen zu können. Es gab so viele Projekte, jeder, sein Freund, seine Frau, er selbst hatten Ideen, was er tun könne – als Schulberater freiberuflich arbeiten, Italienisch lernen, ein Bildhauerkurs, Yoga.

Tapfer machte er sich, einer Trägheit und Lähmung trotzend, an die Freizeitaktivitäten. Er konnte doch nicht nur zu Hause sitzen, ausschlafen und mittags schon das erste Weißbier trinken! Das war es, was er am liebsten getan hätte, nicht weil es ihm besondere Freude machte, sondern weil er zu allem anderen noch weniger Lust hatte.

Als er sich immer deprimierter fühlte und sein Hausarzt eine Behandlung mit Psychopharmaka vorschlug, entschloss er sich, einen Analytiker aufzusuchen, bei dem er schon früher, im Zusammenhang mit einer Weiterbildung, gewesen war.

Der Kranke kam aus einer bäuerlichen Familie. Die Schule war für ihn eine Art Ersatzmutter für seine überlastete, früh verstorbene reale Mutter. Er hatte stets beste Noten und wurde von seinen älteren Brüdern angehalten, das Gymnasium zu besuchen und zu studieren, während sie das Handwerk des Vaters erlernten und später dessen Betrieb übernahmen.

Sein Einsatz für die Kinder und für Projekte, um benachteiligte Schüler optimal zu fördern, hatten ihn zu einem sehr geschätzten, für manche aber auch unbequemen Lehrer gemacht. Für ein Privatleben und eigene Kinder hatte er »keine Zeit« gehabt. Lange Zeit scheiterten seine Beziehungen zu Frauen daran, dass er sich ihnen nicht gewachsen fühlte und vor ihnen floh.

In der Therapie wurde bald deutlich, wie viel die Schule ihm gegeben hatte. Was schwerer herauszufinden war: Weshalb hatte er diese Aspekte so ganz aus den Augen verloren, als er seinen Abschied nahm? Mein Patient war immer streng zu sich gewesen, hatte sich keine Nachlässigkeit in seiner Arbeit verziehen. Diese Anspannung wollte er um jeden Preis aufrechterhalten, als er ruhebedürftiger wurde. Er ging krank zur Arbeit, bekämpfte Fieber mit Medikamenten, anstatt die Ansteckung auszuheilen und das überforderte Immunsystem zu regenerieren. Dann wurde er ernsthaft krank, fiel monatelang aus und empfand die Rückkehr in die Arbeit nur noch als Plage.

»Ich habe die Handschuhe verloren gemacht!« Dieser Satz meiner damals dreijährigen Tochter ist haften geblieben. Er passt zu einer Erfahrung, die in der Analyse von Depressiven eher die Regel ist als die Ausnahme: Diese Menschen sorgen aktiv dafür, dass sie etwas verlieren, das ihnen bitter fehlt, wenn sie bemerken, dass es wirklich nicht mehr da ist. Es gibt zwei Erklärungen dazu: die Spaltungstheorie von Melanie Klein und die Theorie der Illusionsbildung durch die unterschiedlichen Funktionen unserer Hirnhälften, die von verschiedenen Forschern formuliert wurde, sehr anschaulich von dem indisch-US-amerikanischen Neurologen Vilayanur Ramachandran.

Die Spaltungstheorie geht davon aus, dass kleine Kinder nicht in der Lage sind, gute und böse Eigenarten des für ihr Überleben hochbedeutsamen Erwachsenen (Kürzel: »der Mutter«) miteinander zu verknüpfen. Sie sehen dann bald eine ganz böse, bald eine ganz gute Mutter. Anfänglich hat Klein vermutet, dass die Spaltung mit der seelischen Reifung verschwindet. Später korrigierte sie diese optimistische Auffassung. Auch gesunde und reife Menschen sind von Spaltungen bedroht. Wir alle schwanken immer wieder von der Idealisierung zur Entwertung, sind in Gefahr, eine nicht sinnvolle Alternative aufzubauen.

Der depressiv gewordene Lehrer hatte in seinen letzten Berufsjahren nur noch die Last und nicht die narzisstische Zufuhr wahrgenommen, welche ihm seine Arbeit brachte. So gab er sie auf und bemerkte zu spät, was sie ihm bedeutet hatte.

Die Theorie der zwei Hirnhälften geht wiederum von Untersuchungen an Schlaganfallpatienten und Gehirnoperierten aus, die bestimmte psychische Ausfälle haben. Diese werden in jüngster Zeit durch computergestützte Untersuchungsmethoden ergänzt, mit deren Hilfe sich neurale Aktivitäten im Gehirn sichtbar machen lassen. Es hat sich gezeigt, dass die beiden Gehirnhälften unterschiedliche Aufgaben haben. Die linke ist (beim Rechtshänder) ein erfindungsreicher Geschichtenerzähler, der ständig Vermutungen über die Welt produziert und sie dem Bewusstsein als Wirklichkeit anbietet. Die rechte Hemisphäre prüft und ordnet ein.

Diese Weltschöpfung, die unsere Wahrnehmung der Umwelt, aber auch unsere Selbstwahrnehmung prägt, ist deshalb nützlich, weil wir handlungsfähig bleiben müssen, auch wenn wir nicht genügend Informationen haben. Es dient dem Überleben, wenn ein Rascheln im Gras oder ein Schatten im Gebüsch als Schlange oder Raubtier imaginiert werden und der Organismus sich blitzschnell auf Kampf oder Flucht vorbereitet. Die Übertreibung einer Gefahr schadet nicht, die Untertreibung ist gefährlich, zumindest unter den Lebensbedingungen, die unsere Gene prägten.

Wer Pilze sucht oder Mineralien sammelt, wird bemerkt haben, dass er auch Nicht-Pilze oder Nicht-Mineralien als die ersehnten Objekte zu sehen meint und erst bei einem zweiten Blick oder nach einem prüfenden Handgriff feststellt, dass es sich um ein Grasbüschel, ein Stück Holz oder einen gewöhnlichen Stein handelt. Was ich sehe, wird von den Geschichten geprägt, die ich mir erzähle – in diesem Fall von der Erwartung von Beute.

Aktionen, in denen unterschiedliche Wahrnehmungen koordiniert, Eindrücke kritisch verglichen und geprüft werden, werden vor allem von der rechten Hirnhälfte gesteuert. Wir erzählen uns gern Märchen. 90 Prozent der Deutschen halten sich für überdurchschnittliche Autofahrer, 90 Prozent der US-Amerikaner für überdurchschnittlich intelligent.[42]

Beide Theorien ergänzen sich. Die psychoanalytische ist »dynamisch«, sie weist darauf hin, dass Wünsche und Ängste unsere Wahrnehmungen prägen. Die neuropsychologische fügt zu dieser Auffassung grundsätzliche Einsichten in die aktive, weltschöpfende Aktivität des Gehirnes, das lange Zeit als ein System angesehen wurde, das auf Umweltreize *reagiert*.

Die Arbeit an Spaltungen und Illusionen steht im Zentrum der Psychotherapie Alternder. Heftige Ängste und Depressionen ergeben sich daraus, dass Menschen lange Zeit alle Alterserscheinungen abspalten und verleugnen. Gelingt ihnen das nicht mehr, sind sie überfordert. Das ist nicht nur unter dem Gesichtspunkt der seelischen Hygiene problematisch, sondern bringt auch körperliche Risiken mit sich. Charakteristisch für die Spaltungsdynamik angesichts des Alters ist, dass sich eine Person gestern noch jung und heute greisenhaft fühlen kann, gestern noch vital und heute leer, gestern noch geil und heute ohne jedes sexuelle Interesse.

Ein Fünfundvierzigjähriger berichtet nach einem schweren Skiunfall, der ihn ein Jahr lang fast gehunfähig machte, wie er am Unfalltag bemerkt habe, dass er nicht mehr ganz so schnell wie früher fahren konnte. Er war vorsichtiger geworden, setzte früher zu Schwüngen an, riskierte weniger. Das ärgerte ihn, er war doch nicht alt und immer einer der besten in der Clique gewesen!

Es fing an zu schneien, die Sicht wurde schlechter, an ihm vorbei sauste ein Mann die Abfahrt hinab. Jetzt wollte er es aber wissen! Er vergaß alle Hemmungen und Vorsichten, setzte zu einer Schussfahrt an – und stand sie nicht durch.

Wer sich verliebt, fühlt mit siebzig Jahren nicht viel anders als mit siebzehn. Die Betroffenen staunen und wollen es kaum glauben; in Wahrheit ist dieses Empfinden völlig normal. Gute Selbstbeobachter wissen zeitlebens, dass in jedem Erwachsenen viel Kindliches steckt; sie wissen auch, dass nicht die Unterdrückung, sondern die Integration dieser kindlichen Merkmale das charakterisiert, was wir seelische Reife nennen.

In unserer Psyche herrscht, wie erwähnt, Ökonomie: Was sich an Bewährtem aufgebaut hat, bleibt bestehen. Gefühlsstrukturen (wie die Affekte im Zusammenhang mit Liebesbeziehungen) können aktiviert werden, auch wenn sie über lange Jahre nicht benötigt wurden.

Wenn wir uns an das Modell der zwei Gehirnhälften von Ramachandran erinnern, gewinnen wir auch einen wichtigen Aspekt für die Therapie im Alter. Das Alter ist ein Phantom, ein Konstrukt unserer linken Gehirnhälfte, die uns ständig mit voreiligen, illusionären Gewissheiten versorgt. Diese können uns das Leben erleichtern, aber ebenso erschweren; ihre Aufgabe ist es, uns handlungsfähig zu halten, selbst auf Kosten extremer Verzerrungen der Wirklichkeit. »Für immer jung« ist die eine dieser Illusionen; »alt und unbrauchbar« die andere.

Die Therapie kann eine gesellschaftlich bedingte Geringschätzung des Alters nicht aufheben. Aber sie kann es vermeiden, sie zu teilen; sie kann differenzieren und Phantome bekämpfen, die über das Alter existieren und häufig durch Ärzte gefördert werden, die zum Beispiel Gelenkschmerzen oder Schwerhörigkeit als »Altersleiden« zu quasi gesetzhaft zu erwartenden Störungen machen. In Wahrheit sind die »Altersleiden« sehr dynamische Gebilde, deren Verlauf von anderen Faktoren viel stärker bestimmt wird als vom Alter.

Eine Patientin erzählte: »Vor zehn Jahren hatte ich starke Schmerzen. Der Arzt hat sich das Röntgenbild angesehen und gesagt: ›Arthrose. Wie alt sind Sie denn? Aha, da kann man nicht viel machen, vielleicht brauchen Sie irgendwann ein künstliches Gelenk.‹ Ich habe das nicht glauben wollen und bin zu einem anderen Arzt gegangen. Der hat mir Gymnastik empfohlen, vor allem Dehnungsübungen, und es ist besser geworden. Dann habe ich mein Übergewicht abgebaut. Seither geht es mir gut.«

Was für den Arzt gilt, gilt auch für den Psychotherapeuten: Was er tut, soll professionell reflektiert sein, von Überlegungen getragen, was denn im Interesse des Patienten geleistet werden kann. Ansonsten gilt die Grundregel: »Lassen Sie sich etwas einfallen!«

WAS KANN ICH IM ALTER GEWINNEN?

Wir machen uns selten klar, dass der Prozess, in dem ein Mensch zu Sprache, Ich-Bewusstsein und Identität findet, immer darauf beruht, dass wir uns von Überflüssigem trennen und aus einer großen Vielfalt von Möglichkeiten die passenden auswählen. In der Kunstgeschichte gibt es die elementare Unterscheidung zwischen den Künsten, die durch Wegnehmen arbeiten, und jenen, zu denen etwas hinzugefügt wird. Sie ist von Michelangelo eingeführt worden. Diese Lehre der Renaissance hängt auch mit dem damals herrschenden neuplatonischen Denken zusammen. Ein Bildhauer erarbeitet sein Werk durch Wegmeißeln all jenes Materials, das die erwünschte Gestalt in sich »begraben« hat. Sein Geist verhilft ihr zur Auferstehung.[43]

Die Entwicklung komplexer menschlicher Fertigkeiten beruht sehr häufig auf dem Prinzip des Wegnehmens oder Weglassens. Der richtige Rat, die richtige Lösung in einer schwierigen Situation ist vielfach nicht dadurch auffindbar, dass man sofort eine Antwort weiß; es geht öfter darum, voreilige, falsche Lösungsversuche (die das Problem verstärken) wegzulassen. Diese Dynamik wurde durch verschiedene, oft paradoxe Metaphern umschrieben, angefangen bei Sokrates: »Ich weiß, dass ich nichts weiß« bis zur »*negative capability*«, sozusagen zu der Fähigkeit zur Nicht-Kompetenz des britischen Analytikers Wilfred Bion.[44]

Seit ich darauf aufmerksam geworden bin, habe ich mich immer wieder einmal mit Therapeuten und Beratern über die Kompetenzsteigerung im Alter unterhalten. Wir wurden uns meist darüber einig, dass sie mit der Fähigkeit zusammenhängt, nicht mehr übereifrig in jeder Situation die eigene Kompetenz beweisen zu müssen. Dadurch ergibt sich eine verbesserte Möglichkeit, den Moment abzuwarten, in dem mit geringerem Aufwand ein besseres Ergebnis erzielt werden kann.

Eine fünfzigjährige Unternehmensberaterin, die eben eine Vereinsmeisterschaft im Tennis gewonnen hatte, ergänzte die Debatte durch den Begriff der *»effortless power«*, auf die sie ihr Trainer immer wieder hinweise. Es handelt sich um Bewegungen, die durch Schwung und optimalen Ablauf das wettmachen, was ihnen an grober Kraft fehlt.

Für Jüngere, die stolz auf ihre Kraftreserven sind, spielt die Ökonomie ihres Handelns eine geringere Rolle als für Ältere. Daher entgeht ihrer Aufmerksamkeit oft die ökonomische Lösung, die mit dem kleinsten Aufwand am meisten erreicht. Sie haben Kraft zu verschwenden, also verschwenden sie auch Kraft. Der Ältere hat nicht mehr so viel, also schont er seine Ressourcen und kann auch andere eher dazu bringen, das Beste aus ihren Potenzialen zu machen. Hebbel hat das eher zynisch formuliert: »Erst fehlt uns der Becher, dann fehlt uns der Wein!«[45] Aber in Wahrheit ist es in sehr vielen Lebensbereichen so, dass lange Zeit die zunehmende Entwicklung von Genauigkeit und Mäßigung in den körperlichen wie geistigen Bewegungen die Verluste an schierer Energie aufwiegen kann.

Der unökonomische Kraftaufwand Jugendlicher resultiert daraus, dass sie in jeder Situation um jeden Preis rivalisieren, also ihre Überlegenheit oder doch wenigstens Kampftüchtigkeit beweisen. Wenn der Entwicklungsprozess im Alter ungestört stattfinden kann, führt er dazu, dass Rivalität nicht mehr blindlings eingegangen wird, sondern ihr die Überlegung vorausgeht, ob sich der Einsatz für das angestrebte Ziel auch lohnt.

Daher ist die Überlegenheit älterer Menschen in Führungspositionen keine reine Fiktion. Natürlich ist es nicht das kalendarische Alter, das hier den Ausschlag gibt, sondern die Fähigkeit, Kräfte zu ordnen und Energien zu konzentrieren. Wer das in seinem eigenen Organismus mehr und mehr gelernt hat, der wird auch eine Gruppe oder eine Organisation, die er leitet, dazu bringen können, nicht sinnlos Kraft zu vergeuden, keine Machtkämpfe um des Machtkampfes willen zu führen, Ressourcen zu erkennen und auszuschöpfen, Reibungsverluste möglichst zu vermeiden.

Der Gegensatz von »Unreife« und »Reife« ist beim Obst eindeutiger als beim Menschen. Jedes Kind weiß, dass reife Pflaumen, Birnen, Bananen besser schmecken als unreife; jeder Obsthändler ist sich der Gefahren der Reife bewusst: Was reif ist, wird bald faulen. Im Alltag wird von »unreif« meist vorwurfsvoll gesprochen, reif hingegen ist verantwortungsvoll, erwünscht, richtig – aber auch ein Signal, dass sich eine Person ihrem Verfallsdatum nähert.

Unsere seelischen Funktionen reifen, indem sie mit weniger Aufwand die notwendigen Ziele erreichen. Ein Säugling plagt seine Umwelt mit unüberhörbarem Gebrüll so lange zu einer Vielfalt chaotischer Bemühungen, bis endlich Abhilfe geschaffen ist. Unreifer Ausdruck von Bedürfnissen ist umständlich, verletzbar und schwer verständlich.

Reife wird aber häufig nicht als Beschreibung verwendet, sondern als Wertung. Hinter ihr steht dann eine Idealisierung, die das Kindliche in der menschlichen Existenz abqualifiziert und ein Bild des Erwachsenen aufbaut, in dem Reife daran erkennbar sein soll, dass ein Mensch zuverlässig alle nicht genau passenden Wünsche und Ausdrucksformen in sich niederkämpft. Er ist perfekt.

Dieser »reife« Mensch ist eine prekäre, leicht aus dem Gleichgewicht zu bringende Konstruktion, wie der biblische Götze, der auf Füßen aus Ton steht. Wer schonend mit seinen Ressourcen umgeht, wird nie und nimmer die kindlichen Wünsche, die Vielfalt der Gefühle und die Fähigkeit zu einer belebenden Rückkehr in frühere Seelenzustände dämonisieren und aus seinem Erleben verbannen. Er wird versuchen, möglichst viel kindliche Merkmale zu erhalten und ihnen jene Bereiche zuzuordnen, in denen sie segensreich wirken können – das Spiel, die Kreativität, die Entspannung, die Erotik.[46]

Reife als genauere, sparsamere, mühelosere Zielfindung und Ressourcennutzung ist das Zentrum aller positiven Entwicklungen unserer Psyche. Hier können unsere Fähigkeiten oft auch dann noch beträchtlich zunehmen, wenn wir längst angefangen haben, uns des Altersabbaus zu verdächtigen.

Ich habe viel Zeit mit Sammlern verbracht. Immer wieder ist mir aufgefallen, wie sehr sich eine so zentrale Leistung wie der Blick für Qualitäten noch in einem Alter entwickeln kann, in dem die (in Tests) »messbare« Intelligenz abnimmt.

Ich habe eine Sammlerin kennengelernt, die unter Tausenden von Stücken in wenigen Minuten die paar Ringe oder Armspangen fand, die authentisch waren.

Das Auge wird schneller, je mehr es gesehen hat. Die Wahrnehmung des Menschen ist ein Er-Fassen von Gestalten, das umso besser gelingt, je mehr Erfahrungen sich angesammelt haben. Wer ein wenig älter geworden ist in einem anspruchsvollen Beruf – wie dem der Medizin oder der Rechtsprechung –, erinnert sich mit leisem Schauder an die Anfängerfehler, als das Handeln noch durch angelerntes Wissen, nicht durch lebendige, eigene Erfahrung bestimmt war.

Ich habe vor gut fünfzig Jahren begonnen zu sammeln, anfangs, weil 1965 neue Möbel teurer waren als schöne Stücke aus dem Biedermeier. Später wechselte ich zu Kleinplastiken, altem Werkzeug und handgearbeiteten Dingen aus Metall und Glas. Überall fühle ich mich heute dem Anfänger-Sammler überlegen, der ich einmal war, obwohl ich zahlreiche Lücken in meinen Kenntnissen über die jeweiligen Gebiete habe. Aber immerhin weiß ich, wo ich nichts weiß ...

Wir können im Alter so gut Fähigkeiten entwickeln wie in der Jugend. Das Sammeln erscheint für den Alternden deshalb anziehend, weil die Dinge, die er ordnet, sinnlich und konkret sind, er sein Gedächtnis an ihnen üben kann, er ihnen immer wieder begegnet und seine Eindrücke erneuert.

Das Auge des Sammlers (wie auch das des Künstlers, des Kritikers, des Klinikers) wird durch die Erfahrung schneller, sein Wissen greift weiter aus, er vollzieht seine geistigen Bewegungen rascher, auch wenn er körperlich hinfälliger geworden ist.

Mit siebzig hat sich meine schon immer eher spielerische Sammlerfreude verändert. Ich kaufe nur noch selten, nicht mehr bei Händlern, mehr auf Flohmärkten, wo überraschende Funde möglich sind. Das liegt auch daran, dass ich interessante Gegenstände weit höher schätze als kostbare, die zusätzliche Probleme schaffen, weil man sie nicht in einem normalen Haushalt ungesichert und unversichert aufbewahren kann. Ich will sozusagen Herr meiner Sammlungen bleiben und nicht ihr Diener werden. Die Freude an den Dingen ist geblieben. Aber sie vermehrt sich nicht mehr durch Erwerb von Gegenständen, sondern durch Wissen, durch die Reparatur beschädigter Objekte, die einen ganz eigenen Zauber hat.[47]

Wer malt, entwirft oder schreibt, dirigiert oder Regie führt, bemerkt selten einen Abbau im Alter, eher einen höheren Anspruch, der ihn intensiver an den eigenen Werken arbeiten lässt. Den professionellen Künstler unterscheidet vom Amateur vielleicht noch mehr als das reine Talent die Geduld, mit der er sich an die Vollendung herantastet. Dilettanten wollen schnell fertig werden, ihnen kommt es auf einen Gesamteindruck an, den sie bald gewinnen müssen, um nicht den Mut zum Ganzen wieder einzubüßen.

Das Bild muss bis zum Abend fertig gemalt sein, das ganze Buch ist schon im Kopf, das Musikstück wird von Anfang bis Ende gespielt. Langsam, planmäßig, systematisch an etwas heranzugehen, gehört in den Kontext der Professionalität: Schritt für Schritt vorangehen, die eigenen Kräfte nicht überfordern, immer das Beste aus den vorhandenen Materialien und Möglichkeiten herausholen, nichts vergeuden, nicht den Erfolg des Ganzen durch eine hastige Nachlässigkeit gefährden.

Wer seine seelischen Reifungsprozesse günstig gestalten kann, tritt in einen Prozess ein, in dem er das Beste aus seinen geistigen und körperlichen Kräften macht. Diese Optimierung des Umganges mit Ressourcen gleicht der Entwicklung professioneller Leistungsfähigkeit.

Untersuchungen darüber, wie anspruchsvolle Berufe – Ingenieure, Dirigenten, Ärzte oder Anwälte – ihre Profession ausüben, haben ähnliche Prozesse dokumentiert. Professionalität ist nicht angewandte Theorie, sondern Lernen an eigenen Erfahrungen und Orientierung an der Situation. Kaum eine der Aufgaben, mit denen der Professionelle zu tun hat, ist dadurch zu bewältigen, dass er ein Schema wiederholt.

Wenn zum Beispiel ein Ingenieur im Dschungel eine Straße bauen soll, wird er scheitern, wenn er nur die Modelle anwenden möchte, die er während des Studiums erlernt hat. Der Uni-Absolvent glaubt, es sei unmöglich, Brücken ohne eiserne Träger und armierten Beton zu errichten; der professionelle Ingenieur nutzt im Urwald eben Baumstämme, die mit den örtlichen Mitteln – Äxten und Sägen – zugeschnitten und verzapft werden.

Ähnlich kann das alternde Ich mit den Ressourcen des eigenen Leibes und der eigenen Psyche umgehen. Nichts ist mehr so, wie es die früh erworbenen Modelle erwarten lassen. Das heißt aber nicht, an der Aufgabe zu verzagen. Es ist als Herausforderung zu sehen, die vorhandenen Chancen zu nutzen. Das Alter überwindet den im Vorwort erwähnten Unterschied zwischen dem Bastler und dem Planer.

Eine Vorstellung von Professionalität, in der alle Leistungen mit einer vorgegebenen Idealsituation verglichen und an ihr gemessen werden, ist der Entwicklung kreativer Kompetenz feindlich. Es geht darum, in der jeweiligen spezifischen Situation mit den vorhandenen Mitteln die beste Lösung der gestellten Aufgabe zu erreichen. Genau das ist auch die typische Forderung an die Bewältigung des Alters. Es gibt kein Idealbild dazu, und nie war die Distanzierung von destruktiven Idealen so wichtig wie jetzt.

Der Alternde gleicht durchaus dem Ingenieur, der eine Straße durch den Dschungel bauen soll. Was er vor Ort findet, ist ganz anders als das, was er erwartet hat; es gibt keinen elektrischen Strom, keine Baumaschinen – aber es gibt andere Ressourcen, die er nutzen kann, wenn er sich von der Situation leiten lässt und nicht von seinen Idealvorstellungen. Sein Werk kann gelingen oder scheitern. Wenn es gelingt, wird es anders aussehen als die Brücken, die er in seinem Kopf hatte. Aber er wird eine Brücke in seinem Kopf von der Baustelle mitnehmen, die ihm Mut macht.

WIE FINDE ICH HEIMAT IM (PFLEGE-)HEIM?

Oft habe ich an den Satz meiner Passauer Großmutter gedacht: »Ich gehe ins Heim, solange ich das kann und nicht muss!« Anfangs fand ich, wie schon erwähnt, den Satz souverän. Damals, in den Sechziger- und Siebzigerjahren, war das Seniorenheim eine Einrichtung, die viele rüstige Alte der eigenen Familie vorzogen, weil sie sich dort unabhängiger fühlten. Diese Lage hat sich in den letzten fünfzig Jahren dramatisch geändert. Altenheime, die einst mehrere Stationen für rüstige Bewohner und eine kleine Pflegestation hatten, müssen heute oft viele Pflegebedürftige versorgen und haben kaum noch gesunde Bewerber.

Es entstanden Zentren für ambulante Pflege und für Hilfsdienste, die Älteren ermöglichen, den Heimaufenthalt aufzuschieben oder ganz zu vermeiden. Heute leben über 90 Prozent der Alten zu Hause, bis sie sterben. Die sozialen Neuerungen der jüngsten Zeit, vor allem die Pflegeversicherung und die Einrichtung von Pflegestationen für ambulante Hilfen, werden die Zahl der Heimbewohner weiter mindern.

Lebensstile im Alter

Der Begriff der »neuen Alten« wurde Ende der Achtzigerjahre entwickelt und steht für den in einer Konsumgesellschaft erwartbaren Trend, das Alter in zwei Hälften zu teilen: eine leuchtende und eine graue. Auf rüstigen Rentnerinnen und Rentnern sammeln sich hymnische Zuschreibungen wie Fruchtfliegen auf Obstresten: Sie sind Silver oder gar Golden Agers, die Möglichkeiten zum *Downaging* nutzen, Forever Youngsters, die eine Silver Society prägen.

Zentral in der Auseinandersetzung mit den Selbstgefühlsproblemen des Alters bleibt die Frage: Wie lange kann der letzte Lebensabschnitt aktiv gestaltet werden? Wir können davon ausgehen, dass die Sehnsucht nach dem »Ruhestand« umso ausgeprägter ist, je weniger die Arbeit selbst als eine Quelle von Energie und sozialer Bestätigung erlebt werden konnte. Interessant sind hier die von Gabriele Berger und Gerhard Gerngross[48] schon in den Neunzigerjahren entwickelten vier Modelle für erfolgreiches Altern:

Weitermachen. Dieses Modell wird von Menschen gewählt, die selbstständig gearbeitet haben und daher selbst bestimmen können, in welchem Umfang sie ihre Arbeit fortführen. Es gilt für Künstler, Ärzte, selbstständige Handwerker, Hirten, Bauern und darüber hinaus für alle, die ihre Absicht durchsetzen können, lieber möglichst spät als möglichst früh in Rente zu gehen.

Anknüpfen. Diese Personen haben schon während ihrer Berufstätigkeit nach Möglichkeiten Ausschau gehalten, die erworbenen Fähigkeiten mit neuen Interessen zu verbinden. Ein Tierarzt gibt mit fünfundfünfzig seine Stadtpraxis auf und kauft sich einen Bauernhof, um dort Hühner und Schafe zu züchten; ein Kunsterzieher investiert sein Erspartes in eine eigene Galerie und verzehrt seine Pension als Kunsthändler; der früh in Rente gegangene Architekt steigt in die Boutique seiner Frau ein und produziert Modeschmuck; der pensionierte Deutschlehrer gründet mit seiner Ehefrau ein Antiquariat.

Befreien. Diese Menschen haben ihre Arbeit als Pflicht, ja als Last erlebt. Sie atmen auf, wenn sie diese Belastung los sind – vielfach sind das Frauen, die sich jetzt endlich ihren Enkelkindern oder dem Garten widmen können.

Nachholen. Die im Ruhestand gewonnene Zeit erlaubt es, die Beschäftigungen auszubauen, für die bisher zu wenig Zeit war – in die Länder zu reisen, zu denen man schon als Student aufbrechen wollte; ein Orchideenfach wie Archäologie oder Literaturwissenschaft zu studieren; den Bootsführerschein zu machen oder den Winter im Süden zu verbringen.

Die individuellen Stile, dem Alter seinen Sinn zu geben, werden jedoch durch Vorschriften eingeengt – so bedrückt eine starre Altersgrenze jene Menschen, die gern und gut noch viele Jahre weiterarbeiten können und wollen.

Ich habe rüstige Bäuerinnen weinen sehen, als ihre geliebten Kühe aus dem Stall getrieben und verladen wurden. Aber sollte die Familie auf die Rente verzichten? Ein Landwirt bekommt sie nur, wenn er seinen Hof übergibt oder nicht mehr bewirtschaftet.

Der Zeitpunkt, von dem an Menschen ihre Arbeit nicht mehr leisten können, hat mit ihrem kalendarischen Alter sehr wenig zu tun. Renten in Industrieländern sind paradoxerweise gleichzeitig zu hoch und zu niedrig. Sie sind so hoch, dass die Rente einen Ausweg aus Belastungen am Arbeitsplatz verspricht, so niedrig, dass nicht wenige Rentnerinnen und Rentner verarmen.

Rentenangebote verführen dazu, sich dem Stress der Berufsarbeit zu entziehen, statt für ein befriedigendes Betriebsklima zu kämpfen. So entziehen sie den Verführten die bisher nicht wahrgenommenen, aber unersetzlichen psychohygienischen Faktoren der Berufstätigkeit: Sie bringt uns in Kontakt zu Menschen, sie mahnt uns ständig, nach einem angemessenen Austausch mit unserer Umwelt zu suchen, sie schenkt uns

Erfolgserlebnisse und lenkt unsere Energien in vorwiegend zweckmäßige Bahnen.

Der Eustress, also der wohltuende Stress einer passenden Berufsarbeit, wäre für viele Menschen eine produktive Alternative zum Ausscheiden aus dem Arbeitsleben. Unsere Sozialpolitiker sollten alles tun, um entsprechende Arbeitsmöglichkeiten allen Menschen zu jeder Zeit ihres Lebens zugänglich zu machen. Alles andere ist ein Unrecht an den Betroffenen. Wer glaubt, für »unsere Rentner« politisch zu kämpfen, indem er viel Geld für ein frühes Ausscheiden aus dem Beruf an seine Fahne heftet, sollte sich für dieses kümmerliche und inhumane Konzept schämen.

Wer – in welchem Alter und mit welcher Rente auch immer – arbeiten will, muss in diesem Projekt unterstützt werden. Der Beitrag solcher sozialen Neuerungen zur Gesundheit der Bevölkerung liegt sicher weit über allem, was Medikamente und Operationen bewirken können. Nichts beugt den typischen »Altersleiden« (Bewegungsmangel, Einsamkeit, Alzheimer[49], Depression) besser vor als sinnvolles Tun. Nicht die bürokratischen Hindernisse für ein Rentenbegehren helfen uns, unsere Zukunft zu bewältigen. Wir müssten Wege finden, Arbeit attraktiv zu machen, und alle Möglichkeiten nutzen, diesen Prozess durch kreative Regelungen zu fördern.

Selbstorganisation und Selbsthilfe sind die wichtigsten Mittel, um die Angst vor dem Alter in den modernen, individualisierten Gesellschaften zu bannen. Liebende und einfühlende Verwandte wird jeder einer institutionellen Versorgung vorziehen. Aber ohne jede Wahlmöglichkeit den Launen überforderter Angehöriger oder mürrischer Pflegekräfte ausgeliefert zu sein, ohne dass der Tod den schlecht Versorgten ebenso wie die unwilligen Versorger rasch erlöst?

Die Bewegung der Selbsthilfegruppen hat die von 1968 überlebt. Sie ist vermutlich viel wesentlicher als die ideologischen Positionen dieser Zeit geworden und auch geblieben. Seit damals hat sich die Zahl der Selbsthilfegruppen auf – grob geschätzt – 50 000 erhöht. Es gibt sie nicht nur für Alkoholiker, sondern für die meisten Formen chronischer Erkrankungen, für Arbeitslose, Alleinerziehende und ebenso für Alte.

Das Grundprinzip jeder sozialen Initiative ist es, nicht auf staatliche Fürsorge zu warten, sondern Organisationen aufzubauen und dann – wo es nottut – öffentliche oder private Spender zu gewinnen. Dahinter steht die Idee, dass Initiativgruppen mehr Selbstbestimmung und Unabhängigkeit erlauben. Sie schaffen Bedingungen, unter denen sich Menschen für ein Ziel einsetzen.

Es gibt wohl keinen Lebensbereich, in dem Initiativgruppen sinnvoller und erfolgreicher sind als das Alter. Hier ist die Angst vor Passivität, Abhängigkeit und Auslieferung am größten, ebenso der Wunsch nach einer erweiterten, gestärkten Selbstbestimmung.

Schon lange hat die professionelle Sozialarbeit die Selbsthilfebewegung entdeckt. In Selbsthilfeorganisationen arbeiten Professionelle und Ehrenamtliche zusammen, durchaus produktiv, wenn auch mit Konflikten. Eine Art Initialzündung war die Gründung der »Grauen Panther« durch Trude Unruh als Reaktion auf die Gewalt gegen Alte in einem Wuppertaler Heim 1975. In ironischer Anlehnung an die US-amerikanische Black-Panther-Bewegung entwickelten sich die Grauen Panther vom Seniorenschutzbund zu einer politischen Partei.

Durch einen Kooperationsvertrag mit der Partei der Grünen waren die Grauen (die »Panther« wurden damals aus dem Signet entfernt) im Bundestag vertreten; in Berlin erreichten sie bei der Landtagswahl 2006 3,8 Prozent der Wählerstimmen. Zwei Jahre nach diesem Erfolg löste sich die Partei auf. Funktionäre hatten sich staatliche Unterstützungen mit gefälschten Unterlagen verschafft. Nach einer Anzeige aus der Mitgliedschaft und einem Betrugsprozess war die Partei durch eine hohe Geldstrafe insolvent.

Nach der Auflösung setzten Initiativgruppen die Arbeit fort; inzwischen gibt es auch wieder eine europäische Partei mit diesem Namen. Viele der Anregungen, für die Trude Unruh kämpfte, sind heute selbstverständlich. In Großstädten gibt es Seniorenbüros, die sich als Schnittstelle für die vielfältigen Beratungs- und Bildungsangebote für Alte verstehen. »Wissensbörsen«, ein »Erzählcafé« und zahlreiche andere Initiativen entstanden und entstehen, in denen zum Beispiel pensionierte Manager Jungunternehmer beraten, Jüngere überhaupt in vielfältigen Formen auf das Erfahrungswissen älterer Personen zurückgreifen.

Es ist schnell gesagt, dass es angesichts drängender Probleme weiterhilft, sich zu organisieren und gemeinsam etwas auf die Beine zu stellen. Wer aber über den wohlfeilen guten Rat hinauskommen will, darf es dabei nicht bewenden lassen. Er sollte sich mit den Hindernissen beschäftigen, die im Weg stehen und auf ihre Weise dazu beitragen, dass die Notstände in Kranken- und Altenpflege zwar viel beklagt werden, aber eher zu- als abnehmen.

Ein wesentlicher Aspekt wäre es, sich im Alter nicht zu isolieren, sich nicht als Opfer der Tatsache zu erleben, dass Schulfreunde verloren, Kinder egoistisch, Freunde passiv sind und neue Kontakte nicht mehr so leicht geknüpft werden wie während des Studiums oder im Beruf.

Über die Vereinsamung

Die größte psychische Gefahr des Alters ist die Vereinsamung. Kindheit und Jugend sind die Zeit, in der wir Freunde erwerben. Im frühen Erwachsenenalter führen Beruf und Hobby zu vielen Kontakten. Wer eine feste Bindung herstellen kann, gewinnt mit der Partnerin oder dem Partner gleich noch eine ganze Schar Freunde und Verwandte hinzu. Stellt sich Nachwuchs ein, so ergeben sich in Kindergarten und Schule Beziehungen zu anderen Eltern.

Das Alter meldet sich in unseren sozialen Einstellungen oft mit dem Empfinden, dass ich nicht mehr überall dabei sein muss. Nach dem Treffen der Initiativgruppe gehe ich lieber nach Hause als noch in die Kneipe. Ich überlege es mir zweimal, der Urlaubsbekanntschaft meine Adresse zu geben.

Traditionell ist diese höhere Passivität des Alters in den Regeln des guten Benehmens verankert. Dem Alten wird der Sitzplatz geräumt, so können die Jungen aufstehen und Kontakte knüpfen. Der Alte wird zuerst gegrüßt, ihm stellen sich Jüngere vor, er wird von denen, die etwas von ihm wollen, in seinem Haus aufgesucht. Wenn er die Last seiner Würde zu tragen bereit ist, geht er nicht zu Jüngeren und signalisiert ihnen, dass er sich Kontakt mit ihnen wünscht.

Alle diese Regeln sind unproduktiv, denn ältere Menschen sind mehr auf Übung angewiesen als jüngere. Ich meine damit nicht, dass man ihnen keinen Platz anbieten sollte, obwohl ich nicht reine Dankbarkeit empfand, als mir das erste Mal ein Mädchen seinen Sitzplatz in der U-Bahn anbot.

Stellen wir uns einen Menschen vor, der gewohnt ist, seinen Gemüsegarten in zwei Tagen umzugraben. Er besitzt diesen Garten, seit er dreißig ist. Ehe er einen guten Spaten und einige Übung erworben hatte, brauchte er drei Tage. Später war er jeden Herbst stolz darauf, dass er es in zwei Tagen schaffte. Seit seinem fünfzigsten Geburtstag tut ihm am Abend der Rücken weh. Er nimmt sich vor, es nächstes Jahr behutsamer angehen zu lassen. Dann packt ihn wieder der Ehrgeiz – es wäre doch gelacht, am Abend des zweiten Tages nicht fertig zu sein.

Wenn dieser Mann akzeptieren kann, sich wieder drei und mehr Tage Zeit zu nehmen, wird er mit achtzig noch ein zufriedener Gärtner sein. Wenn er aber die Einsicht verleugnet, dass er nicht mehr so belastbar ist wie früher, und trotz seiner Schmerzen weiterarbeitet, wird er am zweiten Tag aufgeben müssen und in der Folge die Freude an der Gartenarbeit verlieren. Damit geht ihm auch ein Stück Lebensqualität verloren. Er sucht nicht mehr den Garten auf, sondern den Hausarzt und später den Psychiater, um Mittel gegen seine Rückenschmerzen und eine Krankheit zu bekommen, die larvierte Depression genannt wird.[50]

Nicht anders ist es mit unserer Kontaktfähigkeit bestellt. Während wir in unserem schlichten Narzissmus davon ausgehen, dass sie – wenn sie denn schon nicht zur Altersweisheit reift – doch zumindest in ihrem während des Erwachsenenalters erworben Umfang bestehen bleibt, belehrt uns eine genauere Betrachtung darüber, dass wir uns hier ebenfalls mehr Mühe geben müssen und mehr Geduld brauchen, je älter wir werden. In der Pflege unserer Beziehungen kommt es darauf an, durch Ausdauer zu ersetzen, was an Attraktivität und Kraft fehlt.

Ich will die Chance nicht leugnen, die das Alter im Hinblick auf jene schillernde Qualität mit sich bringt, die wir seelische Reife nennen und unter der sich zwei Menschen wohl nur dann dasselbe vorstellen, wenn sie sich in friedlicher Stimmung eine Weile unterhalten haben. Impulsives Verhalten nennen wir gern unreif; Reife wäre dann eine Art Garantie gegen Entgleisungen.

Versuchsweise definiere ich Reife so: Sie ist ein ökonomischer Umgang mit eigenen und fremden Unvollkommenheiten, verbunden mit der Bereitschaft, keinem Menschen etwas anzutun, das man nicht selbst erleiden möchte. Dann wäre es ein Zeichen von Reife, nicht zu erwarten, dass sich Menschen reif verhalten.

Da wir »Reife« mit Alter assoziieren und Kontaktfähigkeit viel mit einer reifen Gestaltung von Beziehungen zu tun hat, scheint die These paradox, dass im Alter nicht nur Bewegungen, sondern ebenso Beziehungen mehr Mühe machen. Wie die menschliche Kreativität und viele andere wesentliche Merkmale ist auch unser Kontaktverhalten auf einem Dialog von kühnem Entwurf und kritischer Verfeinerung aufgebaut. Die kontaktstiftende Funktion ist das Sich-Verlieben, das auf einer Überschätzung (Idealisierung) des Partners beruht. Die kontakterhaltende Funktion ist dann der stabile Austausch mit einem Partner: Liebe, Freundschaft, Kollegialität, Kameradschaft.

Die Funktion des Sich-Verliebens wird im Alter träger. Sie hängt mit der Neugier zusammen, mit einer Bereitschaft, Bequemlichkeiten aufzugeben, kritische Einwände zurückzustellen und eine andere Person mit dem Glanz des Liebespartners zu umgeben, in dem immer etwas von den frühen symbiotischen Wünschen steckt, einen Seelenzwilling zu finden, ein Gegenüber, das mich ganz versteht, das meine Wünsche errät und meine inneren Unsicherheiten durch seine Stärke ausgleicht.

Im Alter haben viele von uns schon erlebt, dass diese idealisierende Überschätzung eines Sexualpartners oder eines Freundes enttäuscht wurde. Wem es nicht gelingt, diese Enttäuschung so zu verarbeiten, dass die positiven Erinnerungen bestehen bleiben dürfen, der muss in seiner nächsten Verliebtheit noch unvorsichtiger und unkritischer werden, als es ohnehin der Verliebtheit innewohnt.

Ein Beispiel ist ein muttergebundener Metzgermeister aus Niederbayern. Tief gekränkt hat er sich von seiner zweiten Ehefrau scheiden lassen, da sie ihn betrogen hat, weil sie es leid war, alle Feiertage mit ihm und seiner Mutter zu verbringen. Jetzt will er von den deutschen Frauen nichts mehr wissen, findet sie alle fordernd und lieblos, traut aber auch seiner Mutter nicht mehr so recht, die ihm zuredet, doch mit der einen oder anderen Frau aus dem Bekanntenkreis auszugehen.

Schließlich heiratet er eine Thailänderin: In die fremde Welt projiziert er die eigene Sehnsucht. Er träumt von wahrer Liebe und inniger Dankbarkeit. So findet er sich an der Seite einer Frau, deren Hauptsorge ist, wie sie möglichst viel Geld in ihre Heimat transferieren kann, wo die Großmutter ihre zwei Kinder aufzieht, von denen sie ihrem deutschen Ehemann nichts gesagt hat.

Beziehungen sind Bastelwerk, an dem zwei Menschen arbeiten. Sie können vereint mehr erreichen als jeder Einzelne, aber sie können auch so viel kaputt machen, dass die beteiligten Individuen in ihrem Selbstgefühl beschädigt werden und sich schwertun, nach dem Ende einer destruktiven Beziehung einen neuen Anfang zu machen. Die Beziehungsfähigkeit im Alter hängt davon ab, wie die bisherigen Erfahrungen waren, wie viel Zuversicht sie aufgebaut, wie viel Angst und Zweifel sie geweckt haben.

Das zentrale Risiko der Verliebtheit ist das Kippen von Überschätzung und Bewunderung in ihr Gegenteil, in die Entwertung. Wer Gegenliebe findet, gewinnt ein Fundament, auf dem er weiter bauen kann; wer sich selbst attraktiv findet, verliebt sich leichter. Wem die Gegenliebe versagt blieb, wessen Verliebtheiten in einem Gefühl des Scheiterns und der wechselseitigen Entwertung untergingen, der wird es schwer haben, sich erneut zu verlieben.

Dazu kommt im Alter eine wachsende Scham, seinen Bedürfnissen Ausdruck zu verleihen. Man müsste doch längst mit vielen attraktiven Freunden bestens versorgt sein, nachdem man so lange gelebt hat, so viel Zeit hatte, Beziehungen aufzubauen. Und diese Freunde müssten mich anrufen, sich mit mir verabreden, mich einladen! Aber nein! Wenn ich nichts tue, passiert nichts!

Solche Gedanken sind wahre Kontaktgifte. Guter Kontakt – man muss nur spielende Kinder beobachten – entsteht ganz und gar nicht dadurch, dass ich eine Strichliste anlege, wer wann welchen Anfang gemacht hat. Hauptsache, es geschieht etwas! Hauptsache, wir kommen überhaupt zusammen, egal ob ich oder der / die andere den Anfang macht.

Freunde, die mich einladen, sind keine besseren, sondern andere Freunde als die, welche darauf warten, dass ich sie einlade. Wesentlich ist, was nach diesem Schritt geschieht. Wer mir in einer Beziehung die Möglichkeit gibt, den ersten Schritt zu machen, wer sich über meine Einladung freut, ist ebenso wichtig für mich wie jemand, der mich anspricht und einlädt. Der Erste ist sozusagen Stoff für mein Beziehungswerk; der Zweite wünscht sich meinen Beitrag für das seine.

Gute Beziehungen zeichnen sich dadurch aus, dass sie bestehen bleiben, wenn es Schwierigkeiten gibt. Eine Verabredung scheitert, weil etwas dazwischenkommt, ein sexuelles Beisammensein kommt nicht zustande, weil ein Partner indisponiert ist. Dieses Misslingen ist schade, es wird bedauert, man plant ein nächstes, besseres Gelingen.

Wo die Beziehung auf einer Idealisierung beruht, welche Misstrauen und Ängste vor Ablehnung kompensiert, gibt es keine kleinen Empathiemängel, keine normalen Meinungsverschiedenheiten. In einem so hochgespannten System ist wie in der Latexhaut des Luftballons das kleinste Loch sofort das größte Problem: »Sie hätte doch wissen müssen, was ich brauche!« Oder: »Nie hat er für mich Zeit, wenn es mir wichtig ist!«

Eine Disharmonie der Bedürfnisse ist für eine unsichere Bindung, die immer Verlustangst durch Idealisierung ausgleichen möchte, nicht bedauerlich, sondern böse. Entweder hat der Wünschende einen Fehler (er ist zu gierig) oder der Versagende (er ist zu geizig).

Das Alter ist eine Gelegenheit, den eigenen Beziehungsstil zu überprüfen, unreife Elemente zu entfernen und reife aufzubauen. Das bedeutet nicht, dass die Alten in sich ruhen. Es geht eher darum, die Universalität jener Bedürfnisse in unserem Leben zu akzeptieren, die wir, wie schon erwähnt, voreilig »kindlich« nennen, die uns dadurch überraschen, dass sie bestehen bleiben und uns auch noch im Alter plagen oder bereichern, je nachdem, wie wir mit ihnen umgehen.

Wer seine kindlichen Seiten annimmt, akzeptiert auch die grundsätzliche Abhängigkeit, die Menschen verbindet. Unabhängig sind nicht die, welche jedes Zeichen von Abhängigkeit durch Entwertung bekämpfen. Relativ unabhängig ist, wer das Gelingen von Beziehungen normal findet und ihr Scheitern die Ausnahme, aber keine Katastrophe. Deshalb kann er nach dem Verlust einer geliebten Person darauf verzichten, sich infrage zu stellen. Wer im Scheitern seiner Idealisierung kontaktunfähig wird, bestraft sich selbst für eingebildetes Versagen, denn Liebesverlust ist ebenso Teil unseres Lebens wie Liebesgewinn. Wer das nicht annehmen kann, verhält sich wie das Kind am Rand des Spielfeldes, das gern mitmachen würde, das dies aber nur wagt, wenn es sicher ist zu gewinnen.

Die große Ausnahme: das Heim, in das man gern geht

Ich habe viele Jahre in Balint-Gruppen mit Pflegelehrerinnen gearbeitet, die in Fortbildung und Supervision tätig waren. Wir sprachen über die Schwierigkeiten, sich nicht von desolaten Zuständen in Pflegeheimen entmutigen zu lassen. Diese schienen mit einer besonderen Intensität nach den Supervisorinnen zu greifen, die ihre Ängste und Aggressionen angesichts der Not, die sie beobachteten, nicht in Aktionen umsetzen und sich so ablenken konnten, wie das Pflegende tun. Öfter als einmal seufzte eine dieser erfahrenen, mit den Schattenseiten des menschlichen Lebens vertrauten Frauen: »Wenn ich das so sehe – ich möchte niemals alt werden!«

Daher horchten wir alle auf, als eine Frau aus dieser Gruppe, die früher Pflegedirektorin gewesen war und jetzt Organisationsentwicklungen in Krankenhäusern leitete, von einem Heim berichtete, in dem sie gern leben würde, wenn sie nicht mehr selbst für sich sorgen könne. Sie hatte ein Haus kennengelernt, das nach den Anregungen von Erwin Böhm aufgebaut war. Dort werde für jeden dementen Bewohner ein eigenes Konzept erstellt, berichtete sie. Man richte ihm beispielsweise das Zimmer mit Dingen aus der Zeit ein, in der er sich dank seines Altgedächtnisses sicher fühle.

Böhms Kerngedanke, den er unermüdlich und mit zynischem, aber auch klärendem Witz vertritt, ist etwas dem Analytiker Vertrautes: Wir verstehen einen Menschen aus seiner Geschichte. Wir müssen uns diese erzählen lassen, um Zugang zu ihm zu finden. Wir dürfen seine Geschichte nicht durch Vorurteile trüben.[51]

Böhm, im Jahr 1940 in Wien geboren, lernte ursprünglich Karosseriespengler, schulte dann um, wurde Krankenpfleger in der Psychiatrie, las viel und machte Karriere als Pflegelehrer, Oberpfleger, Pflegedirektor sowie Fortbildungsverantwortlicher für die Krankenpflege in Österreich. In seinen Büchern beschreibt er, wie eine Ergotherapeutin mühsam mit einem Schlaganfallpatienten übt, den Löffel wieder zum Mund zu führen – und wie zur nächsten Mahlzeit die Pflegekraft den älteren Patienten füttert, weil er sonst zu lange braucht, um satt zu werden. Er untersucht die Motive Angehöriger, alte Eltern selbst zu pflegen, und befasst sich mit der Bedeutung der Umwelt für die Entwicklung einer Altersdemenz.

Eine alte Bäuerin, die gelegentlich inkontinent ist, aber noch in ihrem Tempo arbeiten kann, findet in ihrem landwirtschaftlichen Betrieb sinnvolle Aufgaben. Sie kann etwa Unkraut jäten, was sie gern tut. In einem Seniorenheim, in einer neuen Umgebung, fände sie sich nicht zurecht.

Böhm wendet sich gegen Versuche, Menschen eine (Pflege-) Kultur aufzuzwingen, die nicht deren eigene ist. Befragt man alte Menschen, ob sie mit ihrem Zustand in einer schlecht geputzten und nur notdürftig geheizten Wohnung zufrieden sind, wollen sehr viele an ihrem Zustand nichts ändern. Das schockiert junge Fachpfleger und Fachpflegerinnen, die den Zustand der Senioren »verwahrlost« finden und sie »besser« unterbringen wollen.

Wenn Pflegende glauben, sie wüssten, was gut für den Patienten ist, ohne sich mit dessen Lebensgeschichte und Prägungen zu befassen, wird professionelle Energie vergeudet. Am Ende dominiert das Defizitmodell: Der (sprachlose) Alte ist zu dement, um die besserwisserischen Vorschläge anzunehmen und umzusetzen.

Schmerzt einem jungen Menschen nach einer Bergwanderung das Knie, wird er erst einmal denken: Das vergeht! Wenn das Gleiche einem alten Menschen passiert: Oh weh, das vergeht nicht mehr.

Solange wir leben, arbeiten die Selbstheilungskräfte. Erst der Verlauf zeigt, ob ein Symptom bleibt oder verschwindet. Angst ist kein sinnvolles Werkzeug für Voraussagen. Das gilt auch für Gedächtnislücken. Unser Denken strebt nach Kontrolle. Es akzeptiert die falsche Vorausberechnung eher als gar keine. Im Bestreben, keinen falschen Optimismus zu wecken, neigen Fachleute häufig zu düsteren Ankündigungen – was ebenso falsch sein kann.

Unsere Hirnleistung nimmt bereits im Alter von fünfundzwanzig Jahren ab. Die meisten Menschen können diese Verluste nicht nur kompensieren, sondern bestimmte Kompetenzen noch lange Zeit steigern. Wenn wir auch in höherem Alter einen real schon viele Jahrzehnte fortschreitenden Abbau an geistiger Leistungsfähigkeit dort kompensieren können, wo es weniger um Schnelligkeit als um Erfahrung und Wissen geht, ist es nicht einzusehen, warum Minderleistungen nicht kompensiert werden können, wenn es den Beteiligten gelingt, sich von Prophezeiungen zu distanzieren, die sich selbst erfüllen können.

Belastungen können ein altes Gehirn, das bisher Defizite noch ausgleichen könnte, so heftig verwunden, dass es versagt: Eine körperliche Krankheit mit hohem Fieber und Austrocknung, eine Operation in Narkose, eine Lebensmittelvergiftung sind organische Ursachen; der Tod eines nahen Angehörigen (oder eines Haustiers), ein Wohnsitzwechsel, die Einlieferung in eine Klinik können Hirnversagen durch seelische Überforderung auslösen. Böhm drängt darauf, was eigentlich selbstverständlich sein sollte, es aber keineswegs ist: eine genaue Diagnose der auslösenden Situation sowie die somatische Abklärung *ohne* den Griff zu unheilvollen Prognosen.

Der österreichische Staat hat Böhm mit dem Professorentitel ausgezeichnet. Leider hat sein Ansatz in der neurowissenschaftlichen, an biochemische Details fixierten Demenzforschung weniger Aufmerksamkeit gefunden. Sein subjektiver, auf den einzelnen Menschen und seine Geschichte bezogener Zugang eignet sich nicht für die akademische Routine und steht quer zu einem an der Entwicklung von Medikamenten orientierten Mainstream.

Böhms Gedanke, in die subjektive Welt Dementer einzudringen und von dort aus eine Umwelt zu schaffen, in der sie angstfrei leben, könnte mit den Möglichkeiten der Digitalisierung weiterentwickelt werden. Es geht ja um virtuelle Welten, die bisher mit großem Erfolg in Computerspielen eingesetzt werden.

Statt Jugendliche mit Ballerspielen vor den Bildschirm zu bannen, wäre es eine weit sinnvollere Aufgabe für Programmierer, sich Möglichkeiten auszudenken, wie die Schwierigkeiten der Alten kompensiert werden können, sich im eigenen Inneren und in der Umgebung zurechtzufinden. Die COVID-19-Pandemie hätte ein kräftiger Impuls in dieser Richtung werden können. Leider hat sie eher das Gegenteil bewiesen.

Alte Menschen in Pflegeheimen haben keine Lobby, das politische Interesse an ihrem Schicksal ist gering. Die Verdrängung des eigenen Alters greift: Empathie in die Bewohner der Heime war ohnmächtig gegen den Druck, die »Risikogruppe« zu schützen. Die primitivste und in allen Blickwinkeln außer dem einen der Ansteckung schädlichste Lösung, ein Kontaktverbot, wurde durchgesetzt.

Während in anderen Bereichen das Beziehungsleben auf elektronischen Krücken weiterhumpelte, blieben die Bewohner der Pflegeheime ausgeschlossen. Es wäre eine große Chance gewesen, sich etwas einfallen zu lassen, um die Verbindung zu den Angehörigen lebendig zu halten und darüber hinaus nach Möglichkeiten zu suchen, wie die Prozesse der künstlichen Intelligenz genutzt werden können, um die in Bruchstücke zerfallende geistige Welt alter Menschen zu stabilisieren und ihr Halt zu geben.

Der Pflegenotstand

Bereits am Ende ihrer Ausbildung plant ein Drittel der Altenpflegerinnen, wieder auszusteigen. Die Ursache liegt darin, dass Menschen mit idealistischen Motiven sehr schnell »ausbrennen«, wenn sie mit der Realität konfrontiert werden. Die heutigen Berufsbilder wurden überwiegend in einer Zeit entwickelt, in der die Spitzenverbände der Wohlfahrtspflege billige Arbeitskräfte brauchten, um dem wachsenden Pflegebedarf nachzukommen und die schwindende Anzahl kirchlich gebundener (Ordens-)Frauen auszugleichen.

Angeworben wurden Kräfte auf der Basis eines traditionellen Frauenbildes, das durch Bescheidenheit, Opfermut, Dienstbereitschaft und Nächstenliebe charakterisiert war. »Ein modernes Berufsverständnis hätte stattdessen die Begriffe ›Arbeit‹, ›leistungsgerechte Entlohnung‹ und ›Profession‹ in den Vordergrund gerückt«, so Nando Belardi und Marlies Frisch.[52]

Pflegende müssen sorgfältig geführt werden. Sie brauchen – wie alle Menschen – Aufmerksamkeit für gute Arbeit; was sie viel zu oft bekommen, ist Schelte für schlechte Arbeit. Rückmeldungen der Gepflegten werden bisher in Krankenhäusern und Pflegeheimen kaum in die Personalführung einbezogen.[53] Vor allem ist es bisher nicht gelungen zu verhindern, was Umfragen ergeben haben: Zwei Drittel der von pflegenden Mitarbeitern erlebten Belastung entstehen durch Reibungen mit Kolleginnen und Vorgesetzten, nur ein Drittel wurzelt in der Arbeit am Pflegebett.

Den Heimbewohnern gegenüber verpflichtet sich professionelle Pflege zu Aufmerksamkeit, Geduld, Rücksichtnahme und der Orientierung an einem Standard, der in der eigenen Berufsrolle wurzelt, nicht in der Dankbarkeit der Versorgten. Den Kollegen gegenüber ist Rücksichtnahme und Geduld nur solange sinnvoll, wie es darum geht, die professionelle Arbeit zu unterstützen. Wo auch noch Nachlässigkeit, Faulheit oder Machtmissbrauch der Kolleginnen »gepflegt« werden, verwahrlosen Stationen schnell.

Die entstehenden Konflikte werden oft nicht als Führungsaufgabe definiert, sondern liefern Stoff für unendliche

Klatschgeschichten, die um Charaktermängel kreisen. Mobbingvorwürfe zirkulieren und sind ihrerseits Mobbinginstrumente: Ich mobbe dich mit dem Vorwurf, du würdest mich mobben.

Engagierte Pflege ist keine besonders harte, aber eine viel Aufmerksamkeit fordernde Arbeit. Wie passt das zu den oft beklagten großen Belastungen? Wie zu den Statistiken, wonach in der Altenpflege sehr viele Mitarbeiter unter psychosomatischen Erkrankungen leiden und die Burn-out-Gefahr so hoch ist?

Der Stress entsteht in den Pflegenden und zwischen den Pflegenden. Sie werden nicht darin unterstützt, ein professionelles Verständnis ihrer Arbeit und Zusammenarbeit zu entwickeln und aufrechtzuerhalten. Sie nehmen Dinge persönlich, weil sie nicht genügend gut verstehen, dass der Umgang mit negativen Emotionen ein Teil ihrer Berufsarbeit ist. Sie können nicht davon lassen, gute Eltern in den gepflegten Alten zu suchen, und werden zu rachsüchtigen Kindern, wenn ihnen das misslingt. Sie haben nicht gelernt, miteinander über Probleme zu sprechen; wer nicht funktioniert, wird entwertet, aber nach außen gedeckt.

Alle diese Probleme sind kein Ausdruck individuellen Versagens. Sie zeigen Führungsdefizite. Viele der Supervisorinnen, mit denen ich gesprochen habe, waren schockiert, wie schnell die professionellen Orientierungen verschwinden, wenn sie nicht durch eine aufmerksame, entschlossene Leitung gefördert werden. Woran liegt das?

Viele Faktoren wirken hier zusammen. Der erste ist die mangelnde gesellschaftliche Aufmerksamkeit, unterfüttert durch die allgemeine Verdrängung der Tatsache, dass wir alle irgendwann alt und pflegebedürftig werden, wenn wir nicht vorher sterben: wenig Geld und Prestige für die unmittelbar Verantwortlichen, wenig Qualifikationsforderungen, wenig

Bereitschaft, Strukturen zu entwickeln und gute Entwicklungen zu belohnen.

An Jubiläumstagen wird das hohe Lied der Pflegenden gesungen. Im Alltag werden sie wenig beachtet, niemand sorgt sich um ihre Aufstiegsmöglichkeiten, ihre Fortbildung, um die mitarbeiterfreundliche Entwicklung ihrer Einrichtungen.

Eine professionelle Entwicklung in der Altenpflege, die eine würdige Versorgung im hohen Alter sicherstellen könnte, hat noch nicht wirklich begonnen. Sie setzt ein Klima der Aufmerksamkeit voraus, das nicht existiert. Jede bessere Zeitung kümmert sich darum, wie der Standard der Gastronomie in ihrem Einzugsgebiet ist, indem sie Probeesser aussendet. Es gibt Qualitätslisten für Mediziner und Tests für Automobile, Videokameras und Werkstätten. Das alles ist uns wichtiger als die Frage, was mit uns geschieht, wenn wir uns nicht mehr selbst helfen können. Es gibt kaum Wettbewerb, kaum Prämien für gute, kaum Nachteile für schlechte Arbeit. Wer hier Versorgung anbietet oder Versorgung braucht, gerät in ein System, das nicht ein Produkt an Kunden verkauft, sondern Kunden an ein Produkt.

Inzwischen gibt es viele Beispiele dafür, dass engagierte Führung, Fortbildung und Supervision die Qualität der Altenpflege sichern können. Eines dieser Mittel allein ist dazu zu schwach. Das Management muss dafür sorgen, dass Pflege sich an der Würde der Gepflegten und nicht an einem schematischen Satt-sauber-ruhig-Modell orientiert. Es braucht dazu engagierte, professionelle Mitarbeiter. Professionalität kann aber nur dann erhalten werden, wenn es einen seelischen Raum gibt, die unvermeidlichen Krisen zu erkennen und zu lösen. Diesen Raum kann Beratung nicht schaffen; sie kann höchstens klären, wie sehr er fehlt.

Jüngst hat eine Freundin, die ein paar Monate jünger ist als ich, zur Feier ihres achtzigsten Geburtstags eingeladen. Ich kam mit ihrem Neffen ins Gespräch, dem Anlass entsprechend über die Frage, wie es werden wird mit den Alten. »Ich bin jetzt gut in den Fünfzigern«, erklärte er, »und ich habe noch zwanzig Jahre, dann müsste ich wissen, wie es mit mir weitergeht. Ich denke, es wäre jetzt die Zeit, etwas zu organisieren, später ist man nicht mehr flexibel genug. Ich beobachte das an meinen Freunden. Die haben es sich alle eingerichtet in ihrem Leben, das will man eigentlich nicht aufgeben, obwohl man doch wissen müsste, dass in zwanzig Jahren vieles von dem nicht mehr funktionieren wird, das heute noch funktioniert.

Meine Mutter ist dreiundneunzig, wir haben eine polnische Pflegerin organisiert, die vierundzwanzig Stunden an sieben Tagen für sie da ist. In zwanzig Jahren wird es solche Pflegerinnen nicht mehr geben. Mein Vater ist mit etwas über neunzig in einem Heim gestorben, er musste dorthin, weil er nach einem Schlaganfall gelähmt war und nicht mehr sprechen konnte. Er hat aber noch alles verstanden. Ich habe ihn besucht, es war keine gute Stimmung, hat mich an das Internat erinnert, in dem ich als Kind war.«

»Wir haben auch schon verschiedene Anläufe unternommen mit der Alten-WG. Aber bisher ist nichts daraus geworden«, sagte ich. »Zuletzt hat meine Frau in einer Gruppe von langjährigen Freundinnen darüber geredet, wie es wäre, sich irgendwo zusammenzutun, eine Immobilie zu pachten oder zu kaufen, womöglich gemeinsam eine Pflegekraft zu bezahlen. Die Freundinnen haben dann gesagt, sie seien jetzt zu alt für eine solche Umstellung, es sei zu spät.«

»Ich frage mich, ob es besser ist, nicht mit Leuten zu planen, die man kennt und die aktuell ganz andere Fragen im Kopf haben«, entgegnete der Neffe. »Vielleicht ist es gescheiter, eine Anzeige aufzugeben, Gleichgesinnte gesucht, ein Neuanfang!«

»Meine Tochter ist Architektin«, bemerkte ich. »Sie hat jetzt ein Grundstück geerbt, auf dem ein altes Haus steht; sie will es abreißen, dichter bebauen und für die Nutzung eine Genossenschaft gründen. Die Wohnungen werden selbst verwaltet, ohne Profitmaximierung, die Schulden getilgt, es gibt auch Gemeinschaftsräume, vielleicht kann auch betreutes Wohnen organisiert werden. Es ist noch im Planungsstadium, aber ich habe mein Interesse angemeldet.«

»Eine Genossenschaft! Daran habe ich noch gar nicht gedacht. Aber das wäre auch eine Form, das zu organisieren. Möglichst viel Einfluss auf möglichst viele verteilt, sodass alle gewinnen. Das ändert aber nichts an der Frage: Wer soll die Pflege machen, damit es sich Menschen leisten können, die kein Vermögen mitbringen?«

»Auf jeden Fall wären Zeit und Geld gespart, wenn die Pflegekraft im Haus lebt und nicht ein paar Tausend Kilometer Anreise hat. In einer Gruppe lässt sich manches leichter organisieren und gemeinsam nutzen. Außerdem werden wir in zwanzig Jahren hoffentlich Pflegeroboter haben. Es kann doch nicht sein, dass die Entwicklung der künstlichen Intelligenz sich vor allem darauf richtet, wenig zukunftstaugliche Apparate wie Autos und Flugzeuge zu lenken, während Dienstleistungen, die jeder irgendwann braucht, wie in der Steinzeit gemacht werden müssen.«

»Ob das in der Bevölkerung akzeptiert wird?«, fragte der Neffe skeptisch.

»Ich bin auf jeden Fall dabei. Ich lasse mich lieber von einer Maschine pflegen als von einem schlecht gelaunten Menschen. Oder auch von einem allzu gut gelaunten, der wie ein Klinikclown in mein Zimmer springt und Scherze macht, damit Großväterchen nicht trübsinnig wird! Wenn mir alles Mögliche wehtut, will ich meine Ruhe haben. Ich will mich nicht bespaßen lassen. Es schadet mir mehr, als es mir nützt, wenn die Helfer darauf bestehen, mir zu beweisen, wie beziehungskompetent und opferbereit sie sind. Aber ich mag auch nicht abschätzig oder rücksichtslos behandelt werden. Ich will es sachlich, ohne Firlefanz.«

Ich erinnere mich, wie schwer es meine Mutter am Ende ihres Lebens im Krankenhaus damit hatte, dass sie ihren Kindern und Enkeln so wenig geben konnte, wie sie es doch sonst immer so gern getan hatte. Natürlich sollen Menschen lernen, Zuwendung anzunehmen, sich etwas schenken zu lassen. Aber sie müssen auch die Kraft dazu mitbringen. Deshalb finde ich die Vorstellung angenehm, von einer sorgfältig programmierten Maschine gepflegt zu werden, die keine Emotionen mitbringt und keine erwartet.

Noch lange dachte ich über dieses Gespräch nach. Mein gut zwanzig Jahre jüngerer Tischnachbar wird erheblich bessere Chancen haben, in den Genuss eines Pflegeroboters zu kommen. War mein Gedankenspiel resignativ? Angesichts der Erderwärmung und der Grenzen der Wachstumswirtschaft ist eine Zukunft denkbar, in der Menschen in eine neue Humanität zurückfinden. Dort könnte es langsamer zugehen. Wird irgendwann wieder Pflege ein begehrter Beruf, in den sich viele Menschen mit hohem Anspruch drängen? Auch mir ist ein aufmerksamer Mensch lieber als eine Maschine, aber infantilisieren oder vernachlässigen mag ich mich nicht lassen.

EPILOG
UND PLÖTZLICH GEHÖRE ICH SELBST ZUR RISIKOGRUPPE

Man hat ja genug Zeit, über das Altwerden nachzudenken, mehr als einem vielleicht lieb ist. Der Gedanke stellt sich zum ersten Mal in der Midlife-Crisis, die wir in dem schönen Glauben überdurchschnittlicher Verschleißfestigkeit doch lieber in den Fünfzigern als mit vierzig Jahren absolvieren. Dann wird das Denken über das Altwerden vertagt. Ich erwähnte es schon, an meinem sechzigsten Geburtstag sagte ich, mit dem Altwerden beschäftige ich mich, wenn ich siebzig bin. Mit siebzig konnte ich es auf die achtzig vertagen. Und nun? Nun entschließe ich mich gerade, den Gedanken nicht mehr zu vertagen. An sich hat sich in meinem Leben nicht viel geändert: Ich bin im großen Ganzen gesund, arbeite noch, fühle mich nicht blöder als früher, was täuschen kann. Wenn ich auf das Fahrrad steige, merke ich, dass der Gleichgewichtsrechner in meinem Kopf langsamer geworden ist; der graue Star ist operiert, es könnte vieles schlechter sein. Mein Hausarzt ist nach dreißig Jahren, in denen ich ihn selten brauchte, in Rente gegangen; sein Nachfolger studierte meine letzten Laborwerte und sagte: »Sie sind gesund, wir wollen, dass es so bleibt.« Ich kann dieses Ärzte-Wir nicht leiden, aber ich mache kein Ding daraus.

Anlässe gibt es genug, nachdenklich zu werden. Als Corona kam, konnte ich als aufmerksamer Zeitungsleser und Fernsehkonsument der Zuschreibung »Risikogruppe« nicht mehr entgehen. Da ich selber lange Zeit Medizinjournalist war, erinnere ich mich gut, wie wenig Gedanken ich mir anfangs beim Schreiben darüber machte, wie meine Texte auf Betroffene wirkten, dass sie herzlos und grausam ankamen.

Statistik und Mathematik sind kalt. Sie reduzieren ein atmendes Geschöpf auf eine Ziffer, wie der Pathologe die Gewebeprobe einfriert, um sie präparieren zu können. Es ist zwar statistisch korrekt, dass mit dem kalendarischen Alter auch die Gefahr von Bluthochdruck, Herzschwäche, reduzierter Lungenfunktion und verzögerter Immunreaktion zunimmt. Aber die Rede von der Risikogruppe über siebzig, der Hochrisikogruppe über achtzig ist eine giftige Information, ebenso oberflächlich wie fatal. Das kalendarische Alter erlaubt keine bedeutungssichere Aussage; es bietet Korrelationen. Mit Korrelationsrechnungen kann man auch nachweisen, dass der Storch die Kinder bringt, denn die Zahl der Geburten in einem Land korreliert mit der Zahl der Storchennester. Und leider sind Korrelationen auch dort beliebt, wo sie keinen Erkenntnisgewinn bieten, weil sie sich so schön objektiv anhören.

Wer heute alt wird und noch nicht verblödet ist, hat auch gelernt, sich von dem Biedermeiertraum zu distanzieren, dass Alter Ehrfurcht gebietet. Der Respekt vor dem ehrwürdigen Greis wurzelte in Zeiten, als Hochbetagte selten waren. Heute sind wir viele, wir sind nichts Besonderes, und wenn wir anerkannt werden wollen, müssen wir uns Mühe geben. Wenn uns jemand diskriminiert, müssen wir uns selber wehren und sollten nicht hoffen, dass sich aus einer anonymen Menge jemand erhebt und das für uns tut.

In diesem Sinn will ich mich mit einem Text beschäftigen, der mir typisch erscheint, weil er als unschuldige Reportage daherkommt und voller peinlichster Vorurteile steckt, die dem Autor nicht auffallen, weil er eben für seinesgleichen schreibt. Es geht um einen Bericht über den achtzigjährigen Schlagersänger Bata Illic von Holger Gertz.[54] *Es begegnen sich in der Festhalle Kutenholz Senioren, Tisch an Tisch sitzen sie, Silberkopf neben Silberkopf, wie die Hühnereier im Karton. Hochrisikogruppe ist noch ein Fremdwort damals.* Es gibt ganz offensichtlich zu viele von diesen Senioren, sie sind billig wie Eier im Karton, sie *schmatzen und schunkeln in der Gruppe,* sie verzehren *alles, was Stall und Acker an blutdruckbefeuernden Spezialitäten hergeben.* So vom Autor vermutlich ganz unbemerkt herablassend geht es dann weiter. Selbst der wirklich hübsche Scherz von Bata Illic über die Frau, die ihm auf der Straße begegnet und ihn fragt, ob ihm schon einmal jemand gesagt habe, dass er aussieht wie Bata Illic, selbst dieser Scherz wird von oben herab kommentiert: *Er ist 80 jetzt. Und mit 80 kann man so was bringen.*

Wenn die Alten im Heim sitzen, muss man Mitleid mit ihnen haben, aber sie sind auch dort, wo sie hingehören. Wenn sie noch munter am Leben teilhaben und ihr Quäntchen Aufmerksamkeit wollen, sind sie komische Gestalten, die nicht ordentlich alt sein können oder wollen. Bata Illic ist ein kultivierter Mensch, er hat Lehramt studiert und arbeitete unermüdlich als Sänger, bis ihm die Pandemie die Zuhörer raubte, in der Sicht seines Reporters jene schmatzenden, schunkelnden Rentner, die es auch einmal krachen lassen wollen. Besonders angerührt hat mich ein Detail, in dem ich mich wiederfinde: Illic fährt lieber über Land als auf der Autobahn, und wenn er an einer Dorfkirche vorbeikommt, hält er an und besichtigt sie. Der Reporter, Jahrgang 1968, hat keinen Funken Mitgefühl, es fällt ihm nicht einmal die schreiende Ungerechtigkeit auf, dass er munter weiterschreiben kann, Verdienst und Publikum behält, während der Schlagersänger seines verloren hat und doch in der Krise Neugier und Lebensmut bewahrt.

ANMERKUNGEN

1 Sie wird in den ersten Versen der *Ilias* wie der *Odyssee* angerufen: *Andra moi ennepe, Mousa* in dem Epos über die Irrfahrten des Odysseus, *Mēnin aeide, thea* in der *Ilias*, dem Epos über den Zorn des Achilles.

2 Friedrich Schiller: *Über die ästhetische Erziehung des Menschen in einer Reihe von Briefen* (1795). Stuttgart 2000.

3 Mihály Csíkszentmihályi: *Das Flow-Erlebnis. Jenseits von Angst und Langeweile im Tun aufgehen*. Stuttgart 2000, 8. Aufl.

4 Nach den Reformen des Gesetzes über die psychologische Psychotherapie wollte ich sie an sich behalten, aber die Kassenärztliche Vereinigung respektierte nicht, dass ich in den Jahren zuvor vor allem als Lehranalytiker gearbeitet hatte. Ich hatte zwar Therapeuten ausgebildet, aber nicht genug Kassenpatienten behandelt und war daher nicht »vorwiegend in der kassenärztlichen Versorgung« tätig gewesen.

5 Claude Lévi-Strauss: *Das wilde Denken* (1962). Frankfurt am Main 1968.

6 In einem European Social Survey von 2008 bezeichneten sich die meisten Befragten in Deutschland konsequent als »alt« statt »im mittleren Alter«, sobald sie neunundsechzig waren, in Frankreich dagegen ab zweiundsiebzig und in der Schweiz erst ab neunundsiebzig Jahren. Marianne Koch hat 2021 mit neunzig ein Buch mit dem Titel *Alt werde ich später!* geschrieben. Sie definiert »alt« in einem Interview mit t-online im August 2021 wie folgt: Wer glaube, ausgelernt zu haben und nicht mehr offen zu sein für Neues, sei alt – und demnach sei sie eben nicht alt. Ich selbst finde das Modell einer Ergänzungsreihe von »jungen« und »alten« Erlebnisqualitäten während des Erwachsenenalters realistischer. »Alt« nimmt jenseits der kalendarischen Definition wohl für jeden Menschen eine eigene Bedeutung an; es sind sogar eigentlich paradoxe Aussagen spontan verständlich, etwa: »Ich bin alt, aber nicht senil!« Senil ist lat. für – »alt«.

7 Katharina Gröning: *Entweihung und Scham. Grenzsituationen in der Pflege alter Menschen*. Frankfurt am Main 2000.

8 Dieser tritt als hilfloser, hinfälliger Greis auf, der dringend bittet, doch zu einer nahen Quelle getragen zu werden. Kaum hat ihn aber der ahnungslose Fremde geschultert, klammert er sich mit würgender Kraft an ihn und zwingt ihn, ihm als Reittier zu dienen. Auch nachts lockert er seinen Griff nicht, bis der Schiffbrüchige auf den Einfall kommt, Trauben zu vergären und ihn trunken zu machen.

9 In einer Umfrage der Economist Intelligence Unit (EIU) aus dem Jahr 2016 im Auftrag der Schweizer Versicherungsanstalt Swiss Life erklären in der Altersgruppe zwischen fünfunddreißig und fünfundsechzig Jahren 42 Prozent der Befragten in Deutschland, Frankreich, Österreich und der Schweiz, die steigende Lebenserwartung werde eher als ein Problem und nicht als ein Vorteil für die Gesellschaft dargestellt. Nur 30 Prozent glauben das Gegenteil.

10 Aus Hamlets Monolog »Sein oder Nichtsein«, übers. von August Wilhelm von Schlegel

11 Das Wort »Lebenshilfe« ist in Verruf. Feuilleton-Journalisten erheben sich gern über Seelenkochbücher und Glücksrezepte, die von Psycho-Autoren vermarktet werden. Ich finde das arrogant, denn auf diese Weise wird ein großer Bereich der Literatur, der für viele Menschen Bedeutung hat und ihr Leben oft stark beeinflusst, zu einer amorphen Masse. Qualität wird nicht von Schund unterschieden, es gibt kaum eine fachkundige Beratung und keine literarische Kritik.

12 Sigmund Freud: *Über Psychotherapie* (1905). In: *Gesammelte Werke, Bd. V.* Frankfurt am Main 1953, S. 112. In *Freuds Dilemma. Die Wissenschaft von der Seele und die Kunst der Psychotherapie.* Reinbek 1999, habe ich nachgewiesen, dass diese Pointierung der »zwei Künste« nicht von Leonardo, sondern von Michelangelo stammt und Freuds Versehen für sehr berechtigte Zweifel an der Möglichkeit steht, die Psychoanalyse von den suggestiven Aspekten der therapeutischen Beziehung zu befreien.

13 Rainer Maria Rilke schrieb dieses Gedicht »Ich lebe mein Leben« 1899, mit vierundzwanzig. Während der Arbeit an diesem Buch habe ich eine entsprechende Parodie entworfen:
Ich lebe mein Leben in schwindenden Ringen
Die sich um die zitternde Mitte ziehn.
Ich werde den letzten gewiss vollbringen,
Doch lieber miede ich ihn.

14 »In jener Stunde kamen die Jünger zu Jesus und fragten: Wer ist denn im Himmelreich der Größte? Da rief er ein Kind herbei, stellte es in ihre Mitte und sagte: Amen, ich sage euch: Wenn ihr nicht umkehrt und werdet wie die Kinder, werdet ihr nicht in das Himmelreich hineinkommen.« (Matthäus 18)

15 Bereits Freud hat darauf bestanden, dass angesichts phobischer Symptome (also der Vermeidung bestimmter Reize aus Angst) der Psychotherapeut aktiv wird und versucht, den Kranken von dieser Vermeidung abzuhalten. Die Verhaltenstherapie baute darauf auf und entwickelte differenzierte Strategien, um Angstvermeidungen abzubauen und so die Angstbewältigung zu stärken. Die Polemik zwischen beiden Richtungen und die gegenseitigen Vorwürfe haben keinen wissenschaftlichen, sondern einen ideologischen, berufspolitischen Hintergrund.

16 Damals schrieb ich *Jäger und Sammler. Als sich die Evolution zum Menschen entschied.* Planegg 1973. Einige der Grundgedanken habe ich später weiterverfolgt in: *Vom Es zum Ich. Evolutionstheorie und Psychoanalyse.* München 1975.

17 Unvergesslich dargestellt (zum Teil mit Laien, die vor Kurzem entlassen wurden und ihre Emotionen in die Kamera sprechen) in dem Film *Up in the*

Air von 2009: Ryan Bingham (George Clooney) ist stets auf Reisen. Sein Arbeitgeber schickt ihn zu Firmen, die nicht den Mut haben, ihre Angestellten selbst zu entlassen. Ryans Ziel ist es, die Zehn-Millionen-Frequent-Flyer-Meilen-Schallmauer zu überwinden. Enge persönliche Beziehungen unterhält er kaum, weder in der Firma noch zu Familienangehörigen.

18 Wolfgang Schmidbauer: *Helfersyndrom und Burnoutgefahr.* München / Jena 2002, sowie Matthias Burisch: *Das Burnout-Syndrom. Theorie der inneren Erschöpfung. Stuttgart 2006.*

19 Herbert Freudenberger: »The staff burnout syndrome in alternative institutions«. In: *Psychotherapy: Theory/Research/Practice/Training* 12 (1975), S. 72–83.

20 Ich verstehe den Begriff in dem weiten Sinn, den der US-amerikanisch-britische Soziologe Richard Sennett betont hat. Wenn er von handwerklichem Können spricht, meint er mehr als technische Praxis. Er beschreibt damit einen fundamentalen menschlichen Impuls, eine Tätigkeit um ihrer selbst willen gut zu machen. Auch ein Arzt, Erzieher, Künstler oder Linux-Programmierer sollte »sein Handwerk verstehen«. Richard Sennett: *Handwerk.* Berlin 2007.

21 Es ist durchaus möglich (und kann durch Supervision oder Coaching unterstützt werden), dass auch Führungskräfte eine handwerkliche Einstellung zu ihrer neuen Aufgabe entwickeln. In den erwähnten Fällen war das aber nicht gelungen.

22 Die narzisstische Wut muss vom gerechten Zorn unterschieden werden, der zum Repertoire eines couragierten Menschen gehört, der nicht akzeptieren will, dass ihm Unrecht geschieht. Dieser Zorn ist aber begründet, offen und kommunizierbar, während die narzisstische Wut verheimlicht oder gegen das eigene Ich gerichtet wird.

23 Wolfgang Schmidbauer: *Enzyklopädie der dummen Dinge.* München 2015.

24 Fabienne Hurt: »Echt?« In: *Die Zeit,* Nr. 24 / 2021.

25 Wolfgang Schmidbauer: *Die Enzyklopädie der dummen Dinge,* a. a. O.

26 Teile dieses Abschnittes stammen aus meinem Essay: »Das Long-Covid-Trauma und das gefährliche Spiel der Medien«, erschienen in der *Welt* am 10. August 2021.

27 Das war ein (mythisches) Ritual der antiken griechischen Kolonisten im Mittelmeerraum, um zu verhindern, dass Heimweh den Erfolg der Kolonie gefährdet.

28 Diese Verse stehen in Goethes Drama *Torquato Tasso,* 5. Akt.

29 Auf den Streit über die »zudeckende« hypnotische und die »aufdeckende« analytische Behandlung kann ich hier nicht eingehen. Wer sich in seine Hintergründe vertiefen will, findet diese in meinem Buch *Freuds Dilemma. Die Wissenschaft von der Seele und die Kunst der Psychotherapie,* a. a. O.

30 Neben die psychogene Manie tritt die durch Drogen induzierte. Der Trinker etwa ist unter Alkohol überzeugt, dass er alle Probleme packen und jeden schlagen kann, der sich ihm in den Weg stellt. Nüchtern lässt er sich demütigen und schlägt auf sich selbst ein.

31 Ich erspare Ihnen eine Diskussion über die erkenntnistheoretische Problematik von psychologischen Aussagen über Zellen. Es geht darum, psychische Gebilde besser zu verstehen. Dazu dienen poetische Metaphern so gut wie wissenschaftliche Beschreibungen – vielleicht sogar besser, wenn es um Erlebnisnähe geht.

32 Name und Daten entsprechen keiner realen Person, auch die folgenden Fallgeschichten sind fiktiv.

33 Bei dieser Pflanze handelt es sich um einen Säulenkaktus, den man in den meisten botanischen Gärten findet. Die Szene, auf die ich anspiele, beschreibt Adalbert Stifter in seinem Roman *Der Nachsommer.*

34 Die Redensart kommt von einem mittelalterlichen Bußritual, bei dem der Sünder erst wieder in die Gemeinschaft der Gläubigen aufgenommen wurde, wenn er am Karfreitag auf Knien zum Altarkreuz kroch.

35 Ents sind »Hirten der Bäume«, Mischwesen, in denen das Vegetative erwacht und spricht.

36 Ruth Berlau, eine dänische Schauspielerin und Geliebte Bertolt Brechts, veröffentlichte 1940 eine Sammlung von Kurzgeschichten: *Jedes Tier kann es.* Mannheim 1989.

37 Siehe: Antje Klaiberg, Elmar Brähler und Jörg Schumacher: »Determinanten der Zufriedenheit mit Sexualität und Partnerschaft in der zweiten Lebenshälfte.« In: Hermann Berberich und Elmar Brähler (Hrsg.): *Sexualität und Partnerschaft in der zweiten Lebenshälfte*. Gießen 2001, S. 105–127. Insgesamt zeigen die Daten aus diesem Buch, dass bis ins hohe Alter Wünsche nach Zärtlichkeit, körperlicher Nähe, nach Petting und nach Geschlechtsverkehr vorhanden sind: 80 Prozent der über fünfundsiebzigjährigen Männer und 40 Prozent der Frauen berichten von Zärtlichkeiten, von Petting immerhin noch 54 Prozent der Männer und 22 Prozent der Frauen. Die geringe Zahl der aktiven Frauen erklärt sich aus ihrer höheren Lebenserwartung (es gibt viel mehr alte weibliche Singles) und der größeren Schwierigkeit, im Alter noch einen Partner zu finden.

38 Sigmund Freud: »Zur Psychopathologie des Alltagslebens.« (1904) In: *Gesammelte Werke,* Bd. IV. Frankfurt am Main 1953.

39 Sigmund Freud: »Das Motiv der Kästchenwahl.« (1913). In: *Gesammelte Werke,* Bd. X. Frankfurt am Main 1953, S. 24–37.

40 Ein Autor, der diese Einsicht in vielen Nuancen und Beispielen dokumentiert hat, war der israelische Wissenschaftler Moshé Feldenkrais.

41 Grete Bibring: »Das Hohe Alter. Passiva und Aktiva.« In: *Psyche* 23. Jahrgang, 1969, S. 262–279, hier S. 278.

42 Vilaynur S. Ramachandran und Sandra Blakeslee: *Die blinde Frau, die sehen kann. Rätselhafte Phänomene unseres Bewusstseins.* Reinbek 2001.

43 Vgl. meine ausführliche Beschreibung in: *Freuds Dilemma,* a. a. O.

44 Bion übernahm den Begriff von dem britischen Dichter John Keats, der das poetische Grundprinzip darin sah, Leidenschaften auszudrücken, ohne sie zu bewerten.

45 Friedrich Hebbel: *Tagebücher.* Berlin 1903. Ein italienisches Sprichwort sagt es trivialer: Man müsste die Erfahrungen des Alters und die Kraft der Jugend haben!

46 Nicht ohne Grund ist eines der meistveröffentlichten Fotos der Gegenwart der weißhaarige Albert Einstein, der sich mit sichtlicher Freude einer kindlichen Geste hingibt: Er streckt die Zunge heraus.

47 Vgl. Wolfgang Schmidbauer: *Die Kunst der Reparatur.* München 2020.

48 Gabriele Berger und Gerhard Gerngroß: *Die neu gewonnene Freiheit. Vier Modelle für erfolgreiches Altern.* Zürich 1994.

49 Der verlässlichste Schutz vor einer Alzheimer-Erkrankung, so wissenschaftlich nachgewiesen, ist eine aktive, von möglichst vielen und intensiven Interessen bestimmte Gestaltung des Alters.

50 Es handelt sich hierbei um Depressionen, die sich vorwiegend in körperlichen Symptomen – Schmerzen, Schlaf- und Verdauungsstörungen – äußern.

51 Erwin Böhm: *Verwirrt nicht die Verwirrten.* Bonn 1988. Ders.: *Pschyr-Rempler oder medi-zynische Böhm-Merkungen. Oder keiner versteht keinen – aber wir reden.* Wien 2000. Ders.: *Happy Aging statt Anti Aging. Tipps gegen die selbstgemachte Senilität.* Wien 2006.

52 Nando Belardi und Marlies Frisch: *Altenhilfe. Eine Einführung für Studium und Praxis.* Weinheim 1999, S. 53. Siehe auch Harald Pühl (Hrsg.): *Handbuch Supervision und Organisationsentwicklung.* Gießen 2009.

53 Führungskräfte, die ihre Aufgabe ernst nehmen, werden sich hier nicht mit Fragebögen zufriedengeben, sondern das Gespräch suchen.

54 Holger Gertz: »Der Sound der Erinnerung«. In: *Süddeutsche Zeitung,* 1. Mai 2020.

INTERVIEW IM *ZEITMAGAZIN*

ZEITMagazin 22/2021 mit Tillmann Prüfer und Christine Meffert*

Herr Schmidbauer, Sie kamen am 15. Mai 1941 in München zur Welt. Wie erinnern Sie sich heute, kurz nach Ihrem 80. Geburtstag, an den Jungen, der Sie waren?
Ich war bewegungsfreudig, aber ängstlich. Meine Mutter erzählte, ich hätte viel geschrien und geweint. Ich war eher schwächlich und musste mich aus Schulschlägereien raushalten, aber insgesamt war ich gut integriert. Ich bin überall gut mitgeschwommen.

Können Sie sich selbst noch mit diesem Kind in Verbindung bringen?
Wenn man nicht an das Alter denkt, ist man in einer Art zeitlosem Zustand seiner Persönlichkeit, der auch mit achtzehn nicht anders war. Man verändert sich äußerlich und schaut immer älter aus. Daher kommt dann irgendwann auch die Enttäuschung des Alters, weil man plötzlich merkt, dass der eigene Körper, so wie man ihn von der Natur ausgeliefert bekommen hat, nicht mehr funktioniert. Doch vom Gefühlsleben her und von der Art, wie man die Welt beurteilt, gibt es einen Kern, der sich nicht verändert, der bleibt. An den Geburtstagen fällt das Verdrängen des Alters natürlich schwer. Es ist ein tröstlicher Gedanke, dass so viele Menschen, die vor

* Leicht veränderter Nachdruck aus dem ZEITMagazin 22/2021 mit freundlicher Genehmigung des ZEIT Verlages.

uns auf der Erde lebten, gar nicht genau wussten, wie alt sie waren. Die waren ganz glücklich dran.

Es tut uns leid, dass wir Sie an Ihren Geburtstag erinnern, aber Sie waren einverstanden, sich mit uns über das Alter zu unterhalten ... Dabei haben Sie schon mit 60 den Bestseller Altern ohne Angst *geschrieben. Eine Frage des Buches lautet: »Ist die milde Depression, die manchmal als Stimmung des Alters beschrieben wird, unausweichlich?« Das Resümee Ihres Buches lautete damals: nein. Wie würden Sie diese Frage heute, da Sie zwanzig Jahre älter geworden sind, beantworten?*
Bisher konnte ich der Depression ausweichen. Ich habe natürlich meine deprimierten Stimmungen wie jeder andere, aber das wechselt, und ich vergesse sie dann auch. Wenn man das Alter vergisst, ist es nicht mehr traumatisch. Entscheidend ist, dass man dafür sorgt, dass man nicht zu viel an das Unausweichliche, also an Alter, Krankheit und Tod, denkt.

Wir dachten immer, Analytiker wollen Verdrängtes ans Licht holen und bearbeiten – aber Sie plädieren fürs Vergessen!
Da verstehen Sie die Psychoanalyse miss. Ihr Ziel ist auch die gekonnte Verdrängung. Ohne Verdrängung können wir nicht in Frieden leben. Man sollte sich mit dem, womit man sich auseinandersetzen muss, auseinandersetzen und das, was man gut verdrängen kann, verdrängen. Man darf seinen Verdrängungsmechanismus aber nicht überlasten, man muss die Realität letztlich schon akzeptieren.

Was meinen Sie damit?
Das heißt bezogen auf unser Thema, dass derjenige, der bestimmte Aspekte des Alterns – etwa dass man langsamer wird, dass man besser auf sich aufpassen muss – verdrängt, gefährlich lebt. Mir fällt da ein Patient ein, fünfundvierzig

Jahre alt, ein sehr guter Skifahrer. Er wird auf der Piste von einem Fünfundzwanzigjährigen überholt und liefert sich mit ihm ein Wettrennen. Dann haut es ihn aus der Kurve, er bricht sich alles Mögliche, und dann ist es aus mit dem Skifahren. Er wird depressiv. Und dann ist es ziemlich mühsam, nach diesem Bruch des Selbstgefühls wieder in das Leben zurückzufinden.

Die Kunst des Alterns ist also, es sowohl zu akzeptieren als auch zu vergessen.
Wahrscheinlich ist das Angenehmste, es zu vergessen, solange das eben geht. Und wenn das nicht funktioniert und ich aus diesem schönen Zustand der Selbstvergessenheit herausfalle, es zu akzeptieren.

Wie gelingt es Ihnen selbst, diesen Zustand der Selbstvergessenheit zu erreichen?
Das ist unterschiedlich. Ich versuche, möglichst das zu tun, was mir am wenigsten widerstrebt, und möglichst vielseitig zu bleiben. Das Leben nicht nach Prinzipien zu gestalten, sondern mehr nach Lust. Manchmal ist die Lust natürlich begrenzt, etwa wenn ich einen langweiligen Antrag an die Krankenkasse schreiben muss. Dann freue ich mich eben, dass ich hinterher wieder etwas machen kann, das mir mehr Spaß macht. Natürlich passiert es mir inzwischen aber sehr oft, dass ich irgendwo der Älteste bin, und damit habe ich immer Mühe, das kommt mir komisch vor.

Was ist komisch?
Ich war es immer gewohnt, meine ganze Kindheit lang, dass mein zwei Jahre älterer Bruder mein großer Rivale war – dass ich da immer jemanden hatte, an dem ich mich abarbeiten konnte. Von dem ich aber natürlich auch wusste: Er ist zwei

Jahre älter. Das ist eigentlich ganz stimulierend, denn wenn man verliert, dann liegt es am Altersunterschied, und wenn man gewinnt, ist es umso hübscher.

Sind Sie immer noch ein jüngerer Bruder?
Ich glaube, das bleibt man sein Leben lang. Aber mein großer Bruder ist letztes Jahr gestorben, und das war schon ein Einschnitt. Wenn die Eltern sterben, bricht ja ein Schutz weg, der über einem ist, weil man eben von der Reihenfolge her noch nicht als Nächster dran ist. Und wenn dann der ältere Bruder stirbt, ist es natürlich noch viel direkter. Es kam auch komplett überraschend, er war ja gesund. Aber sein Herz schlug manchmal nicht regelmäßig. Daran ist er über Nacht gestorben.

Das ist traurig.
Eigentlich war es ein sehr schöner Tod. Ein Tod, wie man ihn sich wünschen kann – gestern noch gesund und Freude am Leben und heute nicht mehr da. In diesem Sinne ist es nicht nur traurig: Er hat es hinter sich. Aber es ist natürlich ein Verlust, und ich habe viel an ihn und an unsere Kindheit gedacht.

Sie schrieben in Ihrem Buch Altern ohne Angst, *die zentrale Aufgabe im Alter sei der Rückbau. Der junge Mensch sei aufs Expandieren angelegt, aber irgendwann müsse man einsehen, dass man vielleicht schon Mühe hat, den Status quo aufrechtzuerhalten. Der Gedanke, zu stagnieren oder sogar zu schrumpfen, macht aber vielen Menschen Angst, zumal in einer Zeit, die sich so schwertut, von einem destruktiven Wachstumsideal Abstand zu nehmen. Wie reagieren Sie auf die Angst vor Altern als Therapeut?*
Nun, eine der ältesten Weisheitslehren lautet, die Welt so anzunehmen, wie sie ist. Und dabei ist der Respekt vor der Realität ein sehr mächtiger Verbündeter. Als Therapeut kann man

versuchen, die Menschen von ihren Schuldgefühlen zu entlasten, zu helfen, dass sie sich nicht als Versager fühlen, wenn sie nicht immer weiter expandieren und immer mehr leisten. Es geht im Alter darum, das Entwickelte zu bewahren. Man braucht dafür aber länger und benötigt mehr Pausen. Ich merke es ja selbst: Kurze Texte schreiben geht noch fast genauso schnell wie früher, aber für längere brauche ich viel Zeit und merke erst später, wenn ich mich wiederholt habe. Es kommt sehr darauf an, wie man im Alter lernt, das zu akzeptieren und es nicht als Kränkung zu sehen.

Wie können Sie Patienten dabei helfen?
Das wichtigste Instrument ist der Humor, ganz ähnlich wie in der Paartherapie. Da sage ich am Anfang oft, ich verstehe, dass Sie gern einen anderen Partner hätten, der Sie mehr unterstützt und Ihr Selbstgefühl nicht infrage stellt, und ich würde Ihnen den auch gern verschaffen, aber das kann ich nicht. Was Sie jedoch machen können, ist, sich selbst zu verändern …

Das heißt, Sie sagen im Grunde, man muss sich mit dem Widrigen abfinden. Aber wie geht das bei jemandem, der immer mehr abbaut und sich vor dem Ende fürchtet?
Kein Therapeut sollte sich einbilden, dass er immer weiß, wie etwas geht. Humor ist gut, wenn es noch Ressourcen gibt, die geweckt werden können. Wo das nicht der Fall ist, wird man gemeinsam das Unerträgliche – ertragen. Da gibt es kein Rezept. Ich denke dann an Heinrich Heine, der ja auch selbst wirklich viel auszuhalten hatte:

Anfangs wollt ich fast verzagen,
Und ich glaubt' ich trüg' es nie,
Und ich hab' es doch getragen, –
Aber fragt mich nur nicht, wie?

Wir haben das Gefühl, dass man vor ein paar Jahrzehnten noch ganz in Ruhe alt sein konnte und sich niemand daran gestört hat. Großeltern in den 1980er-Jahren durften schlecht hören, lange Mittagsschlaf halten und sich wenig bewegen. Heute heißt es schnell: Du musst doch aktiv bleiben. Das ist natürlich auch gut gemeint, aber dahinter steht auch der Gedanke: Du musst jung bleiben. Einige stehen dem Alter sogar offen feindlich gegenüber: Die nehmen uns den Impfstoff weg, die haben den Planeten kaputt gemacht, die lassen uns nichts übrig, heißt es dann. Woher kommt dieser Wandel im Blick aufs Alter?
Das kommt vor allem daher, dass es so viele von uns gibt. Dass man als alter Mensch mit Respekt rechnen kann, nur weil man alt ist, gehört in eine vergangene Zeit, in der alte Menschen selten waren. Außerdem ist die Gesellschaft konkurrenzorientierter geworden. Die meisten Jüngeren sind ja höflich, aber ich habe auch schon diskriminierende Äußerungen gehört.

Welche denn?
Ich habe bis vor ein paar Jahren noch Therapiegruppen geleitet. Da kam es schon vor, dass Mitglieder der Gruppe über Ältere reden, als müssten die per se dement sein. Manchmal habe ich mich geräuspert, und dann hat mich ein erschrockener Blick getroffen. Ich war auch eher amüsiert als beleidigt, die Gruppe hatte einfach vergessen, dass ihr Leiter auch schon über siebzig war. Und ich kann das auch verstehen, mich nervt es ja auch, wenn vor mir in der Supermarktschlange jemand steht, der ewig sein Geld nachzählt. Aber die, die sich abfällig gegen Ältere äußern, sind selten. Das Problem ist, wie generell in dieser modernen Kommunikationswelt, dass die negativen Aussagen besonders akzentuiert werden.

Ist es auch vom Geschlecht abhängig, wie gut man mit dem Älterwerden umgehen kann?
Ich glaube, dass Frauen besser damit zurechtkommen. Ich habe das in meiner Umgebung immer wieder auch mit Erschütterung beobachtet: Wenn eine Frau dement wird und noch einen Partner hat, lässt sie sich führen. Wenn hingegen ein Mann dement wird, lässt der sich nicht führen, sondern nutzt unter Umständen auch seine körperliche Überlegenheit, um den vernünftigeren Teil der Beziehung zu entmachten.

Er stellt sich gegen sie, obwohl er auf sie angewiesen ist?
Ich glaube, für einen Mann, der es sein Leben lang nicht gewohnt ist, Schwäche zu zeigen, ist so eine Situation sehr schwer. Ein Klassiker ist ja das Autofahren, da müssen manche Männer erst ein paar Unfälle bauen, bevor sie es sein lassen. Eine Frau, die dieses Problem hat, habe ich noch nicht gesehen.

Wo wir gerade bei Paarbeziehungen sind: In Ihrem Buch über das Altern haben wir den interessanten Satz gelesen: »Die Erotik im Alter ist eine Kulturleistung.« Können Sie uns das ein wenig erläutern?
Na, ich denke, das gilt nicht nur im Alter, aber da besonders, weil die Erotik dann sehr stark auf Kommunikation und Kooperation angewiesen ist. Solange alles bestens funktioniert, kann man einfach die Kommunikation durch das Tun ersetzen. Wenn aber alles nicht mehr so gut funktioniert, wie das eben beim Älterwerden passieren kann, dann muss man mehr kommunizieren und muss das, was da ist, pflegen. Anstatt zu sagen, wenn nicht alles da ist, dann geben wir es komplett auf. Das wäre die destruktive Variante. Ich verstehe unter Kulturleistung diesen schonenden Umgang mit Ressourcen. Und unter dem technischen Prinzip eher, dass man das, was nicht mehr funktioniert, wegschmeißt und sich was Besseres kauft.

Es geht also auch hier wieder darum, sich mit einem Abbau zurechtzufinden, ohne zu verzagen, sich von dem Prinzip Alles oder Nichts zu verabschieden. Ist das Älterwerden häufig eine Zerreißprobe für Paare?
Wenn die Kinder aus dem Haus sind, dann gucken sich die Paare noch mal genau an und fragen sich: Will ich mit dieser Person gemeinsam alt werden oder nicht? Das ist oft auch der Moment, in dem sie therapeutische Hilfe suchen. Es gibt natürlich auch die Paare, die das Ganze dann so brachial lösen, dass einer von ihnen – das ist meistens der Mann – sich in eine Jüngere verliebt und sein Glück dort sucht, es allerdings selten findet. Solange das Verhältnis heimlich ist, findet die junge Frau den Mann irgendwie auch toll, ist aber eben auch sauer, dass das Verhältnis heimlich ist. Dann lässt er sich womöglich scheiden, muss aus dem schönen Haus ausziehen, sitzt in einer kleinen Wohnung und hofft, dass die Geliebte ihn für seine Verluste entschädigen wird. Und die Geliebte sieht auf einmal, dass sie da einen ziemlich alten Mann vor sich hat, der jetzt auch noch Ansprüche stellt. Diese Männer sind arme Kerle, aber die haben sich das selbst eingebrockt.

Die alten weißen Männer haben es ja gerade eh nicht so leicht ...
(lacht) Aber sie haben es manchmal auch verdient. Neulich hatte ich einen bei mir sitzen, der hat auf jedes einzelne Wort seiner Frau fünfzig Worte gemacht. Da habe ich gesagt, ich bin ja auch ein alter weißer Mann, aber jetzt wollen wir doch mal zuhören.

Gibt es denn Sachen, die im Alter Spaß machen, die vielleicht sogar besser sind als früher?
Man kann besser abwarten. Einfach still irgendwo sitzen und in die Landschaft gucken. Es hat auch etwas Entspannendes, sich nicht mehr beweisen zu müssen. Und wenn man genug

Geld hat, muss man nicht mehr irgendwelche Sachen machen, die man nicht machen mag.

Wir haben mal ein schönes Beispiel von Ihnen gelesen: Sie schrieben, dass Sammler im Alter immer besser werden, weil ihr Auge so gut geschult ist. Haben Sie noch mehr Beispiele, wo man im Alter vielleicht besser wird?
Gartenarbeit ist etwas, das vielen erst im Alter Freude macht. Weil man geduldiger geworden ist und jetzt erst die Muße dafür hat, die Dinge wachsen zu sehen.

Es wäre also sehr sinnvoll, Tätigkeiten zu pflegen, bei denen man nicht rapide abbaut – also lieber Schach spielen statt Fallschirm springen?
Ich glaube, man kann auch im Alter auf eine selbstverantwortliche Weise Fallschirm springen. Aber mir persönlich macht das Sammeln große Freude, man vertieft sich in einen Gegenstand und lernt immer etwas Neues dazu. Es ist gewissermaßen eine forschende Tätigkeit. Und wer sammelt und sich gut auskennt, wird auch mit anderen in Kontakt kommen und Anerkennung erhalten. Das kann schon sehr über das Altern hinwegtrösten.

Was ist noch hilfreich im Alter?
Kinder helfen natürlich, mir jedenfalls. Die passen ein bisschen auf einen auf, beschäftigen einen aber auch, etwa mit der Betreuung von Enkeln. Es gibt viele Arten, wie man sich in die Gemeinschaft einbringen kann.

Junge und Alte leben heute kaum noch unter einem Dach. Ist das ein Verlust? Und wie könnte das Zusammenleben funktionieren?
Ein Verlust ist das in jedem Fall. Es heißt ja, um ein Kind zu erziehen, braucht es ein Dorf. Das gilt auch für alte Menschen.

Der demente Opa ist im Dorf viel besser dran, wo ihn alle kennen und wieder heimbringen, wenn er sich verläuft. Stadtplaner und Sozialberufe müssten zusammenarbeiten, um beispielsweise Kindergarten, Hort und Altersheim in Kontakt zu bringen, gemeinsame Höfe, öffentliche Räume für alle Generationen. Wo Menschen in Kontakt kommen, entwickelt sich immer mehr, als man vorgeben kann.

Sie sind Psychotherapeut und Autor – sind das zwei Berufe, in denen man gut alt werden kann?
Ja, aber das wusste ich nicht, als ich sie gewählt habe.

Sie haben uns erzählt, dass Sie sich auch gut vom Altern ablenken können, indem Sie weiterarbeiten. Aber viele Menschen können ja nicht einfach ihren Beruf immer weitermachen ...
Das ist sicherlich ein großes Problem. Früher auf dem Bauernhof haben die älteren Menschen einfach weiter mitgearbeitet. Nicht mehr so schnell und nicht mehr so effektiv, aber sie waren weiter produktiv. Heute fallen Menschen in ihren Sechzigern aus ihrem Beruf heraus und sollen sich dann neu erfinden. Das gelingt vielen nicht. Ich warne meine Patienten immer, wenn sie sagen, sie möchten in ihrer Rente etwas ganz anderes machen. Denn das, was man gut kann und für das man geschätzt wird, ist ja das, was man bislang getan hat. Beruf bedeutet auch: Menschen kommen zu einem und bestätigen einem, dass man der ist, für den man sich selbst hält. Wenn das von einem Tag auf den anderen weg ist, fällt man schnell in eine Depression. In vielen Berufen gibt es eine Möglichkeit, noch ein bisschen weiter dabeizubleiben oder etwas Ehrenamtliches zu tun. Ich empfehle, sich mit fünfzig bereits darüber Gedanken zu machen, wie es mit siebzig so aussehen soll. Mit fünfundsechzig ist es schon spät.

Was kann man von älteren Menschen lernen, vielleicht gerade auch, was unseren Umgang mit Ressourcen angeht?
Gegenwärtig kann man doch recht gut beobachten, was ich manische Abwehr nenne: Wenn alle so dächten wie ich, wären alle Probleme gelöst, und die Welt wäre perfekt. Es gibt diese Erregung im Moralisieren, auch bei den Leuten, die das Richtige wollen. Ich glaube, man wird noch viel um Angela Merkel trauern, der man ja oft vorgeworfen hat, dass sie nichts macht, dass sie zu lange abwartet. Aber ich denke, das hat auch große Vorzüge, dass da nicht so etwas Übererregtes in die Szene kommt – das könnte man vielleicht von Älteren lernen. Aber niemand ist vor Selbstüberschätzung sicher, auch Ältere nicht.

Jugend gilt per se sehr viel in unserer Gesellschaft, das Alter wird immer kritischer betrachtet.
Ja, das hat sich geändert ... Die neue Präses der Evangelischen Kirche ist noch Studentin, und Frau Baerbock ist ja auch noch jung.

Machen Sie als Therapeut nach all den Jahren auch mehr Freestyle als früher? Erlauben Sie sich auch mal, von den Regeln abzuweichen?
Ja, manchmal erzähle ich etwas von mir selbst. Das ist natürlich ein Grenzgang, weil es auch problematisch sein kann, aber ich denke, es lockert die Stimmung auf und zeigt, dass alle nur mit Wasser kochen. Ich könnte und wollte gar nicht mehr so arbeiten wie mit fünfunddreißig, als ich mir noch eine Krawatte umgebunden habe, damit ich seriöser wirke. Da waren die Patienten zum Teil älter als ich. Ich war damals auch sehr ernst. Das hat sich im Lauf der Zeit dann doch verloren. Ich sage gern, dass sowohl langjährige Beziehungen als auch langjährig ausgeübte Professionen sich ohne Humor nicht ertragen lassen.

Wie meinen Sie das?
Wenn man sich so superernst nimmt, dann lebt man auch mit einem hohen Risiko. Wenn dann etwas nicht klappt, ist es ganz schlimm. Wenn man alles eher spielerisch angeht, gehört es auch zum Spiel, dass etwas nicht gelingt. Sowohl die Liebe als auch die Therapie sollten eine spielerische Qualität haben. Wenn man so ernst und perfektionistisch ist, kann man sich Fehler nicht verzeihen.

Können Sie ein Beispiel nennen?
Ich erinnere mich an einen Chirurgen, der einen heftigen Ehekonflikt hatte. Dem habe ich gesagt: »Perfektionismus ist in Ihrem Fach absolut angebracht, aber in Beziehungen werden Sie damit nicht glücklich werden.« Das hat er schon verstanden. Er wollte dann ganz perfekt unperfekt werden, aber diese Idee konnten wir auch wieder auflösen.

Wenn Sie auf Ihr eigenes Leben blicken, gibt es etwas, das Sie bereuen, was Sie anders machen würden, wenn Sie es könnten?
Das kann ich mir gar nicht vorstellen. Ich habe viele Fehler gemacht, aber ich konnte das auch nicht anders. Die Aufgabe liegt eher darin, dass man sich diese Fehler verzeiht und sie auch in ihrer historischen Bedingtheit erkennt. Neulich habe ich meiner Frau erzählt, wie ich als junger Psychologe mit meiner ersten Frau und einem befreundeten Paar so einen absolut besserwisserischen Gesprächskreis gegründet habe. Ich war da natürlich der Untadelige, und die anderen mussten alle an sich arbeiten. Meine Frau hat dann gesagt: »Ich weiß gar nicht, ob ich dich gemocht hätte, wenn ich dich damals kennengelernt hätte.« Und ich habe gesagt: »Ich weiß auch nicht, ob ich mich gemocht hätte, wenn ich mich damals kennengelernt hätte.«

Das heißt, man soll sich das Hadern mit den eigenen Fehlern im Leben verbieten?
Ich finde es schrecklich, wenn Leute sagen, wenn ihre Ehe auseinandergeht: »Alles war falsch, ich habe die falsche Frau geheiratet. Das war der größte Fehler meines Lebens.« So eine Position ist so deprimierend. Es ist nicht wichtig, dass man keine Fehler macht, es ist wichtig, dass man aus ihnen etwas lernt.

Gibt es denn Dinge, die Sie heute richtig nerven, Momente, in denen Sie sagen, lasst mich damit in Ruhe, darauf habe ich keine Lust mehr?
Es gibt einen sehr schönen Satz von Robert Mitchum: *If you want my presence, pay me, if you want my interest, interest me.* So halte ich es auch. Es gibt immer noch Menschen, die gern mit mir als Therapeut arbeiten. Für die bin ich dann da, so gut es geht. Oder ich werde eingeladen, irgendwo einen Vortrag zu halten. Ich bin pünktlich da und gebe mir Mühe. Aber wenn ich freihabe,, dann folge ich meinen Gefühlen und lege den Telefonhörer auf, wenn mir jemand das Ohr abkaut oder etwas verkaufen will. Ich fühle mich nicht mehr verpflichtet, auf alles zu reagieren. Ich muss da an meine Mutter denken, der ein interessantes Buch lieber war als ein langweiliger Mensch. Dafür ist jeder selbst verantwortlich, dass er seine Umwelt so gestaltet, dass er sich wohlfühlt. Letztlich ist auch Abwechslung gut. Ich kann zum Beispiel nicht lange sitzen. Ich muss nach einer halben Stunde am Schreibtisch aufstehen und etwas herumlaufen. Am schönsten war das immer, wenn ich in unserem Haus in der Toskana war. Wir hatten dort weder Strom noch fließendes Wasser, da gab es immer etwas zu tun: Feuerholz herschaffen, Wasser holen, etwas reparieren. Ich glaube schon, dass ich im Lauf der Zeit gelernt habe, auf mich aufzupassen und

fürsorglich mit meiner Energie und auch mit meiner Kreativität umzugehen. Eher Sachen zu machen, die ich gut kann, und nicht zu denken, ich muss mich jetzt anstrengen, um Sachen zu schaffen, die mir schwerfallen.

Was erhoffen Sie für sich, wie soll es weitergehen?
Da bin ich ziemlich frei von Vorstellungen. Mit sechzig habe ich entschieden, dass ich mit dem, was ich mir an Fähigkeiten erworben habe, versuche weiterzumachen, solange ich kann. Und bisher sind mir immer wieder Themen eingefallen, über die ich gern schreibe, und es kommen immer noch Patienten, die gern mit mir arbeiten. Aber ich habe keine Pläne, die kann man in diesem Alter auch nicht machen, es kann jederzeit etwas passieren. Daher nehme ich auch keine Patienten auf, um die man sich langwierig kümmern muss, da ich nicht weiß, ob das bei mir in fünf Jahren noch geht. Paartherapie passt gut, denn Partner sollen doch lernen, wieder besser füreinander zu sorgen, und ich werde nicht mehr gebraucht. Meine Frau und ich reden davon, dass wir mal zum Notar gehen sollten, um das Erbe noch besser zu regeln, aber das schieben wir so ein bisschen vor uns her. Genau wie meine Vorsorgeuntersuchungen. Da bin ich zu nachlässig, sagt meine Frau.

Vielleicht ist das, was man im Alter wirklich lernt, das Nichtstun. Mich einfach auf eine Bank zu setzen und mich den Gedanken hinzugeben, das kann ich erst jetzt. Vor zwanzig Jahren hätte ich gedacht, ich müsste dann ein Buch lesen oder irgendetwas scheinbar Produktives tun. Dabei ist es ja oft das Produktivste, nichts zu tun.

DANK

Da ich nicht an Gott glaube, kann ich ihm nicht danken, aber ich glaube an die Menschen und denke manchmal, dass mir der primitive Ahnenkult, der in vielen archaischen Religionen seine Macht entfaltet, eigentlich am nächsten liegt.

Ich bin den Menschen dankbar, meinen Großeltern und Eltern, die verstorben sind, aber mich begrüßt und geliebt haben, meinen Begleiterinnen und Begleitern, meinen Kindern, meinen Patientinnen und Patienten, Kolleginnen und Kollegen, den Auszubildenden, die von mir lernen wollten und von denen ich so viel gelernt habe, den Leserinnen und Lesern und allen, die mir dabei geholfen haben, meine Gedanken zu veröffentlichen.

DER AUTOR

Wolfgang Schmidbauer, geboren 1941 in München, ist einer der bekanntesten Psychoanalytiker Deutschlands. Er promovierte 1969 im Fach Psychologie. Seit 1973 ist er Psychoanalytiker in privater Praxis, Lehrtherapeut, Journalist und Autor zahlreicher viel beachteter Bücher. Schmidbauer lebt in München und in Dießen am Ammersee.